U0508732

朱伟珏

主编

同济社会学评论

TONGJI SOCIOLOGICAL REVIEW VOLUME 3

RESEARCH IN SUBFIELDS

分支研究卷

社会科学文献出版社

SOCIAL SCIENCES ACADEMIC PRESS (CHINA)

丛书总序

当今世界正经历着巨大的历史变迁。一方面，伴随着信息化和全球化，高度网络化的消费社会正在逐步形成，另一方面，巨大的贫富差距、日益凸显的环境和能源危机以及以各种形式爆发的"民族"问题，在不同层面不断引发新的变化。所有这一切都对我们每一个个体的生存方式，以及人与人之间的关系产生了深远影响。

社会学作为一门从本质上理解我们所处时代的学科，不仅重视对人类的社会现象进行整体性把握，而且敢于直面现实，关注和解答各种纷繁复杂的社会问题，并提出种种具有可操作性的解决社会矛盾冲突、推动社会发展的提案。

社会学20世纪初传入中国，之后由于种种原因被中断，1979年恢复。中国社会学重建至今已经走过三十多个年头。这期间，为了顺应时代发展的要求，中国的社会学者在积极进行学科建设的同时，弘扬直面现实之精神，对当代中国社会转型过程中出现的各种现象及问题进行了深入研究并取得了丰硕成果。

同济大学社会学系正是诞生于这样的大背景之下。21世纪初，随着现代化和城市化的进一步推进，中国社会学步入快速发展时期。同济大学紧紧抓住这一历史性机遇，于2003年成立了哲学与社会学系并于同年开始招收社会学专业本科生。2006年单独设系，同年开始招收社会学硕士研究生。2009年划归政治与国际关系学院至今。经过10多年的努力，目前同济大学社会学系在欧洲社会理论和城市社会学等研究领域已经形成自己的特色，并取得了一定的成绩。

值同济大学社会学系成立十周年之际，本系编辑出版《同济社会学评论》丛书。秉承学术研究自由与开放原则，本论丛拟陆续推出社会学论著和反映社会学学术前沿的译著。此次出版的三册《同济社会学评论》为同济大学成立十周年纪念特辑，收录了这十年来本系教师的部分学术成果。这三册论文集在一定程度上反映了同济社会学系现有的学术水准。衷心希望丛书的出版，能加深学界尤其是社会学界对同济大学社会学系的了解，促进同济社会学系与学界同仁的交流，进而提升中国社会学整体学术水准。

朱伟珏

于上海同济大学

2014 年 6 月

目 录
CONTENTS

都市生活与城市空间关系的研究

张　俊

一　引言

西方社会工业革命后，城市迅速发展，城市生活与乡村生活相比呈现许多新的特征，西美尔（Simmel）——西方社会学的大师，以一篇《大都市与精神生活》，开启了西方都市生活集中讨论的序幕。[①] 西美尔的观点是相对悲观的，他认为，"现代生活中的最深层次问题是个人在面对巨大社会压力、历史遗产、外来文化和生活技能时，如何保持其自由和个性的存在"。[②] 在大城市中，由于货币、时间和城市规模等因素的影响，个人在整个大城市中受到了客体文化[③]的巨大压抑，个人只是不断去适应城市生活，个人在城市中是孤独的，"身体的靠近和空间的狭小仅仅使得精神距离更加可见"。[④] 个人只是孤独地走在人群中成为都市生活的重要写照。在大城市中，个人被降低至一个实际上无能的层面，在喧嚣环境中的孤独，以缺少表情，缺少温情，缺少感情的方式去面对生活，西美尔没有给出改变的良方。"既然这样的生活力量已经变成了整个历史生活之树的根和冠，

[①] 西美尔的论文发表于 1903 年，在西美尔之前有很多讨论传统和现代社会差别的成果，其中部分涉及了城市人的生活，比较有名的是恩格斯 1845 年发表的《英国工人阶级的状况》，对生活在城市中的英国工人阶级的生活状况和精神状况也有描述。

[②] 格奥尔格·西美尔：《大都市与精神生活》，郭子林译，载孙逊、杨剑龙主编《阅读城市：作为一种生活方式的都市生活》，上海：上海三联书店，2007，第 19 页。

[③] 客体文化，是人类创造的规则、工具、象征物和产品的集合，与之相对应的主体文化是个人借以吸收并使自己融入客体文化的文化。

[④] 格奥尔格·西美尔：《大都市与精神生活》，郭子林译，载孙逊、杨剑龙主编《阅读城市：作为一种生活方式的都市生活》，上海：上海三联书店，2007，第 27 页。

而在我们短暂的存在中，我们作为一个细胞并仅仅作为一个部分属于整个历史生活，那么我们的历史任务既不是谴责也不是抱怨，而仅仅是理解。"①

显然，西美尔的预言是有吸引力的，首先，他提出了城市社会发展的一个基本问题，② 如果说，工业化过后，城市化是必然的结果，那么，城市生活的特征以及发展趋势是所有人都会关心的问题，也是理论研究者需要去不断尝试解释和回答的问题。其次，西美尔的悲观，引来了更多人对其观点的挑战，更多的人希望为城市生活找到更多的亮色，或者在城市生活中发现走向我们所希望的生活方式的途径。在西美尔之后，传统的城市社会学、新城市社会学的诸多理论大师都围绕都市生活展开过讨论。传统城市社会学主要的观点是：都市生活的特征是由空间、文化等因素决定的；新城市社会学从资本主义生产关系入手，认为都市空间的生产是资本主义生产的结果也是资本主义生产的条件，都市生活由空间生产过程所决定，资本追求空间的利润与消费使用空间的要求有内在的不可调和的矛盾，都市生活被异化。新近的城市研究和实践显示，人们正在尝试积极主动地去寻找新的都市生活方式，这样的研究和活动正在改变城市的观念和生活的空间。

二 空间决定的都市生活

1938 年，沃斯（Wirth，L.）发表了一篇《作为一种生活方式的都市生活》（urbanism③ as a way of life）的论文，现在已经被认为是城市社会学发展过程中具有里程碑意义的一篇论文。沃斯在文中提出了城市的基本概念，并建立起了一套研究城市生活方式的研究框架。沃斯是芝加哥学派的中坚人物，罗伯特·帕克（Park，R.）的学生，而帕克是西美尔的学生，沃斯

---

① 格奥尔格·西美尔：《大都市与精神生活》，郭子林译，载孙逊、杨剑龙主编《阅读城市：作为一种生活方式的都市生活》，上海：上海三联书店，2007，第 31 页。

② 西美尔的一篇论文《社会是如何可能的》也非常有影响，其中提出了社会学的基本问题，一个好的问题往往是维系一个学科发展的重要动力。

③ Urbanism（韦氏词典的解释是：the characteristic way of life of city dwellers；柯林斯英语大词典的解释是 the character of city life；现代英汉大词典的翻译是：①城市规划，都市建筑规划，②都市生活方式；简明英汉词典的翻译是：都市生活，都市社会物质需求的研究，都市化）国内的翻译有城市性、城市生活、都市生活、都市主义等。

的理论深受西美尔的影响。沃斯认为，都市生活的特征来源于城市的规模、密度和异质性，也就是城市生活的特征主要是由城市空间的特征决定的："在观察和研究的基础上，我们可以归纳出一系列关于下列几点间关系的社会学命题：（1）人口规模，（2）居民密度，（3）居民和群体生活的异质性。"①

沃斯从三个方面对城市特征进行了组织：人与人之间的社会行为，人与组织之间的社会行为，组织与组织之间的互动形式。正是这三个方面构成了沃斯所理解的作为一种生活方式的都市生活。② 都市生活可以理解为一种生活方式，它表征着人类联系的具体形式。都市生活作为一种特别的生活方式，可以从以下三个相互关联的角度去实证地介入："（1）作为包括人口、技术与社会生态秩序的实体结构；（2）作为一种包含某种特殊的社会结构、一系列社会制度和一种典型的社会关系模式的社会组织系统；（3）作为一套态度和观念和众多以典型的集体行为方式出现并受制于社会控制的特殊机制的个性。"③ 沃斯的研究是建立在这样的假设和前提之上的，就是单个的城市可以作为一个研究的对象，个体（个人或群体）在社会空间结构中的位置是对环境适应的结果，位置的差别是由对环境的适应力差别所决定的，其过程是由生存竞争的原则所支配的。④ 其理论的渊源就是芝加哥学派的人文生态学，人文生态学认为，在一定的空间范围内，人们的生活由空间所决定和影响，也就是人们为了适应城市的空间环境，自发地形成了特有的生活方式。

沃斯的论文发表后，反响很大。首先，他试图建立城市研究中具备经验研究基础的可以讨论的研究框架的努力得到了大家的认可。在以前的研究中，正如沃斯所言："在马克斯·韦伯富有洞察力的论文《论城市》和罗

---

① 路易斯·沃斯：《作为一种生活方式的都市生活》，赵宝海、魏霞译，载孙逊、杨剑龙主编《阅读城市：作为一种生活方式的都市生活》，上海：上海三联书店，2007，第9页。

② 《中国大百科全书·社会卷》对生活方式作了如下表述："不同的个人、群体或社会全体成员在一定的社会条件制约和价值观指引下，所形成的满足自身生活需要的全部活动形式与行为特征的体系。"人们对生活方式的理解有广义和狭义两种，广义的生活方式涵盖生活的全部领域，狭义的理解把"生活方式"限定在日常生活领域，转引自向德平《城市社会学》，武汉：武汉大学出版社，2002，第218页。

③ 路易斯·沃斯：《作为一种生活方式的都市生活》，赵宝海、魏霞译，载孙逊、杨剑龙主编《阅读城市：作为一种生活方式的都市生活》，上海：上海三联书店，2007，第13页。

④ 蔡禾：《都市社会学研究范式之比较——人类生态学与新都市社会学》，《学术论坛》2003年第3期。

伯特·帕克那篇有纪念意义的论文《城市：对开展城市环境中人类行为研究的建议》中，我们发现了非常接近于都市生活的系统理论。但这些精辟论述远不能形成一个有序的、连贯的理论框架，以供研究参考。"① 由于缺乏基本的概念和可观察的经验做支撑，城市研究的讨论是混乱和无效率的。其次，他秉承了芝加哥学派的重要思想，就是帕克在《城市：对开展城市环境中人类行为研究的建设》一文中所提出的："城市，它是一种心理状态，是各种礼俗和传统构成的整体，是这些礼俗中所包含，并随传统而流传的那些统一思想和感情所构成的整体。"② "城市化不再仅仅意味着人们被吸引到一个叫城市的地方、被纳入到城市生活体系之中的过程，城市化也指与城市发展有关的生活方式的鲜明特征不断增强的过程。"③ 因此，他把都市生活作为城市社会学的主要研究领域，这样的人文关怀是值得肯定的。最重要的是，从沃斯开始，都市生活成为城市社会学的一个重要研究领域。

当然，沃斯的论文也成为后来者经常批判的靶子，这也正说明其文章的重要性。沃斯的文章是每一个后来者都需要认真阅读和领会的一座高峰。吉登斯（Giddens, A.）认为，沃斯企图超越制度、文化、历史、地理建立起普遍的城市研究框架是不明智的，"任何认为有关城市的普遍性理论只要以城市自身的特征为基础的想法——就如沃斯的做法那样——都是错误的。城市所表现和包含的只是更广泛社会——城市仅仅是这个社会的一部分——的某些方面"。④ 吉登斯建议放弃宏大架构，而从地方经验开始研究。卡斯特尔认为都市生活和都市无法成为独立的研究对象，沃斯在城市空间与城市生活之间制造了一种"伪相关"，因为被沃斯看作"城市生活方式"的那种东西并不是由城市环境造成的，而是更广泛的经济与社会结构的反映，"是资产阶级工业化的文化表现，是市场经济和现代社会理性化进程的产物"。⑤

---

① 路易斯·沃斯：《作为一种生活方式的都市生活》，赵宝海·魏霞译，载孙逊、杨剑龙主编《阅读城市：作为一种生活方式的都市生活》，2007，第8页。
② 罗伯特·帕克：《城市：对开展城市环境中人类行为研究的建议》，宋俊岭译，载《城市社会学》，北京：华夏出版社，1987，第1页。
③ 路易斯·沃斯：《作为一种生活方式的都市生活》，赵宝海·魏霞译，载孙逊、杨剑龙主编《阅读城市：作为一种生活方式的都市生活》，2007，第5页。
④ 吉登斯：《批判的社会学导论》，郭忠华译，上海：上海译文出版社，2007，第74页。
⑤ 夏建中：《新城市社会学的主要理论》，《社会学研究》1998年第4期。

三 文化影响的都市生活

沃斯的文章发表后，甘斯（Gans，H.）通过经验研究发现，都市生活的特征，很难完全从空间特征来加以概括，都市生活的特征是由居住者的年龄、性别、财富、生命阶段等文化特征所左右的。"以往的定义是把生活方式和每一个居住地类别的城市环境因素联系起来，但是，如果生活方式并不和居住地类型相一致，如果生活方式是阶层和生命阶段的结果，而不是由居住地的生态学上原因造成的话，城市的社会学定义就不能被固化。"[①]甘斯认为，生活方式不可以用地域去解释，但可以用该地域的居民特性（包括阶层特点和生命阶段）来解释。甘斯把特性作为他解释城市与郊区生活方式最重要的指标，特性指社区居民具有的经济、社会和文化特征及他们在生命周期所处的阶段。

甘斯把城市区域细分为内城、外城和郊区，并将城市的居民分为四海为家者、单身者或无嗣者、种族村民、受剥削者、陷入困境者和落魄者。甘斯很快发现，他们中大多数的行为特征跟他们所居住的空间没有关系，只有少部分人的行为特征与其居住空间存在这样的联系。只有受剥削者和陷入困境者似乎受到了人口数量、密度和异质性的影响，即使有这些影响，也应该是居民的稳定性的结果，而不是人口数量、密度和异质性的结果。由此，甘斯对沃斯的空间决定都市生活的理论发出了挑战。

甘斯认为，"必须把对特性的分析作为对社区生活方式研究的出发点，这样才能揭示哪一种行为模式可以归因于居住地的特性或它的自然环境；只有这样，才能揭示城市和郊区在什么程度上是相互独立的"。[②]而沃斯之所以有这样的结论是因为他受到了他所处时代和地点的局限，"他是在一个移民亚文化形成的时间内，在严重的经济萧条结束后，在一个人们选择最少的年代写成他的文章的"。

新近的研究将文化对都市生活的影响概括为四个方面：一是共同的文化影响和教育。一个人在年幼的时候都被教育为：作为城市人应该怎样生活，作为乡下人应该怎样生活，这样的文化从小在他们的心里扎根，他们

---

① 蔡禾：《城市社会学理论与视野》，广州：中山大学出版社，2005，第73页。
② 蔡禾：《城市社会学理论与视野》，广州：中山大学出版社，2005，第73页。

将来长大后不论在哪里生活，都会有特定的生活方式。二是一个人在城市里的生活方式是由其年幼时候的生活方式所约定和影响的，不论他现在身在何处，他的生活方式都是倾向于幼年时习得的生活方式。三是城市居民的生活方式是在特定城市的长期历史中形成的，不能够普遍地概括，应放在不同的城市和地区。① 四是城市中存在多种文化和生活方式，不能做简单的对应和概括。文化观念强调了人们的生活态度、方式和观念的形成需要一定的时间，而且形成后就具有相当的稳定性。

很显然，文化的影响是长久而持续的，人们在城市中的生活则存在流动和不稳定性，从文化来解释人们在城市中显示出的特定生活方式有一定的说服力。不过，从文化来说明城市生活方式的非唯一性和独特性，仅仅算得上是对空间决定论的一个补充，而不能够从根本上去否定空间对城市生活的影响，因为，不论从哪些方面来看，都市生活与乡村的生活都存在差异。

四 空间文化共同作用下的都市生活

弥补空间和文化对城市生活影响论的一位关键人物，就是费雪（Fischer, C.），他提出的亚文化理论至今仍然深深影响着城市空间和文化的研究。费雪注意到了城市生活的独特性和多样性与乡村显然是有区别的，芝加哥学派对空间的重视在费雪这里得到了肯定，而他引入的亚文化观念则使空间与文化共同成为影响都市生活的关键因素。所谓亚文化是指一系列信仰、价值、规范、习惯的模式，亚文化是与亚系统联系在一起的。费雪指出，他的理论模型只是想表明城市生活对非规范行为的影响，并不针对城市中的其他行为。非规范行为涵盖了从艺术创新到持异议的价值观的表达，再到严重的犯罪这一系列的行为。所有这些非规范行为都是偏离社会规范的。② 在这里，规模是一个很重要的参数，足够的城市规模为城市中反常行为的存在提供了可能。比如，在乡村中要形成集邮爱好者俱乐部是非常困难的，因为很难形成足够的多数，但是在大城市却成为可能。城市的规模、

---

① Charles, R. Tittle and Harold G. Grasmick, "Urbanity: Influences of Urbanness Structure and Culture", *Social Science Research*, 30, 2001, pp. 313 – 335.

② 蔡禾：《城市社会学理论与视野》，广州：中山大学出版社，2005，第78页。

密度和异质性可以决定亚文化的种类、联系的强度、发展的空间等。

当一个城市规模大、密度高、异质性强的时候，城市中就存在多种亚文化，亚文化强度越大，非规范行为的发生率越高，城市的生活就会是多元的和丰富的。在这里，费雪的理论为西美尔悲观的理论抹上了一层希望的色彩。当城市中多元文化广泛存在时，这个城市无疑是宽容的，为多种生活方式、多种文化、多种创新留下了空间，也为寻求超越现有都市生活方式提供了可能。内心渴望交往的孤独的人群在城市中增加，为人际的联系提供了空间。随后的研究也证实，在城市中，社区是广泛存在的，社区的基础就是具有一定感情的社会交往群体，社区中的生活方式是具有特征意义的。

费雪的重要贡献在于，他强调了城市异质性对于文化多样性发展的积极主动作用，他的理论超越了空间决定论和文化影响论对城市生活形式的单向度思维，揭示了人在城市中主动地选择生活，个人能动性发挥的一面。这一点可能是费雪理论中最有启发性的。正如刘易斯·芒福德所言："城市的主要功能在于化力为形，化权能为文化，化朽物为活灵的艺术造型，化生物繁衍为社会创新。"创新应该是城市的核心精神之一。很显然，费雪的理论为城市创新的出现提供了部分的理论解释。在城市这个大系统中，存在非常多的亚系统，这些亚系统中存在亚文化，当一些亚文化不断成熟和发展，可能从边缘走向中心，从另类走向流行，这样就为城市生活提供了变革的力量，也为不同的人群提供了选择的机会。在此过程中，个人可能找到属于自己的社会群体，发现自己。

五　空间生产过程中的都市生活

20世纪60年代，西方新城市社会学诞生，新城市社会学以马克思的理论为基础，对传统的城市研究做了批判性的梳理。列斐伏尔（Lefebvre，H.），是新城市社会学的核心人物，他批判传统的城市社会学是具有意识形态的，他认为，"任何主张，假如它直接或间接地有助于生产关系的再生，那它就是意识形态"。① 城市经验现象所展现的不是纯客观的事实，而是资本主义下的社会关系。首先，他将空间生产视为资本主义生产过程中的重

---

① 蔡禾：《城市社会学理论与视野》，广州：中山大学出版社，2005，第168页。

要环节，空间的生产是资本主义扩张的必要条件，空间既是资本主义生产的条件，也是结果。在空间的生产过程中，资本寻求超额的利润，与空间的使用要求之间有不可调和的矛盾，也就是说空间的扩张和发展依据的是资本增值的逻辑，而非服务生活的逻辑。现代都市"建筑环境"的特征就是空间商品化，以及人类活动和经验的"隐退"，"城市囚禁了生活在社会底层的人们，并把它们推向广阔的社会边缘"。① 城市生活具有强烈的例行化特征，它被剥夺了道德的意义，也被剥夺了生活的诗意。以道德为基础的传统以及那种丰富得多的人类存在是如何被狭隘的例行生活所取代的呢？

列斐伏尔对日常生活进行了深刻的批判。"即把马克思关于资本主义的抽象劳动时间统治工人的日常生活世界的剩余价值生产理论，翻转为抽象消费空间主宰现代日常生活的都市社会论。"② 他将传统马克思主义对生产的关注，转到消费领域，将对经济的关注，转到文化方面。在空间的生产过程中，城市人的生活被异化了，城市人受到的压迫和剥削更多地来自生活领域，而非生产领域。对空间使用的斗争以及对日常生活的控制已经成为资本要求和社会需要之间冲突的核心，城市斗争的关键是争取日常生活摆脱资本主义组织，并形成由人民大众来管理空间以及空间为人民大众服务的格局。对日常生活的突破，列斐伏尔认为来自城市中的节日和仪式，有助于人们重新找到酒神精神。因此，他提出了城市文化革命的主张，"他认为城市空间将是走出现代性的新开端，真正具有革命特征的社会转变必须表现出对日常生活、对语言和空间具有创造性的影响力，这样的空间构成的城市就是'游戏的城市'，在那里，'日常生活变成每个公民和每个社区都能进行的创造'"。列斐伏尔把解放了的都市空间视为这样一种场所，欲望在那儿得以实现，本真的人类需求得以形成，内在统一的文化重现并取代了现存的碎片化和实用主义的文化。③

另一位新城市社会学的核心人物——大卫·哈维（Harvey, D.）在新近的著作中，提出了希望的空间，他将空间的全球重组过程与身体的解放联系起来。身体作为一种社会构造，嵌入在社会—生态过程中，全球化是关于亿万个体之间的社会—空间的关系（social-spatial relation）。因此，如

---

① 大卫·哈维：《希望的空间》，胡大平译，南京：南京大学出版社，2006，第 10 页。
② 刘怀玉：《列斐伏尔日常生活的恐怖主义批判》，《求是学刊》2007 年第 3 期。
③ 吴宁：《列斐伏尔的城市空间社会学理论及其中国意义》，《社会》2008 年第 2 期。

果没有对全球化的理解，身体就不能在理论上和经验上被理解。① 哈维强调了全球空间重塑的过程对社会、生活和身体的影响，他承认自己的乌托邦，也希望超越原有的乌托邦，重新整合时间、空间和生活。

新城市社会学对都市生活的状态主要持批评态度，也提出了诊治的药方，应该说，其理想和目标是温暖人心、带给大家力量的。但是，因为其目标高远，论述抽象，在实践中基本上没有建树。不过，其理论的贡献还在于给各类城市实践和理论提出了挑战。

六 都市生活主导的空间变迁

新城市生活运动（New Urbanism②）是 20 世纪末期在美国发起的一场城市发展方式变革，这场变革的核心是重新寻找美国人所向往的都市生活。第二次世界大战后，美国人需要休养生息，而多数美国人向往的是花园洋房式的郊区生活，中产阶级纷纷搬离城市。③ 郊区生活给美国城市和社会带来了系列问题，如都市蔓延、城市中心衰退、社区缺失和对汽车过分依赖导致交通拥挤，等等。1990 年以后，新城市生活运动在美国悄然兴起，这一运动总体特征为拒绝第二次世界大战以来兴起的郊区规划，渴望创造另一种既适应街坊又适应都市空间的发展模式。新城市主义者试图通过重新引入传统街坊设计的理念，并使这些思想适用于各种都市和郊区环境，从而重新界定美国都市的本质。其代表人物为杜阿里（Duany）。新城市生活运动从生活方式变革的追求开始来改造城市空间，提出了系列的城市设计原则，并进行了大量的实践。④ 这场运动，对城市空间变革的影响很明显，也在一定程度上改变了城市发展的方式和方向，其特征是以城市生活的变革引领空间的变迁，引导城市发展方式的变迁。

而更为明显的一个例子是《创造阶级的兴起和城市便利性》一书的出版，此书的观点是，城市的发展与否，与创造性人群的多少有关，而创造

---

① 大卫·哈维：《希望的空间》，胡大平译，南京：南京大学出版社，2006，第 15 页。

② 国内的翻译有新城市主义、新都市主义、新城市生活。

③ 中产阶级纷纷搬离都市，表示了他们对都市生活方式的不认可，当搬离都市形成了潮流，一种新的生活方式就会在郊区建立。

④ 新城市生活理论在城市设计方面重视邻里关系、步行空间、公共空间、公共交通、居住的多样和混合，代表性项目是由杜阿里夫妇设计的佛罗里达州的海滨新镇。

性人群对居住地和生活模式的选择有特定的空间模式，具备多样性和异质性特征的空间形式可以满足有创造力人群的需求，会吸引有创造力人群的集聚，从而促进城市的发展。新城市生活运动和创造阶级的兴起显示了对新生活方式的追求正在成为改变城市的重要力量，可以引导城市空间的变迁。也许，正如刘易斯·芒福德所言，"进入城市的一连串的神灵，经过一段段长期间隔后，走出城市的是面目一新的男男女女，他们能够超越其神灵的局限，这是人类最初形成城市时始料未及的"。生活在城市中的人不再是被动地决定，而是主动地寻求和创造新的生活方式与空间形式，并在此过程中发现自己，创造自己，使城市真正成为滋养自身灵魂和身体之处。

当然，也存在对新都市生活运动和创造阶级的兴起的批判。在希望的空间中，哈维批驳了新城市生活运动将这种美国中产阶级的梦想普遍化的趋势和想法。这个运动的权威人物之一杜阿里（Duany，1997）认为，以新城市生活意向所提议的方式来正确地使用空间游戏将有助于纠正问题。他的提议证实了对小城镇美国的怀旧情怀，也就是对可靠性的社区感、习俗、混合的土地使用和高密度以及思想家的怀旧。把所有这些带回到城市设计中，那么城市生活和社会生活的质量将会无限制地得到提高。这个主张通过对美国城市中"无地方性"及缺乏"真实性"的一系列批判性评论而得以巩固。新城市生活确实在与这种巨大的畸形做斗争，如何恢复历史、传统、集体记忆及与之相伴的归属感和认同感就成为其圣杯的一部分。①

此运动的怀疑者，批驳新城市生活创建的意识形态既是乌托邦的，又是令人忧虑的。他们并不相信新城市生活曾经抓住过城市贫困和衰退的要害。哈维认为，如果想要实现新城市生活，就必须将其方案植入一套限制性的社会过程之中。②哈维的观点是值得思考和进一步理解的，他指出了都市生活发挥作用的限定条件，也给都市生活理论的实践提出了挑战和方向。

七　结语

雅典宪章将城市的功能概括为居住、工作、交通和游憩。城市是现代

---

① 大卫·哈维：《希望的空间》，胡大平译，南京：南京大学出版社，2006，第164页。
② 大卫·哈维：《希望的空间》，胡大平译，南京：南京大学出版社，2006，第165~166页。

社会人们的主要居住地和生活地。美好的城市生活是人们都向往的，从西美尔的悲观预言开始，人们逐渐去发现支配都市生活的因素，希望将城市生活从被支配的角度中解脱出来，虽有收获，但城市生活被支配的程度并没有减弱。面对城市化的世界，如果城市生活被异化，城市文明的传承、个人的发展无疑充满了阴影。从空间、文化、制度去破除都市生活的屏障，使人们充满自主、激情和创造性的努力是有成效的，而都市生活本身的解放所带来的希望和光芒更具吸引力，虽然它可能会受到决定论者的批判，认为在已有的制度和社会构架下，从行动的角度来改变的尝试多少有些乌托邦和不着问题本质，或者不切实际。从上面的分析中，我们隐约地感到，在城市生活领域，结构和行动者能动的矛盾可用马克思的这样一句话来概括：我们在已有的历史中创造历史，用吉登斯的话来讲，就是我们在受制约中创造了一个制约我们的世界。"无论是福是祸，都市生活不断的变化都会改变城市，也会改变世界。"①

从都市生活本身的转型去动摇和重新建立决定都市空间的构架是很有号召力的想法，尤其在已经进入城市化加速期的中国，大量的乡村人口涌入城市，城市化水平已经达到40%多，农村中国正在向城市中国转变。城市改变了人们的居住空间环境的同时，也在改变其行为习惯和思想观念。环境的改变是迅速的、容易的，而行为习惯和思想观念的改变就困难得多，这成为原住民与新移民矛盾的来源，原住民以一种城里人的姿态对新移民评判，以城市的标准来要求新移民，但新移民感觉自己受到了乡下人的待遇，感到在城市中受到了更多的约束和不公正。显然，原住民对城市中的公共规则、生活方式更加熟悉，而新移民带来了冒险、勤劳等新的生活作风。如果以包容的新的都市生活方式来引导原住民与新移民，破除既有的隔阂，创造新的城市空间模式，就可能消除城市空间中存在的分异和隔离，实现城市的神圣功能——既是身体的家园，也是灵魂的家园。

中国城市现代化的速度让世人称奇，但一种奢靡的消费风气也在兴起，各种充满了诱惑的都市生活方式在广泛宣传，什么豪华、独享、尊荣富贵，应有尽有，其对中国城市空间的影响正在显现。对于一个人口大国来说，其资源、环境都受到了诸多约束，如果在城市生活中追求豪华的风气蔓延，

---

① 路易斯·沃斯：《作为一种生活方式的都市生活》，赵宝海、魏霞译，载孙逊、杨剑龙主编《阅读城市：作为一种生活方式的都市生活》，上海：上海三联书店，2007，第16页。

其后果不堪设想，形成崇尚节俭的城市生活风气将是城市空间紧凑发展的重要条件。

中国传统建筑的地域风格特征明显，但现代城市的建筑风貌却十分类同，因此城市的文化精神也就无法显现，将城市生活的地域特征重新引入城市空间，在传统与现代、全球化与地方化之间可以寻求新的平衡，城市的个性和文化精神将彰显。

参考文献

蔡禾：《城市社会学理论与视野》，广州：中山大学出版社，2005。

大卫·哈维：《希望的空间》，胡大平译，南京：南京大学出版社，2006。

吉登斯：《批判的社会学导论》，郭忠华译，上海：上海译文出版社，2007。

包亚明：《现代性与空间的生产》，上海：上海教育出版社，2003。

孙逊、杨剑龙主编《阅读城市：作为一种生活方式的都市生活》，上海：上海三联书店，2007。

城镇化进程中村落拟城化现象研究

张　俊

村落是农村的基本生活聚居点。在城镇化进程中，村落的人口应该向小城镇或城市集聚。但是，一些地方的镇区发展缓慢，村落迅速发展并向拟城聚落转化，在广州等地还出现了周边村落繁荣、镇区反而萧条的"谢顶现象"。[1]

一　村落拟城化现象及其特征

村落拟城化是指村落向一种拟城聚落的转化，这种拟城聚落在外部景观上模拟城市，也具有了相当的城镇功能。但是，在内部组织构造、社区生活方式和人际关系等方面，仍然相当程度地保持着村社会的特征和秩序。比如，深圳市宝安区沙井镇万丰村利用毗邻香港的优越区位条件请工业进村，大力发展工业，并且建设了影剧院、酒店、公园等公共设施，村落成了文化娱乐活动和社交活动的重要场所，并具有了相当的城镇功能。村的崛起和城镇化使镇区传统中心地位下降。镇区、村落原先在空间上具有的主从分明的层级结构向网络结构转化。城镇建设的基本单位不再是镇，而是村，非农建设用地直接向村扩散和蔓延。村与镇区在城镇建设上的竞争，阻碍了要素向小城镇的流动，延缓了城镇化的进程。同时，村落的分散发展，助长了基础设施的重复建设和低效利用，并且使工业污染直接扩散到村，因而加大了生态环境治理和保护的难度。

在村的建设上，村民追求与城市没有两样，在这样的心理作用驱使下

---

[1]　温铁军：《农村城镇化进程中的陷阱》，《战略与管理》1998 年第 6 期。

出现了高消费、互相攀比和重复建设之风——在村中建设与城市水平相适应的基础设施，如医院、影剧院、高档的酒店、宾馆和大马路等，虽然这在一定程度上改善了村民的生活质量，但很多建设并不是出于村实际需要的考虑。盲目地在村中复制城市不但助长了超前不当消费之风，而且不利于社会主义新农村①特色村落景观的创造。虽然有土地、环境和农业保护区等各类规划，但是因为集体土地的非农业开发有利可图，所以在村的建设和发展中不按规划执行，违法用地现象普遍，违章建筑屡禁不止。村落的规划难以落实，各类建设也无法协调。反映在村的建设环境上是工业用地、居住用地相互交织，布局混乱；村民竞相建房，房屋密布无间距可言。

拟城聚落的发展范围在村，它受到村的社会传统、地域范围和村民自身利益等多方面因素的制约，难以按照城市发展的要求来建设社区。村与村之间的竞争和网络化发展也减小了单个村集聚发展成城市型社区的可能。同时，拟城聚落在地域上分散，难以与其他城镇建成区联系在一起扩大规模，因而拟城聚落缺乏外界力量的介入，推动其向城市型社区转化。

新中国成立以来，建立了户籍、就业等系列制度和政策，堵塞了农民进入城镇或城市的途径，把农民束缚在农村土地上。改革从农村开始，城市改革滞后于农村，因而从农业中转移出来的剩余劳动力向城市转移面临着重重困难。

二 村落拟城化的成因分析

影响农民向城镇转移的制度因素很多，但最为重要的是土地制度。土地是农民的命根子，农民依靠集体土地生产和生活，使用集体土地的费用十分低廉，而一旦集体土地转为城市建设用地，土地资本可呈几倍乃至几十倍的增值，但增值收益中的大部分流到了地方各级政府手中。② 农民失去了土地，得到了微弱的补偿，但也随之面临进入城市发展的高昂地价和成本。稳定的职业和住房对于长期生活在城市里的城里人而言也不容易，更

---

① 党的十六届五中全会把建设社会主义新农村提到"我国现代化进程中的重大历史任务"的战略高度，其目标概括为：生产发展、生活富裕、乡风文明、村容整洁、管理民主。

② 温铁军：《农村城镇化进程中的陷阱》，《战略与管理》1998 年第 6 期。

何况对于几乎没什么资本和技能的农民！当农民解决了温饱问题，有一定的积累需要在农村以外寻求新的发展机会和条件时，城市可以提供给农民的非农就业机会十分有限，进入小城镇的门槛也很高。走出去有困难，农民只好回到农村，依托村社区创造了一种新的就业和生活方式。包产到户的农民以村集体的方式组织起来，共同面对市场的风险和不确定性。村民通过集体组织和共同行动把乡镇企业直接办在了村，在村内实现了向非农就业的转化。比如，1996 年宝安区各镇工业企业中村及村以下工业企业占74%，镇属工业企业只占 26%，镇三级经济总收入中，村级及村以下收入占 61.6%，镇级收入仅占 38.4%。① 村成为吸纳乡镇企业的重要载体。工业化是城镇化的主要推动力量，当村获得发展工业的条件后，它会不断地提供基础设施条件以满足工业发展的要求，从而推动了以村为单位的集聚和城镇化过程。村落就从传统的农村生活聚居点向具有工业生产职能和一定中心服务职能的城镇聚居形态转化。村民在村内也享受到了一些城镇水平的服务。

从村内办企业到村社区的建设，使村民体会到社区发展给自己的就业、生活带来的种种好处，因而村民不愿放弃既得的村社区利益进入城镇，但是村民并没有停止对城市美好生活的向往和追求，建设拟城聚落圆进城梦是进不了城的村民的选择。农民进城的门槛太高，而在村落发展又有更大的利益可图，导致了村落的工业化和城镇化。面对村落分散无序发展之势，村规划则缺少力量和必要的手段进行调控，规划方案控制村土地的非农开发和建设，直接影响到村民利益。村为了吸引投资，会迁就投资者和建房者的利益，任意修改规划。规划部门由于人员不够，任务繁重，缺乏必要的手段进行调控。而且，城市规划部门对违法建设行为没有强制执行权，规划部门做出的违法处罚决定，按程序应向法院申请强制执行，这需要经过一整套繁琐的程序。

三 发展小城镇 —— 防止村落拟城化的蔓延

要防止村落拟城化的蔓延，就必须为农民提供一条切实可行的转化为城市人口的途径。中国人地关系高度紧张，有大量的农村剩余劳动力需要

---

① 《深圳次区域规划研究》，第 145 页。

转移到城市。而传统的城乡二元体制把农民直接排除在城市之外，虽然城市改革正在进行，但是城市吸纳劳动力的能力仍然十分有限，目前，城市也有大量下岗职工需要再就业。小城镇是城之尾，乡之首，受传统体制约束少。以系列的制度和规划方法变革为突破口，调节小城镇与村落的关系，通过小城镇的集聚和城镇化发展可以吸纳农村剩余劳动力，从而防止村落拟城化的蔓延。

低价征收集体土地和高昂的镇区地价是造成村落发展而镇区萧条的重要原因之一。防止村落拟城化，围绕以土地农转非为核心的制度改革势在必行。对此，可以从地方已有经验中得到一些启发。山东济阳县孙耿镇镇政府动员农民把各村承包到户的土地每人交出5厘，集中到镇中心统一建立工业开发区，各村不再分散办企业。集中到镇区的土地其地权还归村，各村把土地作股建立镇级农民所有的股份公司，由公司统一经营集中在镇区的土地，产生的收益各村按股分红。① 这样的制度创造，不仅使农民仍然能够享受到土地在镇区非农开发带来的收益，而且也因此保证了农民的参与性和积极性。同时，它防止了人为造成的镇区地价远远高出村集体土地地价的现象，使镇区集中开发有了合理的经济基础。但是这样的制度安排，必须要有以下前提：镇区内所有的土地开发必须按照规划要求进行。虽然集中到镇区的土地所有权属于集体，但是它在用地性质上已经作了非农化改变。因此，集中在镇中心的所有集体土地，其用地性质、布局和开发强度等必须服从规划，只有这样，才能保证镇中心的建设符合城市建设的基本原则和精神，才能保证镇区的建设和整个城镇体系建设的协调。

据全国第一次小城镇抽样调查显示，全国平均每个小城镇镇区人口1.63万。非城关镇人口规模，1万人口以下的占65.76%，1万~3万人口的占28.79%，5万人口以上的仅占6%。② 因此，大多数小城镇的规模远低于城市经济的最小规模。对小城镇进行行政区划调整，适当合并，不仅有利于扩大财力，进行集中建设，也有利于精简机构，减轻农民负担。③ 调整小城镇的行政区划可以配合机构改革进行。小城镇的新区划范围要结合人

---

① 温铁军：《农村城镇化进程中的陷阱》，《战略与管理》1998年第6期。
② 国家体改委小城镇课题组：《建国以来第一次全国小城镇抽样调查工作综述》，《村镇建设》1997年第10期。
③ 中央制委员会抽样调查认为目前乡镇国家工作人员有350万，为养活这些人，农民要多负担175亿元。参见郑法《农村改革与公共权利的划分》，《战略与管理》2000年第4期。

口、自然条件和现有的村镇网络。区划调整后的小城镇，包括原有的几个镇区，可能还会有集镇，因此，需选择实力较强的区域作中心，进行集中建设。这样，空间结构变成中心镇——一般镇——中心村——一般村，城市建设的重点是中心镇。集中建设中心镇既保证了镇区足够的人口规模以形成城镇氛围，又可以提高各类设施的利用效率以降低使用成本，从而使进镇农民充分享受城市生活的优点。

镇政府对村发展的管理必须明确职能，合理定位，以提高效能。村社区有两种层次的需求，一是社区福利、治安、土地管理、公共设施建设等公共管理和政策的需求；二是面对市场和商品经济，发展村社区合作经济的需求。这两方面的需求在村民委员会的组织下都得到了不同程度的满足。根据市场经济发展的要求，政府不应负责村合作经济的发展。对于农村社区的公共管理和政策，政府则必须制定相关的法规和政策给予指导，尤其在生态环境、历史文化建筑和村落保护等方面。要防止村社区从小集团利益和近期利益出发盲目建设，扩大村社区规模，使大范围的社会利益受到损害。只要有农业，就会有村落，村落是农村的基层聚居点。以村落作为工业化和城镇化的载体会带来许多负面效果。村落的发展和建设必须与农业生产和农村生活相适应。要根据农业产业化发展水平和自然环境状况适当兼并村落，改善水、电、气等基础设施条件，此外还要提供基层的公共服务设施，如幼儿园、小学、敬老院等，以使农村的人居环境得到改善。获得健康和教育是人的两项基本权利。村落建设要为村民发展提供条件，而最重要的是提供接近教育和文化等设施的机会和条件。村落建设的重点是改善农民生活环境和为村民发展提供条件。

进入小城镇的农民希望享受到城市文明和城市生活。小城镇的镇区虽然有一定的公共服务设施，但是规模有限、设施单一，无法满足人们的多样性需求。在经济水平较高的地区，消费量也只能维持一两百米长的商业街二至三条，这与村民向往的城市生活相比还是有很大的差距。同时，镇区可以提供的就业机会也少。小城镇镇区如果还是保持原有的经济水平和设施状况则难以满足农民的愿望。另外，从设施利用效率、工业经济发展来看，也需要小城镇有一定的规模。因此，小城镇需要吸纳农业剩余劳动力，扩大自己的规模和职能，提供多样性的设施和服务，从而实现到小城市的转变，使进入小城镇的农民真正享受到城市文明。

在城镇化过程中，中心镇向城市生活聚居点转化，村落向新型农村生活聚居点转化。在镇村发展过程中，建立起中心镇—中心村—基层村或者中心镇——一般镇—中心村—基层村的村镇系统层级结构。镇、村职能界定和系统结构的动态变化，防止了村与村之间的低度竞争，减少了重复建设，保证了资源要素向镇区的集聚。镇区的强大和向城区的转化，为农民开辟了一条通向城市的道路，而不是停留于以村为单位的拟城聚落，因而有利于新型城市和农村社区的形成。

中国有九亿农民，几十万个村落。村落的变迁和发展将深刻影响中国的现代化进程，影响社会主义新农村的建设，影响城镇化的有序推进。中国的人多地少和城乡二元矛盾注定了中国人必须自己走出一条新的城镇化道路。如何合理引导广大农民自下而上的城市建设的积极性，并逐步推进，顺利实现农民生产、生活和观念意识向城市居民的转化，将是一项长期的任务。为此，需要研究农民从村向镇集聚的积极性，小城镇向小城市转化的空间规律，探索提高新型城区和村落人居环境品质的方法；总结各地村落兼并、镇区集中发展的经验，进行理论分析和深化，形成具有普遍意义的政策建议。据1998年村镇建设统计公报，平均每个镇仅设有一名村镇建设助理员。基层的规划管理力量严重不足。在扩大小城镇区划的前提下，应适当增加村镇建设助理员；对村镇建设助理员进行定期培训，在管理人员数量难以增加的情况下通过提高管理人员的素质来弥补人员的不足。另外，镇、村的领导干部，尤其是镇长和村长，应经常参加村镇建设知识的学习和考核。村委会是农村基层活动力最强的自治组织，村委和村民有共同的利益。当村镇规划中出现了利益冲突，村委会会代表村民的利益参与协商和谈判。村民人多又分散，即使有再多的规划管理人员，也难以跟他们直接打交道，规划的思路和意图要让村民明白和理解，这就需要村委会作为中介来传达。因此，在村镇规划中公众参与并不是一句空话，如果规划不能协调好各方面的利益，那么最后也难以实施。

面向城镇化的世界，研究中国村落的发展和变迁具有重要意义。对于城镇化过程中村落拟城化现象，必须对其深刻洞察，因势利导，因为"城镇化既可能是无可比拟的未来之光明前景所在，也可能是前所未有的灾难之凶兆，未来会怎样就取决于我们当今的所作所为"。[①]

---

① 沃利恩道（联合国助理秘书长）为《城市化的世界全球人类住区报告1996》所作前言。

参考文献

折晓叶：《村庄的再造——一个超级村庄的社会变迁》，北京：中国社会科学出版社，1997。

温铁军：《农村城镇化进程中的陷阱》，《战略与管理》1998 年第 6 期。

建设部村镇建设司：《1997 年村镇建设统计公报》，《村镇建设》1998 年第 6 期。

郑法：《农村改革与公共权利的划分》，《战略与管理》2000 年第 4 期。

陶红英：《村民私房违法建设是村镇规划实施难的关键》，《村镇建设》1999 年第 3 期。

何兴华：《小城镇规划论纲》，《城市规划》1999 年第 3 期。

国家体改委小城镇课题组：《建国以来第一次全国小城镇抽样调查工作综述》，《村镇建设》1997 年第 10 期。

西方现代城市规划和社会互动关系

张　俊　王世军

一　现代城市规划的社会血缘

现代社会孕育了现代城市规划，现代城市规划从诞生之日起就带有社会血缘。霍华德《明日的田园城市》如今已被公认为现代城市规划理论的开山之作，他把社会问题看成是头等重要的大事。在其著作中，城乡社会的不平衡发展是社会问题的重要根源，他认为城市和乡村必须成婚，[①] 在田园城市的基础上建设社会城市，最终实现对伦敦等大城市的改造，建设城乡和谐一体的社会。虽然在随后的 100 多年中，他的著作遭到了种种误解，社会改革的理想也曾被一些人淡忘，但在西方百余年城市规划的发展史中，肩负起社会责任，为社会公平、正义工作却是规划师最基本的职业信条。无数次规划理论的争论，规划实践中的分歧都是围绕着城市规划的社会责任展开的。可以说，田园城市规划理论所包含的对社会的关怀已经成了现代城市规划最重要的基因，它在城市规划发展的关键时期都会显示出强大的本源性力量，影响城市规划的发展。

正是现代城市规划的社会责任使规划作为一种职业、一种学科，获得了广泛的社会认可和支持。当它的这一品质遭到质疑后，城市规划的社会地位也受到相应的动摇。在 20 世纪 80 年代，左派的规划理论认为城市规划

---

① 霍华德：《明日的田园城市》，金经元译，北京：商务印书馆，2000，第 9 页。霍华德认为："事实并不像通常所说的那样只有两种选择——城市生活和乡村生活，还有第三种选择。可以把一切最生动活泼的城市生活的优点和美丽、愉快的乡村环境和谐地组合在一起。这种生活的现实性将是一种磁铁，它将产生我们大家都梦寐以求的效果，人们自发地从拥挤的城市投入大地母亲的仁慈怀抱，这是生命快乐的财富和力量的源泉。"

让穷者更穷，富者更富，加大了贫富差距，右派的规划理论认为城市规划使社会的自由和积极性受到极大的影响，阻碍了自由社会经济的发展。人们不再像以前一样怀疑规划的技术手段和做法，而是从根本上怀疑规划是否有存在的必要，是否有承担得起它所标榜的社会功能的可能。这是一次对规划最大的挑战，① 因为它挑战了规划的基本信念和支撑——社会公平和正义。城市规划师以"沟通者"的形象代替了原有技术专家的形象，城市规划重新在社会中找到了力量，重新获得了社会的认可，城市规划的职业领域也实现了新的跨越和拓展。

在现代城市规划制度真正发挥作用之前，城市规划的一些控制因素及方式就已经在社会系统中自发产生，并在社会实践中发挥了作用。19世纪美国发展了契约限制，并将其作为土地管理的一种民间形式，房地产业主和开发商有他们自己的民间限制系统。已经在民间存在的自我调节方式和机制显示，社会具有对城市建设调节的可能和能力。政府采用城市规划的控制手段进行干预，其目的是使已经采用的民间形式更加全面、更加有效率地发挥作用。②

但是，城市规划制度的诞生并不代表社会自我调节的终止，城市规划的政府调控并不总是产生令人满意的效果，郭彦弘在《城市规划概论》中概括地指出了规划决策受到知识、时间和资金的限制，其政策执行过程中存在非均衡性、绝对性、长期性等矛盾。20世纪60年代，雅各布斯在《美国大城市的死与生》中对波士顿北端地区的描绘，使人们看到了一个被官方认定为波士顿最破败的贫民区，被规划师认为最糟糕的地方，但在没有任何金钱、任何规划行动进入的情况下，这一地区在20年内发生了可喜的变化，呈现了整洁、生机勃勃的景象，该地区的少年犯罪、疾病和婴儿死亡率都很低。与此同时，雅各布斯批判由规划师规划的地区缺乏多样性和活力。她向规划师讲述的是"城市在真实生活中是怎样运转的"。规划师再一次看到了社会在城市建设上具有自我调节的功能，规划的行政干预若脱离社会就不能产生满意的效果。③ 20世纪80年代，来源于地方居民的公众规划应运而生。在英国伦敦的港区，新汉姆区大道的居民起草了一份《公

---

① 英国撒切尔夫人执政时期，城市规划四面受敌，许多规划学校在20世纪80年代初期被政府关闭了。
② 孙施文编著《现代城市规划理论》，北京：中国建筑工业出版社，2007，第29页。
③ 简·雅各布斯：《美国大城市的死与生》，金衡山译，上海：学林出版社，2005，第7~12页。

众的皇家港区规划》，以抗议由伦敦港区开发公司设计的皇家港区规划。由于与实力强大的伦敦港区开发公司为敌，其作为"公众规划"的范例并没有产生什么效果。① 但是，其他地方的公众规划取得了较大的成功，这也成为人们进一步关注的焦点。可以说，自从现代城市规划制度建立以来，社会对城市土地和建设的调节作用并没有消失，城市规划一直在寻找与社会的区别、联系和合作，社会力量的存在是城市规划持续变革的外在条件和动力。

现代城市规划起源于社会，带有社会血缘和基因，但自从诞生后就开始追求自身的完备，在其行政化、理性化、职业化的过程中与社会产生了持续的张力，城市规划的内容、程序、边界在持续变化。城市规划在与社会的互动中前行。

二 城市规划的行政化与社会互动

1909 年，英国第一部现代意义上的城市规划法（the Housing, Town Planning, etc Act）颁布，以此为标志，现代城市规划被纳入国家行政体系，而且成为国家政府职能中的重要职责，现代城市规划主要的功能是负责城市空间的安排和布局，但在规划过程中要考虑相关的经济和社会问题，因此，英国城市规划法的颁布开启了现代城市规划的政府管理之路。英国1947 年的《城乡规划法》将土地开发权置于公众监督之下，从此，开发商必须按规定向国家——形式上是地方规划当局——申请开发土地的规划。几乎任何开发活动都要申请规划许可，不仅如此，规划职能不再只是对开发活动的控制，制定发展规划也成为每个地方政府的法定义务，并由中央政府来行使地方规划之间的协调职能。② 用这样的方法，国家得到了监管和调节资本主义土地市场的权力。

在美国，现代城市规划的诞生从一开始就具有与政府行政管理行为结合在一起的综合性目标。正如亨利所指出的那样："好的城市、正当而能很好运行的城市政府以及有效率的地方政府是现代城市规划首要推进的目

① 尼格尔·泰勒：《1945 年后西方城市规划理论的流变》，李白玉、陈贞译，北京：中国建筑工业出版社，2006，第 143 页。
② 唐子来：《英国城市规划体系》，《城市规划》1999 年第 8 期。

标。"① 在政府体制架构上，美国城市规划系统基本上是由州和自治市负责，没有统一的城市规划法规，不构成国家城市规划的概念，联邦政府通过联邦基金的安排影响城市和区域规划。各州在联邦政府的支持下，创设了一些规划工作的内容和规划机构，因而使规划成为政府一项日常性的，到后来甚至是必要的职责和工作。到 1936 年，全美国除一个州之外，所有的州都成立了州规划委员会。② 但各州的城市规划行政体系和运作体系均有所不同，甚至在一个州内的各个自治市也各不相同。

城市规划立法使对城市土地和空间的开发控制成为城市政府的重要职责。城市规划行政体系的建立满足了当时大规模城市建设所需要的空间协调职能，也取得了相应的成绩。但是现代城市规划在行政体系中的运作更注重解决城市发展中所面临的卫生、住房、环境等实际问题，提出规划的策略和解决措施，因而更多地在美学、环境和工程技术等方面体现价值。从 20 世纪 60 年代开始，城市规划行政化与社会的脱节开始受到批判。

（1）对城市规划以物质空间环境作为工作重点而忽视社会环境进行了批判。社会学家认为，现实社会活动及其联系的网络并不会限定在固定的空间范围内，决定社会生活素质的根本因素是社会性的，而非物质环境的，企图通过物质和街道布局形态来形成和决定社会生活质量的做法不可取。规划的对象不仅仅是物质空间，还有城市社会系统。

（2）对城市规划的行政效率进行了批判。虽然城市规划国家干预主义的角色功能普遍为人们所接受，但批判的矛头直指它的运作机制。政府过度干预导致了低效率的官僚主义决策，窒息了私人企业、竞争能力和效率。"由于延误了给发展项目颁发批准证书，成千上万的工作岗位长期被锁在了规划部门的文件柜里。"③

（3）在市场经济条件下，城市规划的行政效果来源于社会，许多影响人们生活的重大决策是由政府以外的、运行在资本主义市场体系中的公司和机构做出的，政府城市规划的有效性在很大程度上依赖于与非政府行动者的合作，以及政府能力与非政府资源的有效整合，仅依靠城市规划来实现理想的城市空间是不现实的。

---

① 孙施文编著《现代城市规划理论》，北京：中国建筑工业出版社，2007，第 126 页。
② 孙施文编著《现代城市规划理论》，北京：中国建筑工业出版社，2007，第 132 页。
③ 尼格尔·泰勒：《1945 年后西方城市规划理论的流变》，李白玉、陈贞译，北京：中国建筑工业出版社，2006，第 130 页。

针对批判，城市规划在理论和实践上做出了回应，城市规划在内容、规划的程序和方式方面都做了相应的调整。在规划的内容上，将城市看作系统，空间社会学取代了空间地理学或者形态学概念。规划师开始研究城市社会和经济问题，了解城市生活的复杂性和相关性。"在一夜之间，那些自命为艺术型城市设计师的城镇规划师，被新一代规划理论家告知，他们以前的城镇规划概念是不合时宜的，他们应该把自己看作科学的系统分析员。"① 英国 1968 年的《城乡规划法》将社会规划、经济规划引入结构规划中，从此，规划的定义不再是主要涉及城市设计和物质空间规划的技能。

针对行政效率的批评，英国 1968 年的《城乡规划法》将规划分为结构规划和地方规划两个层次，区别对待地方发展中的战略和实际操作问题，以提高规划编制和审批效率。虽然结构规划是粗线条的，但是实际运作中仍然繁琐和缓慢。撒切尔夫人执政期间，赫塞尔对英国的城乡规划体系进行了改革。他"没有打算让过去 40 多年里在英国发展的规划体系沉没"，而是要改变体系运作的方式，其做法是"精简"运作程序，使其更多地支持市场，② 在制定规划及控制发展中分辨重大事项与非重大事项，然后对每个事项采取不同的程序，确保发展规划集中解决主要问题。

20 世纪 70 年代，欧美很多城市实现了从管理型向企业家型的转变。原因在于城市政府规模和职能扩张，而税收水平下降，城市政府的财政危机迫使其在管理思想和方法方面进行改变。20 世纪 80 年代，开始了重新界定政府职能与角色定位的治理模式变革，城市建设中广泛实行公私合作的方式。在一个地方当局日益依赖非政府组织来实现其目标的世界里，规划活动趋向于变成"达成交易"而建立关系网络、讨价还价的协商活动。③

规划行政化与社会的张力并没有因为这些变革而消失，争论和变革仍在进行。就规划内容而言，引入社会经济的分析后，城市土地和空间仍然在城市规划的行政管辖范围中占据主要地位，而社会经济所涉及的广泛研究领域，以及其他行政职能部门的存在，使城市规划难以直接去处理社会、

---

① 尼格尔·泰勒：《1945 年后西方城市规划理论的流变》，李白玉、陈贞译，北京：中国建筑工业出版社，2006，第 152 页。
② 尼格尔·泰勒：《1945 年后西方城市规划理论的流变》，李白玉、陈贞译，北京：中国建筑工业出版社，2006，第 131 页。
③ 尼格尔·泰勒：《1945 年后西方城市规划理论的流变》，李白玉、陈贞译，北京：中国建筑工业出版社，2006，第 137 页。

经济等关系，但这些关系往往对城市土地和空间使用有决定性的影响，因而城市规划常常在考虑问题的范围上左右为难。在简化城市政府的审批程序方面，环境问题的出现，使人们感到政府的城乡规划可以在环境保护方面发挥重要作用，英国 1990 年的《城乡规划法》恢复了地方当局的发展规划作为指导与研究发展提案的主要基础。① 在城市政府实行企业家型管理模式时，有时规划师不得不迁就私人组织的一些要求，因而在建设中出现了公共部门承担风险而私人部门拿走利润的情况，城市体系不平衡发展还广泛存在。

各国行政体制不同，城市规划的行政化存在差异，在与社会的互动中也有区别。1965 年美国才在联邦政府一级建立住房和城市发展部，在此之前，联邦一级实际上没有一个中央机构负责综合协调城市发展中所出现的各种问题。② 1968 年，美国有 1 万个以上的地方政府单设有规划委员会或类似的组织；但它们中的大多数是有名无实，或完全是不适应的；它们搞的规划方案通常缺乏法律地位和约束力。在实践中，区划比英国的土地利用管理更多地被滥用。劣迹昭著的是，如果土地拥有者和期望开发的业主强烈坚持，他们就往往可以得到所要求的土地使用权。因此，无效的规划和仅仅半有效的区划，使美国在城市地区内对于物质环境发展和变化的管理，比英国和欧洲的其他很多国家都薄弱得多。开发者和在其背后的开发产品的消费者始终是至高无上的，而这在英国是不行的。③

城市规划的行政化和制度化是其发挥社会功能的前提，但社会调节始终是城市规划制度的一种参照物，城市空间受到城市规划和社会的共同作用，城市规划调节的内容、边界和强度不断地受到社会的推动和挑战，其行政化的效果随社会变化而有差别，在与社会互动中不断调整自身。

三　城市规划的理性化与价值选择

理性可分为工具理性和价值理性。城市规划中的理性，多指工具理性，

---

① 尼格尔·泰勒：《1945 年后西方城市规划理论的流变》，李白玉、陈贞译，北京：中国建筑工业出版社，2006，第 131 页。
② P. 霍尔：《城市和区域规划》，邹德慈、金经元译，北京：中国建筑工业出版社，1985，第 253 页。
③ P. 霍尔：《城市和区域规划》，邹德慈、金经元译，北京：中国建筑工业出版社，1985，第 255～256 页。

指规划过程中人们能够选择最适当的手段和备选方案去实现规划的目标并使规划目标及其实现过程的结果的整合价值最大化。[①] 传统城市规划的领域在土地和空间，规划方法依据的是格迪斯提出的"调查—分析—规划"，完成城市规划蓝图。20 世纪 60 年代，规划师已经将城市作为一个系统来考虑，决策理论影响了政府的管理风格，由此展开了对传统的"调查—分析—规划"式方法的补充和完善，形成了界定问题和目标——确认比选规划方案/政策——评估比选规划方案/政策——方案/政策实施——效果跟踪的五阶段理性规划过程理论。规划被看作一个连续进行的过程，规划不再是一个线型的过程，而是一个循环反馈的过程，在规划进行的任何阶段都可能根据反馈的信息评估自己的行动，调整认识问题的立场，改变行动策略，规划的目标很少得到全面实现，即使实现又会出现其他目标，因此，理性规划过程没有最后的终结状态。与传统蓝图式的规划相比，毫无疑问这是思想上的根本性转变。20 世纪 60~70 年代的理性过程理论学者相信，理性规划模型不只代表了对规划理性状态的描述，也代表了如何从事规划工作的理想模型，理性过程模型无愧为一个规划的基本模型和理论。[②] 理性模型具有简明性、逻辑性的优点，是迄今为止介绍得最广泛的规划理论，被认为可以"推广应用于一切公共政策领域"。

在 20 世纪 60 年代，人们认识到城镇规划决策最根本的是价值判断，一种渴望去创造或者维护的环境类型的价值判断。但理性过程规划理论只论述规划方法和手段而不论述规划的目标。它仅仅是一个手段目标的工具性推理模型，而不具备实质性意义。也就是城市规划的理性模型仅解决了工具理性问题，而没有解决价值理性问题。它假定社会存在共同的价值取向，规划师寻求的理念和目标与公众利益是相符的，并可以发现和量化显示这些价值目标。但实际上，社会上并不可能存在一种所有人都认同的价值，只有特定群体与个人的价值。阿罗在 20 世纪 60 年代提出的著名的"不可能定理"否定了社会中存在一致的价值观的可能性。

既然不存在一致的价值判断，而城市规划的理性决策又必须以此为基础，那应该由谁来完成价值判断？是规划师、政府官员，还是普通市民？

---

① 孙施文编著《现代城市规划理论》，北京：中国建筑工业出版社，2007，第 448 页。
② 尼格尔·泰勒：《1945 年后西方城市规划理论的流变》，李白玉、陈贞译，北京：中国建筑工业出版社，2006，第 68 页。

可见，规划的理性模型是抽离了具体的决策者而谈决策，企图建立由任何人都可以进行的普遍的城市规划模式，这是对科学和理性极度乐观的表现。而现实的情况是，规划的理性决策要么被官员所左右，要么由规划师完成。在城市的多元文化中，少数族裔、女性、同性恋者等被称为"少数"的人们经常被规划所忽视，虽然不能说城市规划在其中所起的作用是主导性的，或者也不能说是由于城市规划而造成了这种状况，但很显然，城市规划在加剧甚至激化其中的矛盾。①

理性过程模式通常被描述为理性决策模式，而不是理性行动模式。② 理性过程模式的提出主要是针对如何做好决策，这导致规划人员忽视行动，规划和实施成为两个截然不同、可分离的活动。现实的情况已经是规划编制有余，而规划实践不足了。批评者认为理性的决策过程对于人的认知能力、信息搜集的成本过分乐观。城市是非常复杂的系统，人们对于城市的认识还很有限，在短时间内根据收集的信息完成的决策可能并不为社会所接受。一项规划在执行的过程中可能会产生意想不到的效果，问题已不再是使决策更理性，而是如何改进行动的品质，创建一个全社会接纳规划的氛围。

理性化是现代社会的一个重要特征，城市规划也不例外。既然不可能存在全社会共同的价值标准，只有具体的社会团体、组织、个人的价值标准，城市规划开始重视城市社会不同阶层的需要，审视不平等和弱势社会群体的范围或根源，譬如种族、性别、残疾、年龄，等等。许多规划理论学者已经开始致力于研究具体的、与社会不平等相关的城市发展理论，以及为机会平等进行规划。③ 规划理论上出现了倡导性规划，承认个体和组织的偏好和价值差异，承认规划过程中存在价值选择和判断，因此，规划师的职责是为不同的利益集团充当代言人，规划师回到社会，在与社会各阶层、各群体交流的过程中增加规划选择和扩展选择的机会。倡导性规划将只具有工具理性的理性过程模式推向社会，在与社会互动的过程中完成价值选择。

与理性过程模式相对，渐进主义规划方法并不从全面收集资料、理性分析开始规划，而是将规划看作是在现有政策的基础上通过各种政治力量、

---

① 孙施文编著《现代城市规划理论》，北京：中国建筑工业出版社，2007，第 554 页。

② 尼格尔·泰勒：《1945 年后西方城市规划理论的流变》，李白玉、陈贞译，北京：中国建筑工业出版社，2006，第 107 页。

③ 尼格尔·泰勒：《1945 年后西方城市规划理论的流变》，李白玉、陈贞译，北京：中国建筑工业出版社，2006，第 140 页。

利益团体相互作用、讨价还价不断加以修正和补充的过程。渐进主义将政策的制定标准放在公众的支持之上，只有获取多数人的支持，政策在执行的时候才会更加顺利。渐进主义规划的决策过程是开放的，决策不是由代表公共利益的规划机构来完成的，而是社会团体相互作用的结果。

城市规划通过理性化在寻找一种客观、高效和普遍的模式与方法，作为一门学科和实践都是需要的。在城市规划理性化的过程中，工具理性和价值理性、个人理性和集体理性是两对基本的矛盾，规划理论和实践在与社会互动中调和这些矛盾。从理性过程模式到渐进主义规划和倡导性规划，城市规划的理性化从工具理性向价值理性扩展，从专家理性向社会理性扩展，社会成了城市规划理性化的标准，城市规划理性化的结果也在进一步改变社会。虽然城市规划的理性化在向追求社会公平、公正迈进，但是矛盾依然存在，如社会中弱势群体利益被忽视。在社会中理性化，寻求城市社会的公平、公正，正是城市规划的长期任务和挑战。

四　城市规划的职业化和公众参与

田园城市虽然在理论上奠定了现代城市规划的基础，但城市规划的职业化是从法律上承认其合法性开始的。1909 年，美国哈佛大学聘请了第一位城市规划教授（Relph，1987），1910 年利物浦大学成立了英国第一所规划分院，由此开创了城市规划的高等教育体系。[①] 1974 年，联合国教科文组织编制的学科目录中，将城市规划列为 29 个独立学科中的一个。至此，城市规划的学科地位得以确立，城市规划职业得到了社会的承认。作为一项职业，它需要具备系统的专业知识，一套行为标准，能够将专业知识服务于社会，承担社会功能。[②] 在传统的划分中，城市规划师通常是指两类人：一类是从事规划设计和理论研究的工程技术人员与学者；另一类是从事规划实施管理的政府官员。据此，城市规划从业者的专业知识主要在城市空

---

① 郝娟：《西欧城市规划理论与实践》，天津：天津大学出版社，1997。

② 美国注册规划师协会（AICP）和美国规划院校联合会（ACSP）对规划师的素质要求有明确的说明：在他们为美国规划院校培养规划硕士（MUP 学位，也是美国规划师的标准职业学位）所制定的教育标准中，一个合格的规划师必须具有知识、技能和价值这三方面的素质，AICP 和 ACSP 联合评估小组在对全美每个规划院系作出教育质量评估时，是否达到这些标准是是否授予一个规划院校学位授予权的基本考量。张庭伟：《知识技能价值观——美国规划师的职业教育标准》，《城市规划汇刊》2004 年第 2 期。

间与布局方面，为城市公共利益服务是城市规划从业者的行为准则。

但是随着人们对城市规划认识的加深，在什么是规划职业的专业知识领域方面产生了分歧。

（1）城市规划涉及面广而问题复杂，几乎每个问题都需用专门化的知识来解决。"有许多极为复杂的新技术丰富了规划的方法学，把编制规划从靠主观臆断为基础改为以客观科学为基础。这些新方法的产生也扩大了规划工作者的队伍，除了原来的规划师、建筑师、工程师之外，现在有交通工程师、城市经济学家、人口统计学家、社会学家、统计学家、数学家、电子计算机专家等参加到规划工作者队伍中来。"[1] 在规划编制和实施过程中，需要协调各专业、各部门之间的矛盾，需要多种不同的职业的共同合作——因此有人认为，把城市规划作为"规划师"独有的专业领域和职业内容是不合适的，也是不可能的。与其说"规划师"是一种职业，不如说是一种技能，一种"协同"（协调不同专业团队共同工作）与"转化"（将多种不同专业能力转化到城市发展）的技能。[2]

（2）规划师以自己的专业知识为社会服务，但在规划决策中往往采用集中决策的方式。由于脱离实际，不了解下情，对地方问题反应不敏感，因而很可能不反映社团内优先考虑的最重要问题，而是将自己的专业价值观强加给社团，从而造成决策难以实施，也因此而违背了城市规划的基本职业规范和信条。[3]

（3）规划师在从业过程中，可能为利益集团所左右，成为一些利益集团的代言人，从而影响到城市规划服务社会公平的职业信仰。城市规划作为一项政府行为，城市规划编制者和管理者需要站在政府的角度来考虑问题，这也是规划实施的重要条件之一。但是政府的决策并不总能够反映公共利益，而规划师过于依赖政府，就会缺乏独立性，为城市公平、正义服务的行为标准就难以实现。

对于规划师职业专业知识领域的分歧，一种意见是扩大城市规划师的知识领域，提高自身的修养，比如 Hall（1975）就提出，"理想的城市和区

---

[1] P. 霍尔：《城市和区域规划》，邹德慈、金经元译，北京：中国建筑工业出版社，1985，第29页。

[2] 卓健：《城市规划的同一性和社会认同危机——法国当前对城市规划职业与教育的争论》，《城市规划学刊》2005 年第 2 期。

[3] 郭彦弘：《城市规划概论》，北京：中国建筑工业出版社，1992，第 37 页。

域规划师应该是一位好的经济学家、社会学家、地理学家和社会心理学家，而且要有若干其他必要的科学技术技能，如熟悉土木工程和控制论等。为了判断他所取得的信息的质量，他必须成为一位高超的统计学家和系统分析家，以便建立计算机控制系统和所要分析的有关事物之间的联系"。① 另一种意见认为，城市是复杂的，城市规划师增加专业知识的领域和修养也是必要的，但规划师更重要的知识是交流和沟通，在与专业人员、政府官员、公众的沟通过程中，整合各方意见。"城市规划必须建立在各专业设计人、城市居民以及公众和政治领导人之间的系统的不断的互相协作配合的基础上。"② 规划师的职责在于"执行市民意见，办理规划事务"，而不是由上而下做规划。③ 虽然有分歧，但两种意见都肯定了在城市空间布局方面需要综合决策和执行，差别在于主要是通过城市规划从业者自身素质的提高来实现，还是通过公众参与来实现。

英国 1947 年的《城乡规划法》已经赋予了公众人员发表他们意见的权利，1965 年由政府设立的规划咨询小组提出了公众应该参与规划。对于公众参与的方式，参与阶梯描述了参与的不同模式，从形式上的参与到实际上的参与共有八种。④ 在实践中进行更多的是公众咨询，而不是公众积极地参与决策。规划机构通常需要通过各种顾问或非专业组织与社区建立密切的联系。这些联系可能是正式的，也可能完全是非正式的。方法之一是组建顾问小组，一群对某个问题（如环保问题）感兴趣的市民，他们会与规划机构保持联系，规划机构会向该小组征求有关重要环境影响的规划决策信息和意见；对住房问题感兴趣的市民可以组成另一个小组，规划机构会与其频繁接触。⑤ 通过公众参与，城市规划专业领域综合性与专业性的矛盾可在一定程度上缓解。城市规划师也不再仅仅是一个技术的从业人员，他可能充当社会弱势群体的代言人，也可能充当各利益群体的中间协调者，也可能成为社会改革的推动者。

可以说，城市规划师的专业知识、行为规范和社会功能的发挥都是在

---

① 孙施文：《城市规划哲学》，北京：中国建筑工业出版社，1997，第 111 页。

② 见《马丘比丘宪章》。

③ 张庭伟：《规划理论作为一种制度创新——论规划理论的多向性和理论发展轨迹的非线性》，《城市规划》2006 年第 8 期。

④ 没有参与（1 被操纵、2 先教育后执行），象征性参与（3 提供信息、4 征询意见、5 政府让步），公民权利（6 伙伴关系、7 权利代表、8 公民控制）。

⑤ 约翰·M. 利维：《现代城市规划》，北京：中国人民大学出版社，2003，第 92 页。

社会互动中实现的，公众参与是城市规划职业化的途径，也是其内在特征所要求的。城市规划师在与政府官员、公众和其他技术人员的交流中完成了社会给予的角色定位，社会的变迁、城市规划体系的发展都会影响城市规划的职业化。也正是基于城市规划的职业特征与社会紧密相连，而各国各阶段的政治经济体制、社会发展千差万别，因此，规划的职业地位在各国有很大的差别，比如目前在法国既没有城市规划的专业文凭，也不存在职业规划师的考核制度。"规划师"一直还只是一个模糊的概念，在社会上被接受程度十分有限，甚至还包含着不少误解。① 所谓的"国际规划界"在相当程度上也是若干区域性或专业性的国际规划组织，而非"一统天下"式的全球组织。② 这样的结果显示，人们所处的时代和社会是多元的，城市规划的职业特征也是多元的。

五 城市规划在与社会的互动中前行

现代城市规划诞生后，通过行政化、理性化和职业化的努力，作为一项政府行政职能，一门学科，一种职业，一套工程技术规范得到了广泛的社会认可，城市规划也希望将这种稳定的社会地位保持下去。但是城市规划是镶嵌于社会中的一部分，城市规划社会地位的稳定，不仅来自城市规划自身，也来自其与社会的互动。而社会是不断变迁的，城市规划难以脱离开社会形成一套职业知识、职业规范和学科体系。因此，认识城市规划的发展和变迁需要从与社会互动的角度来看，以一种抽象的、普遍的方式来分析城市规划的土地使用、空间布局和公共利益，期望建立一种普适的规划理论是不切实际的。只有从作为一个整体的、更广义的社会出发，城市规划的特征才能得到恰当的分析。城市规划既是整个社会制度的一部分，也对后者产生重要的影响。西方城市规划理论的流派划分中，基本上是以规划的社会功能来划分的，分别是：①城市规划作为一种社会改革（Social Reform）；②城市规划作为社会运动的手段（Social Mobilization）；③城市规划作为政策分析（Policy Analysis）；④城市规划作为社会学习的过程（Social

---

① 郭彦弘：《城市规划概论》，北京：中国建筑工业出版社，1992，第 111 页。
② 张庭伟：《中国规划走向世界——从物质建设规划到社会发展规划》，《城市规划汇刊》1997 年第 1 期。

Learning)。① 这体现了城市规划和社会密不可分的关系。

城市规划作为社会制度的一部分，在全球呈现多元化发展的倾向时，应该保证人们有最大的选择自由，能使生活尽量丰富多彩，因此城市规划的发展必将是开放、多元和动态的。一个国家和地区的城市规划需要发挥社会学的想象力，充分考虑区域、历史和文化的影响，在与社会的互动中来确立自身的知识领域、职业技能和职业规范。中国的城市规划发展，需要学习西方现代城市规划的理论，但这还远远不够。中国城市规划若急于从西方城市规划理论中找到一种稳定的、普遍的模式，然后不区别各地方的历史和文化，普遍地去推广应用——这种办法虽然简单、省力，但是必然无法融入中国社会——只可能造成社会和城市规划的脱节，而使城市规划的发展受到限制。任何技术和方法学，不论如何复杂，只是一种达到目的的手段，在把规划技术应用到不同的情况时，必须思考运用技术的社会条件，因此，中国城市规划的发展必然会在和中国社会的互动演变中前行。

参考文献

霍华德：《明日的田园城市》，金经元译，北京：商务印书馆，2000。

尼格尔·泰勒：《1945 年后西方城市规划理论的流变》，李白玉、陈贞译，北京：中国建筑工业出版社，2006。

孙施文编著《现代城市规划理论》，北京：中国建筑工业出版社，2007。

P. 霍尔：《城市和区域规划》，邹德慈、金经元译，北京：中国建筑工业出版社，1985。

郭彦弘：《城市规划概论》，北京：中国建筑工业出版社，1992。

约翰·M. 利维：《现代城市规划》，北京：中国人民大学出版社，2003。

郝娟：《西欧城市规划理论与实践》，天津：天津大学出版社，1997。

孙施文：《城市规划哲学》，北京：中国建筑工业出版社，1997。

张庭伟：《规划理论作为一种制度创新——论规划理论的多向性和理论发展轨迹的非线性》，《城市规划》2006 年第 8 期。

卓健：《城市规划的同一性和社会认同危机——法国当前对城市规划职业与教育的争论》，《城市规划学刊》2005 年第 2 期。

---

① 佛利德曼（John Friedmarm）在 1987 年提出。张庭伟：《构筑规划师的工作平台——规划理论研究的一个中心问题》，《城市规划》2002 年第 10 期。

认识 "反思文化" 构筑 "文化环境"

——如何解读日本的方法论初探[*]

戴建方　俞纯麟

　　中国在和平崛起的过程中如何处理和发展与周边国家的关系，直接影响到中国未来的国家战略和经济发展前景。总的来说，在中国外交战略中，美国是重点，欧盟是另一重点，而日本在中国和平崛起过程中的角色不可低估，也相当重要。对此日本有人认为，日本目前已经明确将中日关系定位为相当高的一种关系。^①这种见解是否真实，还有待于进一步的观察。^② 上述看法的共同点是中日双方都认识到对方的重要存在，尽管彼此在认同对方上还有一定的差距。但是，众所周知，就目前现状而言，中日两国之间在相互认识方面依然存在不少问题。为此，本文着重探讨以何种方法论去重新认识处于转变期中的日本这一问题。

　　目前，中国和日本这两个国家都面临结构性转变。在这一转变期，中国如何正确解读日本走向普通国家是一个十分重要的课题，^③ 本文拟提出某

---

* 本文原载于复旦大学日本研究中心主办的《日本研究集林》2007 年上半年刊，第 68 ~ 79 页，论文首次发表时戴建方为感谢课题资助方而署名第二作者，此次再版恢复为第一作者。

① 冈本行夫（曾经担任小泉内阁顾问）指出："日本在当前外交重点取向上，首位是美国，其次是中国，第三位才是欧洲，这是从日本政府到民间的一种共识。"["日本外交的课题"（特别演讲会，同济大学亚太研究中心主办），2004 年 6 月 17 日]

② 安倍晋三出任首相（2006.9）后随即访华（2006.10），这已经改变了历来首相出访第一站为美国的惯例，若仅仅将此解释为修复低谷的中日关系似乎还不够，其象征意义显然值得思考。2007 年 1 月 24 日日本防卫大臣久间章生指责美国发动的伊拉克战争"错误"，导致美国副总统切尼以日程安排已满为理由拒绝在访日期间与其会晤。

③ 笔者（戴）曾经接受过东方瞭望杂志实习记者章原的采访，就日本如何变成普通国家的问题做了回答（章原：《美日联手布阵东亚》，《瞭望东方周刊》2004 年第 15 期，第 59 页）。"普通国家论"是 1993 年小泽一郎在国家强大就必须取消"专守防卫"原则的"修宪论"中提出的。1998 年，龟井静香也公开主张"普通国家论"。有人认为，"普通国家论"最早可以上溯到中曾根康弘的"再现国家论"。但是，这些"普通国家论"中的"普通国家"是作为狭义词，在特殊范围内使用的，主要是针对修改日本宪法第 9 条而言的，而本文的"普通国家"一词是作为广义词使用的。

种方法论加以探讨，并认为只有对以往的方法论做出某种修正，才有可能正确理解对方，把握方向。

作为方法论，其一，本文主张，重视一种理解"反思文化"的观点，并将这种观点作为一种方法论去把握事实，即在"反思文化"的观点和方法下，分析日本成为普通国家的机制，把握其实质，再者，认为日本转化为普通国家就是这种"反思文化"的具体反映和一般表现。其二，本文强调，构筑理解不同国家的政治、文化、历史的"文化环境"，即重建我们现在所认识和理解日本的"环境"。本文试图通过这两个层面的分析和操作，找出某种化解中日关系中疑团的可能性。为此，本文主要就"反思文化"和"文化环境"这两个论点展开论述。

一 影响中日关系的变数 —— 日本的 "反思文化"

1972 年中日邦交正常化，1978 年中日签订和平友好条约。正如有识之士指出的那样，中日关系"三十而立"，不过，站是站了起来，但总有点"摇摇晃晃"，这是因为身体的重心偏于"右"侧，由于冷战结束以后，阿富汗和伊拉克问题等接连不断，结果就越来越向"右"脚用力。[①] 对此，如何看待和理解日本社会所出现的一些右翼抬头新动向，显然是构筑中日关系时需要时刻把握的一个基点。中国学者认为中日两国不断产生摩擦，甚至对立，结果产生不愉快，主要应归咎于日本右翼势力对历史问题的一些错误认识以及言论。[②]

鉴于上述理由，似乎可以得出结论：中日关系是"政治冷，经济热"，但应该指出，这仅仅是两者比较而言的。实际上，尽管历史问题是困扰中

---

① 中江要介（前日本驻华大使、日本日中关系学会名誉会长）：基调报告［"中日关系中人与文化的作用"国际学术研讨会（同济大学亚洲太平洋研究中心和日本日中关系学会共同主办，日本国际交流基金会资助），2003 年 11 月 23～24 日］。

② 刘学照（原华东师范大学历史系教授）认为，"我们同日本学者在有些问题上有分歧。我们讲日本侵略战争主要归结为日本军国主义的制度和政策，实质上是日本军国主义"。郑励志（复旦大学日本研究中心理事长）认为，"日本文化涉及日本政治。日本不承认侵略与日本文化有很大关系。在日本人的心目中天皇是绝对不犯错误的，这一思想在旧宪法第一条就已经充分表述出来了"。（以上言论均出自"中日关系中人与文化的作用"国际学术研讨会）这里尽管引用了一次研讨会上的言论，但基本上代表正统学者的观点和意见，其人数显然不在少数，而且同一个调子在相关话题的学术研讨会上基本上是重复的。

日双方在政治领域合作的一个重要因素，但经过双方共同努力，两国关系已经取得了飞跃的发展，经贸和人员交流的规模之大足以说明中日彼此已经处于一种"你中有我，我中有你"的关系。中日关系正在突破双边范畴，走出地区，面向世界，在推动东亚经济合作、促进经济区域化的进程中，已经迈出了实质性步伐。2003 年 10 月，中、日、韩三国领导人在印尼巴厘岛举行的东盟与中日韩（"10 + 3"）峰会期间签署的、旨在推进三方合作的联合宣言，就是一个极好的例证。①

但是，另外值得注意的一个基本事实是，冷战结束后，国际形势经历了复杂而深刻的变化，中日两国国内情况也发生了很大变化。中日关系的背景已经发生或者正在发生结构性重大变化，也就是说，中国正在和平崛起，而日本正在走向普通国家。② 因此，中国从国际政治战略角度讲，必须重视日本国内因经济衰退而出现的"政治强势"，③ 也就是说，在中国和平崛起的时候，要清醒把握日本。那么，以一种什么样的方式或方法去把握呢？本文在开头部分已经点明了，即以一种"反思文化"的解释去评价日本国内出现的"政治强势"。

尽管出现了上述日本政治上的"强势"，但日本经济依然不明朗，还未从泡沫经济的阴影中挣脱出来。④ 有的日本人把 20 世纪最后十年称为"失去的十年"，而一般中国人恐怕也有同感。无疑这些论调主要是依据经济景

---

① 小泉在 2001（第 87 届）、2003（第 88 届）、2005（第 89 届）任内，使中日关系严重倒退，走入低谷，直至 2006 年 10 月安倍晋三出任首相并访华以后，中日两国才修复关系。2007 年 1 月温家宝总理出席第十次东盟与中日韩（"10 + 3"）领导人会议（菲律宾宿务），发表重要讲话，并同安倍晋三首相举行会谈。由此，中日双方又重新确认了东亚一体化进程中各自的责任和目标。

② 时殷弘（中国人民大学国际关系学院教授）主题发言的主旨（"中日关系中人与文化的作用"国际学术研讨会）。

③ "小泉旋风"（2001 年 4 月首次当选首相）的出现成为这种"政治强势"的标志。"9·11"事件突发，反恐战略使得日美关系大为加强。这些都为日本参加后来的"朝核六方会谈"奠定了基础。小泉两度（2002 年 9 月，2004 年 5 月）突访平壤足以说明日本外交政治的"强势"。

④ 林华生（早稻田大学中华经济研究所所长）认为："日本经济复苏与亚洲关系密切，两者不可分离。就目前而言，日本经济在短期内不能达到全面复苏而进入稳步发展的轨道，因此可以说，亚洲经济中，尤其是东南亚经济仍然无法摆脱日本经济的影响。但是，应该看到，由于中国经济的快速增长，中国将逐步取代日本，带动亚洲各国的经济发展。"（"日本经济复苏和亚洲区域合作"专题演讲会，同济大学亚太研究中心主办，2004 年 2 月）。

气与否来判断或解释社会和政治状态的，但是这种解释并不一定反映政治实态，反而会使人误入歧途。

1. 如何解释"社会事实"

本文认为，事实上，所谓"失去的十年"仅仅是在经济学上有意义，并非在政治学或者"文化论"上有意义。这就是说，过去的十年间日本的综合国力从经济统计学来说，意义不大或许没有意义，但从政治的或文化的角度来看，却可能相反，是大有意义的。日本在这十年里比前一个十年，在国际政治中的作用大大加强了，尽管正处于挑战中。① 特别是文化上出现了一股少有的"反思"（reflexive）思潮。在这个过程里，日本文化趋于"回归"，当然这里所说的回归并非是回到原点，而是有创意的和诠释性的"回归"。就一个国家而言，在经济停滞或衰退中，政治可以呈"强势"，文化上可以出现活跃状态，其结果是经济学上的无意义可以从政治和文化上的意义中得到补偿。而对于这些新经验和新情况，恐怕难以用迄今为止的"社会变迁论"来做出解释。

原先的经验假设是，经济不景气会导致政治上极端势力抬头和得势，社会风气恶化，或者文化上出现颓废和衰败。而日本这十年的情况则相当复杂，对照这一假说，并非马上可以判断出是与非，更多的情况或许是一种"多义的选择"（ambiguity）。这里的关键是对某种现象所做的实质性判断的基准如何确立。谁都可以选择一些现象，而不选择另外一些现象，来判断和分析出其本质特征。但是，在这个过程中，判断和分析若不确立某个基准的话，不是因为分析角度的不同而得出不同的结论，而是得出的结论没有把握住实质性的东西。

就日本的现状而言，若从不好的一面看，存在以下问题：政治上的不

---

① 中国是日本最大的挑战国家。山田辰雄（庆应大学法学部原教授）指出："日本和中国作为亚洲两个重要的大国，相互之间肯定有竞争和对立的方面，这方面是我们必须承认的。像这样既有相互依存的一面，又有相互竞争的一面，这种关系我称之为'竞存'关系。这样来看，过去50年中，中日关系中有侵略的一个侧面，有相互依存，也有相互竞争，这三者相互发生关联而形成中日关系。这不仅是过去的问题，也是现在和将来的问题。"依田憙家（早稻田大学名誉教授）在谈到中国与"文化大国"时认为，"从历史看中国一直是文化大国。周边国家吸收中国文化确立自己国家的文化。鸦片战争以后，非常不幸，中国文化强国地位丢失。在当今恢复文化大国是一个课题。周边国家对中国有忧虑的并不是日本，如果中国仅是经济发展，世界不会表扬中国，只有以文化大国为目标，才会消除中国威胁论"。（以上言论均出自"中日关系中人与文化的作用"国际学术研讨会）。

稳定因素的确存在，首相更迭频繁①、党派重组过多、经济政策不到位，还有右翼势力的扩大等。社会风气在恶化中，中小学生中的"欺侮事件"（bullying）有增无减，女中学生中流行"援助交际"，拦路抢劫、上门撬窃等犯罪率有明显上升趋势。文化方面曝出最大的丑闻莫过于伪造地质考古年代。②

若把以上各个方面的各个"事实"归拢起来作为本质性东西加以判断和解释，得出类似经济意义上的"失去的十年"的结论的话，显然是误读"社会事实"（fait social）。"社会事实"是不可还原为个人的一种独特的（sui generics）实在（Durkheim, E., 1895, 1919）。而将"社会事实"简单化，其背后恰恰反映出对日本最近十年的"社会事实"缺乏一种理性的解释，而仅仅停留于一种经验解释中。而一旦这种经验性的解释通过新闻媒体加以一般化，"社会事实"就有可能变成"政治事实"，导致政治上相互难以沟通。

在解释"社会事实"的过程中，Geertz（1973）的文化诠释论可做参考。这并不是排除经济学和意识形态的解释，也不是随意把这种解释扩大化，而是一种文化解释。在文化解释中，对一个"社会事实"，不是确立一个像政治学或意识形态那样鲜明的和排他的价值取向，也不是像经济学那样由数据多少来判断其价值或论优劣，而是对其做描述性的理解（verstehen）③ 后才有可能进行解释。简单地说，对一个一个的"社会事实"多做一点具体描述，只有这种描述才有可能达到理解，然后再在这种理解中加

---

① 中曾根康弘连任 3 届以后至小泉纯一郎上台（2001.4，其后连任两届 2003、2005）中间，首相更迭情况如下：竹下登（1987.11.6～1989.6.3/576 日）、宇野宗佑（1989.6.3～8.10/69 日）、海部俊树（1）（1989.8.10～1990.2.28/203 日）、海部俊树（2）（1990.2.28～1991.11.5/616 日）、宫泽喜一（1991.11.5～1993.8.9/644 日）、细川护熙（1993.8.9～1994.4.28/263 日）、羽田孜（1994.4.28～6.30/64 日）、村山富市（1994.6.30～1996.1.11/561 日）、桥本龙太郎（1）（1996.1.11～11.7/302 日）、桥本龙太郎（2）（1996.11.7～1998.7.30/631 日）、小渊惠三（1998.7.30～2000.4.5/616 日）、森喜朗（1）（2000.4.5～7.4/91 日）、森喜朗（2）（2000.7.4～2001.4.26/297 日）。

② 指 2000 年 11 月 5 日被誉为"神之手"的藤村新一被发现在"上高森遗迹""总进不动坂遗迹"的调查中有伪造嫌疑，这就是"神之手"事件（旧石器遗迹伪造事件）。为此，日本考古学协会委员会于 2000 年 11 月 12 日发表《就上高森遗迹问题等的见解》致歉，并声明开除藤村新一的会员资格。

③ 理解源自 Weber 的概念，但又不完全等同于原义，因为汉语中的"理解"只是 verstehen 的近义词。Weber 认为，人的行动与其他各种现象一样，在其经过中实现规则性和关联，而其中以行动者自身的主观的"动机"（motiv）为基础（1913, 1950）。

以解释，而整个解释过程中容许存在多元的价值取向。由此，文化解释留给解释者理解—解释的空间是很大的，这有一点像思想史研究中主体（思想研究者）对客体（思想）的解释，并非是对客体的一种重复，而是主体选择对客体的多种解释中的一种。而这种"文化诠释论"与本文所提出的全球化中的"反思文化"之间可以说是存在某种关联的。

2. "全球化—地方化"中的"反思文化"

第一，在把握全球化的特征之一的"反思性"（reflexivity）的一般特征的基础上，解释日本文化在"全球化—地方化"（glocalization，globalization-localization）中的"反思性"。[①] 第二，这种"反思性"是文化的内在机制之一，需要精英层有选择地去操作，只有在操作之下才有可能解释出"个别化"中的"反思性"。第三，经过操作和解释的"反思性"还原为文化构造时，便是"反思文化"（reflexive culture）的确立。这里不做理论上的详细分析，而是将上述的概念作为一种分析工具来解释"社会事实"。现在需要回到主题来探讨全球化—地方化中的"反思文化"，并以此作为日本经济衰退中最为重要的文化特征之一加以把握。

"反思文化"的出现是源自现代性（modernity），还是出自"全球化"（globalization）是一个要点。在现代性与全球化的出现先后之争中，Giddens（1990）主张"从现代性到全球化"，强调"现代性与前近代的非连续性"，就此 Robertson（1992）认为"从现代性到全球化"其实就是暗示只存在一种类型的现代性，而主张"现代性源自全球化""现代性与前近代的连续性"，强调多数的和不同类型的现代性。因此，将"反思文化"看做是"全球化"的结果的话，一是提示"反思文化"也存在多样性和个别性，二是放宽"反思性"一词所指的时间范围，即"反思性"不仅仅是最近十年来

---

① Giddens（1990，1991）较早提出"反思性"的概念。后来 Beck，Giddens，Lash（1994）三人作为一个共有的分析概念的词就是"反思性"，他们以"反思性的现代化"（reflexive modernization）一词来超越或调和现代性与后现代性之争。而 Bourdieu（1992）也使用"反思性"一词，但意思上不相同，有差异。反思（性）的（reflexive）、反思性（reflexivity）等词尽管词义上有差异，但以此为分析概念，可用于解释全球化中的文化现象。此外，将 reflexive 和 reflexivity 分别译为"反思（性）的"和"反思（性）"未必妥当。reflexive 的词源为：ML reflexivus reflected，turn back，fr. L reflexus（past part. of reflectere to reflect（英汉辞海，1988）。Reflexive 译作①可以折回的；②a. 反省的，b. 能反射的；③〈逻辑学指关系〉存在于一实体与其本身之间的（下略），而 Reflexivity 可译为反射，反省（同上）。

的一种文化特性。①

另外，还有一点要说明的是，"反思文化"同"传统"和"本土化"（indigenizaion）两个概念之间的关系。第一，是"反思文化"同"传统"的关系。传统通常是由再构而持续的，是旧的东西，同时也是被更新的新的东西（Hobsbawn, Eric and Terencer Ranger, 1983）。"现代"可理解为出自"传统"的自行更新机制，即随着"现代"的出现，"传统"中的缺点和弱点会被弥补（Huntington, 1976）。从上述解释中，可以看出，"传统—现代"是一个层面的不可割裂的两个部分，而"反思性"就像另一个层面上的"全球化—地方化"一样，是穿梭于其间的东西。第二，"反思文化"同"本土化"的关系。"本土化"本来也是"传统—现代"中的一种形式，其机制主要还是从"传统"中来解释"现代"，或者将"现代"化做"传统"来解释。而"反思性"的机制则是在"全球化—地方化"中，以"全球化"为准则，以"地方化"来实践。由此，"本土化"和"反思性"都是一种调和或协调的手段，但其机制的侧重点是不同的。

3. "反思文化"与日本成为普通国家

基于上述的一些概念，以下就前面已经提到过的或还没有提到过的"社会事实"进行分析和解释。就政治上的敏感问题而言，最早的是教科书问题，较近的是"有事法案"②，修改"宪法第9条"的呼声，从PKO（联合国维和机构）到PKF（联合国维和部队），要把防卫厅升级为防卫省③的动向，还有内阁成员包括首相参拜靖国神社，等等。对这些问题，日本舆论的普遍看法可能与我们的估计截然相反，或者差异较大。面对这些"社会事实"，若仅仅嗅出右翼势力的抬头和扩大，恐怕是远远没有把"社会事实"解释清楚。若右翼势力的观点大致与一般舆论相吻合或接近的话，就

---

① 随着第二次世界大战结束，对日本文化的"现代性"重新检讨是当时知识界的一个文化重建运动。丸山真男（1952）的"现代主义"就是日本现代性的一种"反思性"的行为。鹤见和子（1977）提出了一种本土化的和"反思性"的社会理论，这一社会理论标志着日本现代性解释体系的成熟化。

② "有事法制"的提出和研究起源于1977年的福田内阁时。2003年6月6日，日本参议院通过了《应对武力攻击事态法案》《安全保障会议设置法修正案》《自卫队法修正案》3项"有事法案"。2004年5月15日，在自民党、公明党、保守新党三执政党和民主党的赞同下，该法案又获得日本众议院的通过。

③ 2007年1月原防卫厅已经翻牌成为防卫省，这标志着日本政治结构与军事体制的重大转变，为修改战后宪法提供了保证。

需要我们去重新解释"社会事实"。但是，这并不是否定右翼势力的抬头和扩大这一事实，而是在一种文化解释中去找出新答案。这样做要比纯粹的政治化解释意义更大。第一，政治学的解释离不开文化解释，只有这样，政治解释才更有深度和广度。第二，文化解释不带有鲜明的和排他的价值取向，但这并非无价值基准，而是基于理性上的一种"真实性"（true）来完成的。第三，文化解释不但可以解释政治，而且可以预测政治的"走势"①。

本文认为，挂奉补历史教科书引起轰动，"有事法案"出笼，修宪论成强势，从 PKO 到 PKF、防卫厅升级为防卫省，国会议员及政要正式或非正式、个别或集体参拜靖国神社等问题的背后是一种"反思性"的文化机制在起作用。这种"反思性"的文化机制在日本经济起飞时或者在经济成长期和顶峰期是较弱的，有时甚至是停止的，而一旦泡沫经济出现时，又会起一定作用。或许可以把"反思性"的文化机制比作周期性出现的东西，比如日本在第二次世界大战失败后的一段时期，也有过以丸山真男（1952）为代表的"反思性"的文化行为，后来也出现过鹤见和子（1977）的"反思性"的社会理论。但是，这不是"全球化—地方化"框架里的"反思性"，而是"传统—现代"意义上的"反思性"。"全球化—地方化"框架里的"反思性"严格地说是最近十年来的产物。"反思性"作为一种"风险意识"对个体或国家无处不起着作用。

日本在转变为普通国家的过程中，上述的政治行为有可能表现出这样的特点：在"全球化"的大环境下，通过"解释""参与""规范""程序"重新确认"地方化"。所谓"解释"便是重新解释历史，修改教科书；所谓"参与"就是从 PKO 到 PKF；所谓"规范"便是将参拜靖国神社制度化，要把防卫厅变成防卫省；所谓的"程序"就是要修改宪法第 9 条，提出"有事法案"等，重新确认和强化这种"地方化"（个别化）。这些从根本上说就是日本的邻国不愿看到的"反思文化"在政治上的一种表现形式。从某种意义上讲，最近十年日本在国际政治中的地位上升与这种"反思文

---

① 冷战以后，Huntington（1996）指出，政治上的"走势"将以文明—文化之间的冲突为主轴来展开。若从"9·11"事件的结果来看，其似乎验证了 Huntington 的政治学解释中文化解释的合理性。Huntington 解释中所应用的几个关键词是文明—文化、冲突等。而本文在解释日本经济衰退中的"社会事实"时，提出以"反思性""反思文化""全球化—地方化"等概念来构筑解释体系。当然，这只有在对大量的"社会事实"做出实证研究的基础上，才能证实"反思文化"的存在。但这里最重要的不是数据的一般分析，而是从理论上大胆提出一种假设。

化"有一定的关联性。

重新确认"地方化"的过程,不仅仅是"反思性"的机制在起作用,也是主体操作的结果。一方面,"反思文化"机制在体制、制度、组织、个体各个层面上运作。另一方面,"反思文化"机制要求主体(在组织的场合为国家领袖和政党、国家公务员,大学、公司、企业、团体中的精英层,在个体的场合就是每一个人)去选择和操作,重新修正行为模式,确立战略目标,以期化解"全球化—地方化"下的各种风险。这就意味着正在形成一种"反思文化"。而这种"反思文化"被认可的一个理由便是其合理性和可操作性,但是,也不能不看到,"反思文化"尽管被认可,被实践,而作为一种主流文化依然存在不可避免的毛病,即"反思文化"被夸大,甚至被歪曲和利用。为此,在使用"反思文化"的概念来分析和研究日本问题时,需要把握两者的区别和差异。

以上仅是围绕着一些敏感的政治问题来说明"反思性"的。然而,也可以举出其他方面的许多例子来阐明"反思性"。比如,"反思文化"在日本的企业中已经出现,以取代长期以来被推崇的"日本式的经营理念"。日本企业里的"年功序列制"(the seniority system)正在打破。企业会抛弃以往的"终身雇佣制"来避免风险,提高竞争力。而企业中的个人的"反思性"也促使员工重新给自己定位,有风险,但也有机遇。虽说企业组织本身在面对市场波动时已具备一种适应—调整的反应装置,但这并非是一种从构造上可以解决问题的反应装置,而"反思文化"则根本不同。"反思文化"反映在企业行为中,将会在组织和个人的结构和内容上,形成一种重组结构、提高效力、避免风险的强大力量。

总而言之,"反思文化"作为一种实践活动,正在政治、经济、文化、生活等各个领域扩大和渗透。"反思文化"能否把日本从经济衰退中拯救出来,这并不是笔者想预测的或注重的对象,而是在日本经济衰退中从行为的象征意义上做文化解释。正是基于这点,本文才以"反思文化"这一分析概念去把握日本是如何转变为普通国家的,解释这一过程中的内在机制以及文化特征。"反思文化"是日本文化的现时态,在"反思文化"的分析中可以再解释或者再构日本文化的一般特征,若是那样的话,就是一个具有普遍意义的重要课题。

二 "文化环境" 的操作可能性

把握和理解上述的"反思文化"与改变我们所认识和理解不同文化的"环境",尽管处于两个不同层面,但是并不是完全相互脱离的,而是存在一定的内在机制。改变我们所认识和理解不同文化的"环境",有助于把握和理解"反思文化"。当然,即使不存在"反思文化"这一概念,也会出现其他类似概念,这就意味着改变我们所认识和理解不同文化的"环境"这一行为本身已经具有积极意义。因此,这里的经验假设只是作为一个步骤或方法,试图证明这样的结论,即我们所认识和理解不同文化的"环境"是完全可以改变,可以操作的。而且,这种方法的最终目的是构筑一种温和的和开放的"文化环境"。

如前所述,"文化环境"与"反思文化"本身并非是同一层面的概念,但是作为一种分析概念,一旦重叠以后,就有可能实现某种程度的操作,即可以付诸实践,作为文化或政治战略的手段。因此,使用"文化环境"这一概念与"反思文化"一样,本身的目的在于重新认识日本,正确解释日本走向普通国家的内在机制,并预测其基本走势。如果没有一个合适的"文化环境",恐怕很难解释日本接二连三出现的"反思文化"。这里不难想象,不健全的"文化环境"容易诱发激进的民族主义思潮泛滥。目前国内的"文化环境"令人担忧。

为此,本文认为,在政治和经济层面上思考问题时,"文化视点"不可缺少,应以这种文化视点为基础,构筑"文化环境"。作为"文化视点",其本身不是情绪化的东西,而是合理性的东西。本文认为,以往贸易摩擦主要靠政治手段来解决,但在政治上缺乏一定信赖关系的前提下,政治手段完全可能失效,由此,防患于未然而在政治和经济手段之外,以"文化视点"考虑政治和经济问题,是切实可行的一种方法论。这在客观上就要求我们营造一种正常的"文化环境"。

所谓"文化环境"就是指,在理解不同文化(intercultural communication)时,作为其主体的人要具有不同文化的知识和柔软性,由此而建立起来一种理解不同文化的环境,而这同时又可视为理解不同文化中的一种认识框架。

从一些统计数据来看,中日关系的现状不容乐观,存在"文化环境"

的滞后现象。① 由此，本文认为，影响"文化环境"的因素虽然有许多，但其中与如何理解不同文化密不可分的两个因素在于：教科书如何"记载"对方国家，媒体如何"报道"对方。就目前而言，这两个方面依然存在不少问题，为此本文将"教科书"和"媒体"作为影响"文化环境"的基本变数。

本文认为，"文化环境"可以有助于解释和分析一些具体问题，说得通俗一点就是你对对方国家的印象多大程度上是比较完整的，而不是割裂的。② 既不是将对方国家丑化，也不是美化，而是比较公正地再现出来，显然，这些问题都与上述的"文化环境"完善与否有着一定关系。

如上所述，中日关系上缺少这种"文化环境"。这是不是言过其实呢？其实，对日本的"一举一动"，我们十分敏感，与其说是出自文化因素，不如说是"政治觉悟"。换言之，改变千篇一律的"日本形象"很大程度在于这种"文化环境"的建立。这里并不是针对中国谈论"文化环境"而言的，日本也同样存在这个"文化环境"问题。在日本，"中国形象"有的时候被描绘得非常可怕，所谓"中国威胁论"，有的时候又被看做一个"摇摇欲坠的弱国"，等等。

另外，在"构筑未来中日两国关系主要在于哪种途径"（设有"首脑交流""民间交流""经济交流""科学技术合作""文化交流""年轻人交流""其他"和"不知道"8种选择，可复数回答）的问题上，彼此还存在不少差异。但是似乎在"文化交流"这一点上可以找到共同点。这样，创建"文化环境"就是一个中日双方都面临的重要课题。

1. "文化环境"的变数之一：教科书

我们不得不承认，在中日之间产生的纠葛和误会，有些纯粹是缺乏了

---

① 在日本国际交流基金（2002年度）的赞助下，同济大学亚太研究中心"现代中日两国青年相互认识的比较研究"课题组已于2003年上半年在中国和日本分别实施了"中日大学生相互认识的调查"（简称"问卷调查"）。相关的分析数据均出自"问卷调查"，以下不一一注明出处。就"中日关系的现状评价"，"问卷调查"中回答"一般"和"比较好"的占到七成。

② "最近一二十年来日本文化对中国文化的影响不少，日本动画、日本服饰、日本饮食和日本音乐正在我们日常生活中频频出现。但是，一提到日本，平时对日本流行文化还算了解的人，却只能描绘出一个刻板单调的或千篇一律的日本（形象）。在同一个人身上为什么会出现两个截然不同的日本（形象）呢？是什么东西在割裂日本（形象）呢？是一种观念在起作用，有时是舆论。当然，舆论与观念是不可分离的，又是相互影响的。"［戴建方《知己知彼，互通有无，构筑未来——郭嵩焘等使西日记日本论中得到的启示》，载《构筑面向未来的中日关系》（同济大学亚太研究论丛②），上海：上海社会科学院出版社，2003，第358页］。

解而引起的。从"问卷调查"的结果来看，中日两国大学生都存在不关心对方国家政治的倾向。大学生即使对对方国家有兴趣，但历史、社会、文化方面的认识和知识贫乏，导致对对方国家了解不全面。因此，本文认为学校教育是"文化环境"的一个重要组成部分，而教科书又是基本之基本。

文化作为理解对方的一种手段很有必要，然而，必须指出的是，并非所有问题都可以简单地归结为文化问题而加以解决，"特别是像靖国神社之类的历史问题，还有涉及中国统一大业的台湾问题"，① 因此这或许是一条至上原则。如果有了这条原则，那么就理应在文化理解方面多加强交往。而且，文化又是通过人员交往来实现的，尤其应该加强中日年轻人之间的交流，这是中日关系未来所在。如何为年轻人创造一个文化交流的前提环境呢？这显然与教科书在记载对方国家时如何把握历史事实的同时又不失公允立场相关。这里需要指出的是，"问卷调查"中，在历史认识问题上，中日两国大学生的认识差异十分明显，在现阶段在历史认识上较难找到共同点，这似乎也与教科书记载和介绍对方国家的内容有着很大关系。

日本教科书问题一直是引起中国方面关注的一个问题。但也应该看到这样一个事实：日本近年来在编写历史教科书时，在有关战争记载部分，也听取过周边国家有关学者的意见。这一事例说明，尽管"文化环境"并非一日构建，或许要花上多年时间，但通过一些方式或方法肯定可以构筑起来。

通过"问卷调查"，还可以发现以下情况：两国文化之间的"同一性"依然存在，但是现在比以往任何时候都少，这种"同一性"的减少并不是"全球化"的结果所致，而是中日两国之间缺乏文化上的交流所致。总的来说，中日大学生都缺乏对对方国家的历史的了解。这可能是由于中日双方在介绍对方国家方面投入精力甚少，导致青年一代对对方国家的认识浅薄化，或多或少带有偏见。因此，这些做法的结果就会导致中日在文化上疏远，缺乏亲近感。

上述情况明显存在，至少也说明了作为"文化环境"的变数之一的"教科书"这一问题不可轻视，若这一问题不加以解决，对中日关系是极为不利的。因此，我们对于"教科书"这一"文化环境"，不是听之任之，而是应该予以纠正。

---

① 徐敦信（前中国驻日大使）：《中日文化的水乳交融与差异》（基调报告）（"中日关系中人与文化的作用"国际学术研讨会）。

2. "文化环境"的变数之二：媒体

作为"文化环境"的第二个变数是"媒体"。媒体如何在改善中日关系中扮演积极角色，这是现在亟待解决的一个课题。和教科书问题一样，缺少文化背景方面的知识和"文化理解"，当然会有一些与事实不相符合的报道。

对"问卷调查"中的一些数据加以比较，就可以验证以上论点。在"中国媒体在报道日本问题上，你认为如何"（设定为"客观公正""一般""导向性比较明显""不公正"和"不知道"5种选择）这一问题上，竟然有四成中国学生认为"导向性比较明显"，仅有1/4的人认为"客观公正"。而日本学生对于"日本媒体在报道中国问题上，你认为如何"的提问中，回答是"客观公正"的几乎没有，"一般"的占四成，而"导向性比较明显"的仅一成。由此来看，媒体在报道中日关系中还存在较多问题，不能令人满意。为此，如何通过媒体使"文化环境"朝着有利于中日关系的方向发展，依然是一项中日双方亟待关注的问题，因而不可等闲视之。

日本学者指出，随着中国加入WTO，其必然会放松媒体上的新闻管制，中国媒体的客观公正性问题将会有所改变。① 但笔者以为这只是媒体相对独立性的一个外部条件，并不意味着"文化环境"的确立，媒体如何在"文化环境"方面起重要作用，主要在于媒体工作者的自身行为，即与是否"实事求是"地报道发生于中日两国的事件和事实有关。从现状而言，首先就是要做到客观而公正地报道事实，让中日双方彼此了解真实的对方。众所周知，目前媒体在报道方面存在明显的问题，比如夸大事实，或者断章取义，哗众取宠。尽管这些问题也不是短时间可以消除和避免的，但这也说明了"文化环境"重建的艰巨性和必要性。

媒体的"不真实"这一问题同样在"问卷调查"中反映出来了，可以发现大学生的一些看法或多或少是受到"媒体"影响的，尽管他们知道媒体报道有"倾向性"，但还是处于一种"被动选择"中。比如，在一些政治方面的提问中，大学生对对方国家的政治改革"关心程度一般"。中国大学生中有一半人不知道日本国内修改宪法之事，却对一些问题特别关心，很敏感，比如有七成对于"日本欲当联合国常任理事国"坚决反对，八成以上对日本政府在台湾问题上的态度表示不满。这里令人费解的是：既然有

① 藤村幸义（日本拓殖大学国际开发学部教授）：《大众传媒的作用》（主题发言）（"中日关系中人与文化的作用"国际学术研讨会）。

一半学生对对方国家的政治并不感兴趣，但却会做出上述回答。显然，这与媒体无时不在，无处不在左右我们的价值判断有关。

当然，同样情况也会发生在日本，比如有将近四成的日本学生对中国军事力量的强大感到某种程度的威胁。但是，与中国学生对近年来日本欲成为"政治大国"所持的反对态度形成鲜明对照的是，有将近三成的日本学生积极评价中国在国际舞台日益发挥的作用。这在某种程度上论证了上述事实，认为日本媒体"导向性比较明显"的日本学生仅一成。

诚然，本文在这里并不认为所有不利于中日关系发展的因素都是来自媒体，更不是让媒体有意去营造一种虚拟环境而误导舆论。① 这里只想表明这层意思，即媒体作为一种手段，应该实事求是地报道对方，这样做对推进中日关系的长期稳定有着极其重要的作用和意义。

以上仅就影响"文化环境"的两个基本变数做了一些分析，如前所述实际影响"文化环境"的因素还有许多，因此，只有完成这一部分概念分析，才有可能对"文化环境"做出一个较为完整的、系统的研究，而本文只是"文化环境"研究的初步构思，为今后研究寻求一种"链接"。必须指

---

① 川村范行（《东京新闻》和《中日新闻》评论员）一直关注中日关系中媒体对舆论导向的问题，他指出中日双方媒体都存在不同程度的不符合事实的报道［《日中媒体间的相互理解》，载《构筑面向未来的中日关系》（同济大学亚太论丛②），上海：上海社会科学院出版社，2003］。林晓光（日本金泽学院原副教授，现已成为海归派），对日本媒体的倾向性问题有过批判［《东亚地缘政治的变动与日本传媒的舆论导向》，同上］。2002 年以后中国国内出现所谓的"对日新思维派"受到日本一些媒体或机构的高度重视，并受到邀请在日本到处宣讲，一时颇具影响力，这就是一个比较典型的媒体操纵的事例。这里也必须注意另一种倾向：一些在日华侨社团个别成员，为迎合日本媒体，自以为懂得中国国内民众情绪，不顾事实，不负责任地向日本民众散布错误信息，其结果往往会导致日本民众对中国产生不合时宜的看法。比如，有人在电视节目上告诉日本人说，"中国国内的年轻人，对日本普遍怀有好感，没有人反日，反日的原因是国内政治问题引起的"。事实果真如此，又如何解释 2005 年 4 月所发生的连续性反日示威事件？谷口诚［前日本驻联合国大使，原经济合作开发组织（OECD）副秘书长，曾任早稻田大学中国问题研究所所长，现任岩手县立大学校长］于 2005 年 9 月出席同济大学"全球化与中华文化的传播交流"研讨会时，因为一直怀疑这些言论，所以就这一问题向笔者（戴）谈了自己的看法。谷口认为，他们这些人（在日新华侨华人）的论点有时比起他们这些日本人的言论或许更具有媒体价值，至少是满足了某些媒体的需求。问题是如果他们的言论中的确具有某些建设性意义的话，当然另当别论，若纯粹是出于个人某动机而迎合媒体的话，那么对中日关系有可能产生负面效果。对此，笔者（戴）完全赞同谷口的论点，并认为的确有人是纯粹出于个人动机，迎合媒体，说出一些不负责任的话。这些人虽然在普通日本人面前被认为是对中国情况最了解的人，实际上他们中的相当部分早已是"归化人"，不管是申请加入日本国籍的，还是保留中国国籍的，都已经远离中国本土，成了名副其实的 Diaspora。他们是否了解中国现状？是否具有使命感？

出，媒体对"文化环境"是有利的，还是不利的，必然与政治和经济的指向与结果相关。

"文化环境"作为假说，还有几点需要说明：在研究"文化环境"的场合，有必要论证"文化环境"的动态及其过程。只有到了这样的阶段——"文化环境"与政治和经济层面相重叠，才可能作为一般手段加以运作。而且，"文化环境"在构筑和操作上，不仅是诉诸其手段，手段本身的合理性和实际操作可能性也必须加以考虑。

3."文化理解"是构筑未来中日关系的关键

"问卷调查"表明：在文化方面，1/3的中国大学生喜欢日本流行文化。而日本学生对中国现代文化的反应比较冷淡。这一方面是中日两国学生的自身问题，另一方面，显然说明了中日两国年轻人在文化交流方面还存在相当大的障碍。笔者以为，就目前而言，由于各种客观因素的限制，所谓民间交流主要还是限定在留学、旅游、贸易等范围。一般来说，除了留学以外，大多数民间交流方式时间较短，且不稳定。有几种情况可以证明年轻人交流不容乐观。中日年轻人交流中，一般是日本人来得多，我们去得少；年纪大的多，年轻人少。加上，现在日本的年青一代，似乎"沉默寡言"者居多。一般来说，留学生可以与所在国国民进行最为直接的交流，但是，实际上，在国际交流中，日本年轻人似乎对欧美圈里来的留学生表示出较大兴趣。而且，日本也有一些民间友好团体有时与留学生学友会一起举办一些联谊活动，但这些团体多以老人和家庭主妇为主，有些留学生参加交流只是为了尽快学会日语，并不一定对文化交流本身感兴趣。

与此相关的一个问题是，如何看待对方国家的文化。就中国人而言，如何重新将日本文化定位？只有在观念上有一个明确的定位，肯定日本文化的独特性，才有可能理解日本文化，而不是以往那种"同文同种"的旧观念。

目前，在面对错综复杂的全球化走势之中，中日两国如何在新的形势下，建立一种以相互信任和理解为基础的中日关系是十分重要的，本文认为，建立这种关系的前提就是确立以"文化理解"为主的"文化环境"。"文化理解"虽然不是万能钥匙，但是，或许可以说是一把开启中日关系未来之钥匙。如果说，这种"文化环境"是可操作的和可实践的，那么一旦这种"文化环境"构筑起来之时，便是中日关系可以大大改善之日。当然，就现阶段而言，有关"文化环境"的概念、构造和机制等问题有待于进一步的思考和研究。但是，在解读日本的时候，将"文化环境"作为一种操作可能的手段，尚需不断的研究和实践，加以完善。而且，只有在不断构建"文化环境"的前提下，才有可能在不同层次上出现各种各样的"文化理解"，到时候中日关系中的一些主要问题或许可以迎刃而解。

参考文献

Beck, U., Giddens, A. & Lash, S. , *Reflexive Modernization. Politics, Tradition and Aesthetics in the Modern Social Order*, Policy Press, 1994.

Bourdieu, P. , *An Invitation to Reflexive Sociology*, Policy Press, 1992.

Durkheim, E. , *Les Règles de la Méthode Sociologique*, Librairie felix Alcan, Paris, 1895/1919.

Greetz, C. , *The Interpretation of Cultures*, Basic Books, Inc, 1973.

Giddens, A. , *The Consequences of Modernity*, the Board of Trustees of the Leland Stanford Junior University (orig.) Policy Press, 1990.

Giddens, A. , *Modernity and Utopia*, Statesman & Nation Publishing Company Ltd, 1990.

Giddens, A. , *Modernity and Self – Identity*, Policy Press, 1990.

Hobsbawn, E. & Ranger, T. (eds.) *The Invention of Tradition*, Cambridge University Press, 1983.

Huntington, S. P. , "The Change to Change: Modernization, Development, and Politics" in Cyril E. Black ed., *Comparative Modernization: A Reader*, The Free Press, New York, 1976.

Huntington, S. P. , *The Clash of Civilizations and the Remaking of World Order*, Simon & Schuster, 1996.

Robertson, R. , *Globalization: Social Theory and Global Culture*, Sage Publication, 1992.

Weber, M. , *über einige Kategorien der verstehenden Soziologie*, 1913; *Gesammelte Aufstze zur Wissenschaftslehre*, 2 Aufl, 1950.

丸山真男：《日本政治思想史研究》，1952，日本：东京大学出版会。

鹤见和子：《漂泊和定居——柳田国男的社会变动论》，1997，日本：筑摩书房。

王同亿主编译《英汉辞海》，北京：国防工业出版社，1998。

韦伯的政治理念及其启示[*]

范靖宇

在一般人的心目中，韦伯被视为一位社会学家，这似乎已经成为定论。但是，他的政治思想的重要价值，以及对于当代社会仍然具有的巨大的启发性，却在很大程度上被忽略了。本文试图就这方面内容做一个初步探讨。

韦伯的政治思想，主要体现在《经济与社会》和《政治论文集》两部著作之中。仅以《经济与社会》为例，有关政治学方面的内容占了将近一半篇幅，该书在他生前只不过是一部手稿，并未正式出版，在他去世之后，由其夫人玛丽娅娜·韦伯加以整理，并冠之以《经济与社会》予以出版。近几年来，德国学者准备重新整理出版韦伯全集，目前已出至五十多卷，并决定在新版中不再使用《经济与社会》这个书名。因为它与韦伯的原意有很大出入，也就是说，这个书名的"名与实"不相吻合，有的学者建议将其改为"经济、诸社会领域及其权力"，[①] 笔者认为这个名称比较符合实际。意识到这一点十分重要，它有助于我们全面准确地把握韦伯思想的主要旨趣所在。人们通常将韦伯的政治思想理解成"政治社会学"，或者根据他的《经济与社会》一书第九章标题取名"统治社会学"，在笔者看来，也有失精当。如果视作"政治社会学"，则容易使人产生如下误解：以为是在讨论社会学的一个分支——政治社会学，或者仅仅理解成使用社会学方法去研究政治问题。如果理解为"统治社会学"，则容易使人误以为他在探讨"统治"问题。笔者认为，应当从他的思想体系本身出发，去理解他对每个

---

   * 本文原发表于《同济大学学报》（社会科学版）2001年第2期，收进本文集时略有变动。

   ① 甘阳：《韦伯文选第二卷编选说明》，载《经济、诸社会领域及权力》，李强译，北京：三联书店，1998。

重大问题的阐述；从他对社会学的一般概念、理论和方法的阐述出发，去诠释他的政治理念。与韦伯同时代及以后的学术界权威，都一致公认他的体系的复杂性和多义性。所以，任何简单化处理方法，都会导致我们在理解韦伯时，产生认识上的偏差。或许，我们可以将他的政治思想理解为一种"大政治学"。也就是说，韦伯试图建立一种普遍的社会理论，来解释人类社会生活各个领域的"统治与权力"问题，而不只囿于政治领域，亦不仅仅局限于西方社会。

一

自亚里士多德时代以来，人们普遍持有这种观念，即政治关系总以某种方式涉及权威、统治或权力，权力成为政治学研究的核心。韦伯是在继承政治学研究这一传统基础上，来展开他的论述的。

韦伯政治思想的核心概念是"统治"，他从界定统治的含义的类型着手，对"统治"做了如下界定："统治应该叫做在一个可能标明的人的群体里，让具体（或者一切的）命令得到服从的机会。"① 但是，不是任何形式的对别人实施"权力"和"影响"的机会都可以称为"统治"。"统治"必须建立在"命令—服从"前提下。任何一种真正的统治关系都包含着一种特定的最低限度的服从愿望，即从服务中获得利益。并非任何统治都利用经济手段，更不是任何统治都有经济目的。

任何对于很多人的统治，一般都需要一班人，他称之为"行政管理班子"（笔者将之称为"行政管理组织"）。

韦伯对统治类型做了具体分类。他明确指出，合法统治有三种类型，它们分别有如下性质。

（1）合理的性质：建立在相信统治者的章程所规定的制度和指令权的合法性之上，他们是得到合法授命进行统治的，因而称之为"合法型的统治"。这里值得注意的是，切不可将合法统治与合法型统治混为一谈，合法统治有三种类型，合法型统治只不过是合法统治的一种类型。

（2）传统的性质：建立在一般的相信历来适用的传统的神圣性和传统授命实施权威的统治者的合法性上。他称之为"传统型的统治"。

---

① 马克斯·韦伯：《经济与社会》，林荣远译，北京：商务印书馆，1997，第238页。

（3）魅力的性质：建立在非凡的献身于一个人以及他所默示和创立的制度的神圣性之上，或者建立在英雄气概以及楷模之上的统治，他将之命名为"魅力型的统治"，亦称"卡里斯马型的统治"。

但是必须着重指出的是，这里所讲的合法统治的三种纯粹类型（理想类型），在历史上从来未曾真正以"纯粹"的形式出现过。也就是说，如果试图在人类社会中去发现所谓真正的"纯粹类型"，那就违背了韦伯的原意。韦伯反复强调，切不可用这些概念机械地去解释历史经验，亦不能把历史事实往这类概念里硬套，这类概念只不过是用来帮助我们去理解和解释历史的。韦伯所谓的纯粹类型，是一种社会学意义上的主观理论构造，是解释经验事实的理论模型，亦是一个抽象的形式化的概念。比如像"纯金"概念，无论在自然界中，还是用人工方法，我们都无法得到百分之百的"纯金"，"纯金"是一个只能从化学角度加以理解的抽象的概念。

二

在韦伯的三种统治类型中，合法型统治是他和人们关注的重心，所以，我们将在下面集中讨论这一类型所具有的各种特征及运用规则。

韦伯将合法型统治的基本特征概括为以下三点。第一，以理性为取向，这是合法型统治最根本的特征。具体而言，它是以目的合理性或价值合理性为取向，也可能是两者兼而有之。在此基础之上，制定出章程，同时要求团体成员必须尊重它。第二，在合法型统治意义上，任何法，按其本质都是抽象的，一般是有意制定成章程的规则的总体。司法就是把这些东西应用于具体的个案，行政管理就是在法律规则限制之内，并且根据一些得到团体制度许可的，甚至没有违反团体制度的、可以普遍标明的原则，合理地维护团体制度所规定的利益。第三，典型的合法型统治者——上级，由于他发号施令，所以要服从非个人的制度，他的号令是以这个制度为取向的。服从者仅仅作为团体的成员，并且仅仅服从法律。团体的成员服从统治者，并非服从他个人，而是服从那些非个人的制度，因此仅仅在由制度赋予他的、有合理界限的事务管辖范围之内，有义务服从他。

合法型统治遵循合理统治原则进行具体运作：第一，官职事务在规则制约之下进行持续运作，这种运作是在权限之内运行的。第二，遵循职务等级原则。第三，在合理的情况下，行政管理组织同行政管理物资和生产资料完全分开。第四，韦伯指出，在完全合理的情况下，不存在任职人员对职位有任何占为己有的行为发生。第五，建立行政管理档案原则。

三

合法型的统治可以有各种不同的形式，而韦伯着重关心的是以"官僚制"形式所进行的统治。所以，我们有必要对官僚制详加剖析。

韦伯将借助官僚制的行政管理组织进行的统治，视为合法型统治的最纯粹的类型。在这种意义上，行政管理组织的整体由单个官员组成，它按照"集权制"原则进行运作。官员们的行为具有如下特征。

个人是自由的，仅仅在事务上有官职义务。处于固定的职务等级之中，拥有固定的职务权限。根据契约受命，即原则上建立在自由选择之上。在最合理的情况下，通过考试获得证书，确认专业业务资格。有固定的货币薪金支付报酬，大多数人有权领取退休金。他们将职务视为唯一的或主要的职业，可以看清自己的前程，职务"升迁"根据年资或政绩，或者两者兼而有之，这取决于上司的评价。工作中完全同"行政管理物资"分开，个人不得把职位占为己有。接受严格的、统一的职务纪律的监督。概而言之，现代意义上的官僚制，依照如下原则运行：集权制、等级制、考试制、专业化、公共物品和私人物品相分离。

韦伯致力于论证官僚制的合理性，充分阐明它的积极意义。现代意义上的官僚制，俨然成为他心目中最为理想的社会运作机制。他论证道，从形式——技术角度看，官僚是最合理的。在社会生活的所有领域，"现代的"团体形式的发展，一般是与官僚制意义上的行政管理的发展和不断增长相一致的，它的产生孕育着现代国家的胚胎。西方自 15 世纪以来的历史表明，伴随着现代意义上的国家的逐步形成，西方世界逐渐发展出一整套完善的行政管理组织和官僚制度。与之形成强烈对比的是，根据史书记载，中国至少在秦汉之际就形成了统一的国家，并建立起比较完善的官僚制，以及相应的行政管理组织——郡县制。唐宋之际，随着科举制的推行，官员的选拔不再根据个人关系（包括血缘、门阀、世袭），而是更多地采取了一种公开的考试方式来选拔全国的精英，借此增加统治阶层组成成员的多元性和开放性。西方世界也一再承认，英国近现代文官制度，很大程度上借鉴了中国通过科举考试选拔官员的做法。问题在于，中国传统的官僚制与西方现代意义的官僚制之间有着很大的差别。首先，考试的内容不同。特别是宋代以后，以"四书五经"为标准教科书、以八股取士，而不是靠专业知识取胜，官员缺乏专业知识培训。其次，君主专制统治下的官僚等级制，使官员们效忠君主，统治的合法性建立在君主权威之上，而不是诉诸外在的抽象形式意义上的法律，不是诉诸理性与平等。因而，官员个人是不自由的，依附于君主，君主对官员有着生杀予夺的大权。最后，公私不分。由于官员在通常情况下收入十分微薄，而开销又十分庞大，既没有明确的法律严格区分公共物品和私人物品，又缺乏外在合理的会计审计制度，以保障公共开支账目清晰，形成严格的监督机制，所以导致假借各种所谓"合法"名义，大肆搜刮民脂民膏的行为频繁发生。

韦伯清醒地意识到，官僚制对人们的日常生活产生了如此巨大的影响，以至于人们只能在"内行"与"外行"之间进行选择。官僚制的优越性在于，依照"专业知识"进行管理，不管资本主义，还是社会主义，都无一例外。

四

韦伯对合法型统治类型的独特划分，即使从今天来看，仍然具有重大的启发意义。尤其是他对合法型统治的纯粹类型——官僚制的分析，直至今日仍不失其现实性。官僚制，不仅在西方，而且从世界范围来说，都是现代社会赖以维持正常运作的基本制度。关键在于，要打破传统的以血缘—地缘为纽带，或者纯粹出于个人崇拜建立起来的社会结构，就必须建立现代意义上的官僚制。20 世纪著名政治学家加埃塔诺·莫斯卡在其著名的《统治阶级》一书中曾指出："所谓官僚制国家，就是在组织方面业已获得进步和发展，因而变得更为复杂的封建国家"；官僚政体国家是"文明水准"较高的社会的特征，封建国家则是文明水准较低社会的特征。[1] 当代美国著名政治学家塞缪尔·P. 亨廷顿进一步指出："与封建政体相比，官僚政治体制确实体现出政治机构职能的分工更明确，行政组织更复杂，劳动分工更为专门化，机会更为均等，社会流动更为频繁，成就标准重于关系标

---

[1] 加塔诺·莫斯卡：《统治阶级》，贾鹤鹏译，北京：译林出版社，2002。

准，等等。所有这些特点大概都反映了官僚政体比分散的或曰封建的政体的政治现代化水平更高。同时，官僚政体的权力集中了国家在社会中实施现代化改革的能力。"①

近几年来，国内学者对现代性问题的关注与日俱增。笔者认为，韦伯关于现代性问题的思考值得我们高度重视。他在谈及现代性问题时，将现代意义上的官僚制视作现代性的最基本属性。我们未必全盘接受他的观点。但无可否认的是，理性的、建立在法律基础上的现代官僚制，确实是构筑现代社会的基础之一。在我们以往的思想中，官僚制的名声不佳，并且往往将它与官僚主义联系起来。事实上，官僚主义只不过是官僚制内部所产生的不良病症，就像任何人都要生病一样，任何一种制度都有其内在缺陷，任何社会只能在各种不同制度中做出选择，建构与之相适应的制度框架，并据此管理社会公共事务。我们以往的做法是将从事公共事务的官员理想化，将官员设想成"大公无私"式的不食人间烟火的主体，把主观的道德诉求赋予每一个具体的个体，一旦发现现实与理想相悖离，便斥责其为官僚主义，并进而否定官僚制本身。其实，这只不过是对官僚制的一种误解。伴随着经济体制改革的深化，中央已经意识到，政治体制必须随之进行变革，必须对现有的行政管理体系采取相应的改革措施。然而，我们应当清醒地意识到，中国是一个经历了2000余年君主专制的国度，传统因袭势力极其强大，如何采取有效的措施，对现有的行政体制进行逐步的变革，是摆在我们面前的难题。传统的行政体制固然不乏合理的内涵，但已经明显不适合现代社会的潮流。我们更应当积极地吸取西方现代社会业已成熟的经验，以及相应的思想资源，为改造我们传统的行政体制提供借鉴，韦伯的思想恰逢其时。工具合理性的价值取向，以追求效率为目标而建立起来的现代官僚制，恐怕是一种比较可取的选择。

当然，我们也不能否认，现代官僚制也有其自身不可克服的内在缺陷。根据现代公共选择理论，政府之所以缺乏效率，关键在于它有一种内在的自我扩张趋势。作为公共选择和公共决策执行者的官僚机构和官员，也是按"经济人"模式行事。他们的目标是自身利益最大化（虽然并非每个人都是如此），追求职位变迁、高薪和轻松的工作以及各种附加的福

---

① 塞缪尔·P. 亨廷顿：《变化社会中的政治秩序》，王冠华等译，北京：三联书店，1998，第152页。

利，这可以通过扩大机构及增加人员来实现。于是，就出现了帕金森定律（Parkingson's Law）指出的情况，即无论政府的工作量增加还是减少，政府机构及其人员的数量总是按照同样速度增长。其实，韦伯也意识到官僚制的内在缺陷。官僚制可能带来本位主义和文牍主义，对职务权限之外的事务漠不关心，功利主义地对待自己的职务，庞大的官僚机器使个人感到压抑，造成非人性的效应。此外，经济政治和社会权力高度集中于那些最重要组织中处于最高位置的少数人手里。因而，形式上合理的官僚制，极有可能产生实质上非理性的社会后果。这只有通过制度本身的改进以及对从事公共事务的行为主体——官员进行教化，才能加以不断的完善。

韦伯给予我们的第二点启示是："公"与"私"必须分开，"公私分明"是现代合理的行政管理组织所必须遵循的法则。现代社会的发展趋势，正在不断地印证韦伯所昭示的原则。假公济私、损公肥私以及公私不分，甚至所谓"公私兼顾"，不仅有悖于职业道德，触犯法律，而且也不符合理性精神。民众与社会舆论往往出于道德和情绪上的义愤来抨击这种不良行为。殊不知"公私不分"本身违背了现代社会管理原则，造成机构效率低下，运作成本过高，甚至产生腐败行径。计划经济体制下的政企不分现象，私人占公家便宜（搭便车）现象，以及改革开放后出现的政府机构经商现象，都是没有弄清现代行政管理制度的实质及它所应当承担的职能，混淆了公共领域和私人领域、公共利益和私人利益两者的根本区别。从人类发展史来看，公私不分虽然不一定导致个人道德上的堕落，但公域与私域明确分离，却是现代社会发展的必然趋势。

从 20 世纪发展的历史进程来看，韦伯的许多思想无疑具备了预言功能，他的很多观点在以后的社会实践中一一得以印证。他的政治理论亦不仅仅局限于西方历史与现实的经验范围之内，而是扩展到对世界诸民族统治类型的考察之中。在他的论述之中，常常运用比较的方法。他的论述中，高度抽象的理论分析与极其丰富的经验事实之间的有机结合，使得他的思想在广度和深度上超出同时代许多一流学者。正是基于对现代性问题无比关注和出色的阐述，才使得他的著作获得更加广泛的意义，对于正在推进现代化进程的发展中国家来说，更是如此。

参考文献

甘阳:《韦伯文选第二卷编选说明》,载《经济、诸社会领域及权力》,李强译,北京:三联书店,1998。

马克斯·韦伯:《经济与社会》,林荣远译,北京:商务印书馆,1997。

加塔诺·莫斯卡:《统治阶级》,贾鹤鹏译,北京:译林出版社,2002。

塞缪尔·P. 亨廷顿:《变化社会中的政治秩序》,王冠华等译,北京:三联书店,1998。

丹尼斯·缪勒:《公共选择理论》,杨春学等译,北京:中国社会科学出版社,1999。

王亚南:《中国官僚政治研究》,北京:中国社会科学出版社,1981。

对哈贝马斯公共领域思想的解构

范靖宇

20世纪90年代以来，公共领域问题成为国际学术界关注的焦点，国内外相关的著述颇多。进入21世纪以后，公共领域成为全球学术界关注的焦点之一，并由此出现了"全球公共领域"的概念。公共领域问题得到关注最初原因是苏联与东欧局势的巨变，同时发达资本主义国家面临着社会重构，即所谓的"市民社会的再发现"。在这样的背景之下，哈贝马斯写于1961年的《公共领域的结构转型》一书重新得到关注。在1990年的再版序言中，他对自己原来的理论做了若干说明，回答了来自各方面的批评，在此基础上又做了适当修正，但是他的理论核心并无多大实质性的改变。无疑，哈贝马斯为我们提供了一种可资借鉴的理论范式，此书是研究公共领域问题的权威之作。但是我们也应该看到，他的思想并非已臻完美。在以下的文字中，笔者将首先对哈贝马斯的观点进行概述，在此基础上进行深度剖析，然后提出自己相应的不同解释。

一

哈贝马斯声称，他对公共领域问题的研究方法，和所谓的以结构功能主义为代表的形式社会学之间有着明显的不同，他也不同意那种带有历史倾向的社会学研究——它仅对偶然过程和具体事件做抽样分析。其实，笔者认为他还是主要吸取了结构功能学派的分析方法，同时又配合以具体历史事实，避免了形式社会学过于抽象、具体历史研究又过分注重细节的毛病。由于公共领域涉及范围极广，所以哈贝马斯采取了科际整合的方法，将经济学、政治学、社会学、宪法学、社会思想史、语言学和历史学等诸多学科熔于一炉，这充分显示了他不同凡响的渊博学识与高度的思辨综合能力。但是，我们应该清醒地意识到：由于公共领域问题牵涉的范围实在过于广泛，因此即便像哈贝马斯这样的大师，也难免有所疏漏。比如，他相对忽视了早期资产阶级公共领域的各种复杂冲突；另外，正如他的一位批评者埃莱所言："夸张了以阅读为中介、以交谈为核心的公共交往的合理层面。"① 我们在他的这部大作里似乎看不到早期资本主义形成过程中尖锐的社会矛盾，以及在思想领域中的各种激烈争论，这种冲突一定会反映到公共领域中来，极大地影响到早期资产阶级公共领域的产生。同时他又过度贬低了晚期资本主义公共领域的积极意义，他的论述给人这样一种错觉：似乎晚期资本主义公共领域与早期相比，是一大倒退，这恰恰是笔者所根本不能赞同的。笔者觉得他的错误根源在于：将早期的资产阶级公共领域理想化、浪漫化，将少数经典思想家的著述想当然地视为实际的社会情况；过分强调社会交往、对话与话语在资产阶级公共领域形成过程中的重要性；过度依赖社会学中结构功能分析方法，而相对忽视了冲突论方法的应用。

哈贝马斯研究的主题是"资产阶级公共领域"，涉及范围之一为自由主义模式的资产阶级公共领域的结构和功能，即他所谓的资产阶级公共领域的产生与发展状况。他集中阐述了资产阶级公共领域的自由主义因素及其在社会福利国家层面上的转型，他主张结合市民社会的历史基础，来认识资产阶级公共领域。他把资产阶级公共领域理解为"一个由私人集合而成的公众的领域；而私人随即就要求这一受上层控制的公共领域要反对公共权力机关本身，以便就基本上已经属于私人，但仍然具有公共性质的商品交换和社会劳动领域中的一般交换规则等问题同公共权力机关展开讨论"。② 这种政治讨论手段，即公开批评，史无前例，也就是说"批判"构成资产阶级公共领域的一个基本特征，同时又是它的基本功能。而批判本身表现为公众舆论。

大约在 17~18 世纪之交，首先在英国和法国出现了公共领域。国家与社会的分离，是近代资产阶级公共领域形成的历史前提与基础，借此公共领域与私人领域也区分开来。私人领域包括狭义的市民社会，亦即商品交换和社会劳动领域，家庭以及其中的个人私生活也包括在其中。资产阶级

---

① 哈贝马斯：《公共领域的结构转型》，曹卫东等译，上海：学林出版社，1999，序言第 4 页。
② 哈贝马斯：《公共领域的结构转型》，曹卫东等译，上海：学林出版社，1999，第 32 页。

公共领域由文学公共领域与政治公共领域构成。政治公共领域是从文学公共领域产生出来的，它以公共舆论为媒介，对国家和社会需要加以调节。随着国家与社会的分化，公共领域在两者之间的紧张地带获得了明确的政治功能。在历史上，首先出现的是文学的公共领域，咖啡馆、沙龙和宴会是形成和培养批判机制的场所，人们在轻松愉悦的交流中，学会了公开批判的技巧。随着城市的逐步繁荣与宫廷沙龙的相对衰落，城市占据了文化中心的地位。在伦敦，大量咖啡馆的出现，各种社会阶层的人们开始聚集在一起，讨论文学艺术、经济与政治问题；在法国，则主要是由沙龙来承担此项功能（哈贝马斯没有做出这种细微区分）。各种不同形式的咖啡馆、沙龙与宴会尽管在公众的组成、交往方式、批判风格以及讨论主题方面有着极大差别，但是它们有一些共同的特征。首先，要求具备一定的社会交往方式，即它不考虑个人的社会地位。每个人尽管可能来自不同社会阶层，地位悬殊，但是并不妨碍他们之间平等交往。所谓平等，在当时人们的自我理解中就是指"单纯作为人"的平等。其次，公众的讨论应当限制在一般问题上（包括牵涉整个社会的经济、政治乃至哲学、文学艺术与宗教问题）。这些所谓的"一般问题"的解释权最初被教会和国家所垄断。由于出版印刷业的发展，现在这些作品在市场上被当作商品来出售，显然，原来笼罩在它们头上的神圣光环消逝了，私人把作品当作商品来理解，这样作品就世俗化了。

哈贝马斯认为，资产阶级公共领域建立的前提条件是，国家与社会之间的彻底分离。[①] 所谓彻底分离，首先是指社会再生产和政治权力分离开来，而在中世纪两者原本是整合在一起的。所以，资产阶级公共领域是在国家与社会间张力场中发展起来的，但它本身一直是私人领域的一部分——这是构成哈贝马斯理论的一个核心观点之一。笔者觉得他的观点有明显错误。其思想主要是受了以亚当·斯密为代表的古典政治经济学思想的误导。亚当·斯密认为，早期资本主义具有自由放任主义形式，国家不干预经济生活，它只担当"守夜人"的职责，并以英国为这种制度代表。20 世纪晚近学者的研究成果表明，斯密对当时英国的判断是不完整的，因为他受到牛顿物理学思想的影响，所以就假定：社会经济领域也像自然界一样，受自生自发规律的制约。另外，20 世纪一流历史学家的观点非常能

---

① 哈贝马斯：《公共领域的结构转型》，曹卫东等译，上海：学林出版社，1999，第 170 页。

够说明问题。现代最伟大的史学家之一费尔南·布罗代尔在他那部名著《15 至 18 世纪的物质文明、经济和资本主义》中指出：国家与资本主义之间的关系是非常复杂的，国家可能促进资本主义，也可能阻碍资本主义。① 从他的论述中，可见这个问题的复杂性。至少有一点是肯定的，即近代资本主义在形成与发展过程中，离不开国家在某种程度上的帮助与支持。另外一位当代史学大家伊曼纽尔·沃勒斯坦在其代表作《现代世界体系》中也指出，他不同意那种认为大不列颠工业革命是"自发的、没有得到政府的扶持"的正统观点。他指出"英国议会在圈地运动上所起的主要作用，无论如何不能当作国家不干预经济的一个例子提出来"（众所周知，圈地运动在英国工业革命中所起的作用无疑是极其巨大的）。只不过英国与其他国家相比，管得少，收税少。另外，他又指出，政府对经济的干预也有更为直接的，只不过是这种干预在世界市场上的表现多于在国内市场上的表现。② 可见，哈贝马斯假定资产阶级公共领域是建立在国家与社会彻底分离基础上的说法是不准确的，合理的表述应该是：早期资产阶级公共领域是建立在国家与社会相对分离的基础上。表述上的细微差别，不是玩弄辞藻，它牵涉对整个早期资本主义公共领域性质的认识。

资产阶级与国家之间有着复杂的关系，他们与旧势力，包括国王、贵族和教会，在经济上存在既冲突又合作的关系。所以，他们并不总是坚定不移地反对王权，这一点，就连最杰出的资产阶级思想家也不能幸免——在某种程度上反对教会与君主专制，在另外一些场合又不得不表示出某种程度的妥协。同时，哈贝马斯忽视了一个基本事实：不同社会阶级、阶层之间的冲突，以及最终演变为社会革命的事实，是建立资产阶级公共领域的一个历史前提。资产阶级所提出的私有财产神圣不可侵犯，自由、民主、平等、人权与博爱等理想，不是仅仅依靠公共领域的平等对话来实现的，或许在更大程度上依赖于自身强大的经济实力，社会中下层的支持，以及暴力革命来完成。如英国资产阶级革命，他们在与王权的斗争中，多多少少还是运用了武力。而法国大革命，更是一波三折，先是资产阶级温和派掌权；到了革命的第二阶段，则转变为社会下层来主持，其中因政见

---

① 费尔南·布罗代尔：《15 至 18 世纪的物质文明、经济与资本主义》，顾良译，北京：三联书店，1993，第 612 页。

② 伊曼纽尔·沃勒斯坦：《现代世界体系》（第三卷），庞卓恒等译，北京：高等教育出版社，2000，第 13 页。

上分歧又主要可分为吉伦特派与雅各宾派，后者虽然出身于中产阶级，却代表无产阶级利益；到了第三阶段，则是保守派大反攻；最后由拿破仑发动政变，才宣告革命结束。所以，笔者认为，资产阶级公共领域的建立，从一开始就是在激烈的社会冲突中产生与形成的，各种形式的对抗起了主导作用，而对话只是次要的。并不存在一个哈贝马斯意义上的早期自由主义性质的资产阶级公共领域，它从一开始就受到强权的压制。其次，哈贝马斯夸大了对话的合理层面。在他的叙述中，各种不同的社会阶级与阶层之间以和平对话、温文尔雅的方式展开，其间激烈的思想争辩、尖锐的言辞交锋不见了。在这些冲突背后，代表着不同的经济政治利益。同时，这种所谓的对话，也不一定是非常理性的，言辞不当，甚至带有情绪性的激烈攻击，也不在少数。情绪化，有时甚至是歇斯底里的话语，对社会难免产生负面影响。因此，哈贝马斯似乎过高地估价了早期公共领域的合理层面。最后，哈贝马斯错误地把资产阶级思想家的论述当作现实，当权者似乎听任意见不同的异己分子自由地发表言论。事实恰恰相反，仅以那些早期杰出的资产阶级思想家为例，如洛克、伏尔泰、卢梭、孟德斯鸠、托克维尔，他们都受到过不同程度的迫害，或作品被禁止，或被投入监狱，或远走他乡，即是明证。因此，早期的资产阶级公共领域是不自由不民主的。

关于平民公共领域问题，在哈贝马斯著作第一版中显然是一个被忽视的问题。他错误地将平民公共领域视如一种潜流而存在，并且误认为是朝着资产阶级公共领域的方向发展。但是，在1990年再版序言里，他在某种程度上纠正了这种看法。然而，他没有具体展开对此问题的探讨。笔者认为，所谓近代欧洲公共领域从一开始就是复杂的，由于客观上存在不同社会阶级与阶层，包括财富多寡、政治地位不同以及受教育程度差异，必然反映到公共领域里来。原来由君主、贵族和教会所垄断的公共领域，是一种专制型的公共领域，他们将经济政治特权延伸到思想文化领域，形成一种话语霸权。其他社会各阶层的声音被刻意压制，任何反对意见都要受到禁止，而且手段凶狠。日益壮大的资产阶级当然不能接受这种事实，随着经济地位的提高，他们逐渐萌生出反对力量，资产阶级的知识精英从思想上系统地阐述了新的愿望与情感。他们为了达到自己的目的，利用当时新出现的信息传达工具——报纸杂志，以及公共交际场所——包括咖啡馆、沙龙和聚会等，试图在舆论上占尽先机，一方面从理论上来论证自己的合法性，另一方面将各种分散的社会力量调动起来，组织成为一个整体，来反对当时的特权阶层，这是一种全新的社会动员方式。但是，资产阶级预先没有料想到，他们由此教育了大众，传播了新思想，唤起平民自我意识的觉醒。如果原来由君主、贵族与教会等少数人所掌握的经济政治思想文化特权，现在再扩展到资产阶级上层——像英国与法国早期的资产阶级革命那样，那么，这种所谓的资产阶级公共领域，根本就是不完善的，社会依然是少数人拥有特权；这种形式的公共领域，绝对不能说是已经具有完备自由主义性质的资产阶级公共领域。笔者认为，真正具有自由主义性质的资产阶级公共领域的形成，要到 20 世纪下半叶，而且至今依然处于完善过程之中。所以笔者绝对不能同意哈贝马斯对 19 世纪末叶以来到 20 世纪60 年代（他的著作发表截止期）公共领域发展的低估，笔者的观点恰恰相反。英国大史学家汤普森在他著名的《英国工人阶级的形成》一书中所给予我们的重要启示是，如果不能够了解英国早期的工人运动（时间起讫为1780~1832），那么就无法真正认识英国早期的资产阶级公共领域。他在书中强调指出了早期工人运动对于理解当时英国政治的极端重要性，同时批评许多学者忽视了工人群众的主观能动性，以及他们在创造历史过程中自觉做出的贡献，并且指出这个时期的所谓人民运动特别注重平等与民主的原则。[①] 同时我们也可以从他的书中看到，资产阶级上层在逐步取得权力的时候，他们是怎样镇压以前曾经帮助过他们的平民大众的。显然，这还不是资产阶级经典思想家理想中的公共领域。因为至少在那个时候，社会下层还没有取得自己的话语权。另外，选举权是衡量一个国家政治民主化程度的重要指标；如果没有普选权，那么自由主义意义上的公共领域在某种程度上就成了一句空话——自由只是资产阶级上层，再加上原来国王、贵族与教士的特权，他们是受法律与政治制度保护的特权阶层。英国在 1832年进行了选举改革，选举权扩大到中产阶级。但在 1833 年，只有 4.4% 的英国人是登记选民；1867 年选举权第二次扩张，城市工人阶级开始有了选举权，到 1869 年，有 8.6% 的人具备了选举权；最后，选举权扩大到妇女，并取消了有钱人与受过高等教育的人可以投两次票的不合理规定，并把投票年龄降低到 18 岁，到 1970 年，有 72% 的人拥有投票权，早期思想家普

---

① E. P. 汤普逊：《英国工人阶级的形成》，钱乘旦等译，上海：译林出版社，2001，前言第 4 ~ 6 页。

选权思想总算变为现实。① 美国与法国也大致经历了类似的曲折过程。由此可见，近代西方社会的公共权力依然掌握在少数人手中，早期的资产阶级公共领域是不完善的。而且，仅仅具备话语权是远远不够的，必须最终通过法律与制度的形式，来保障话语权，并推广到整个社会中下阶层；同时，更为重要的是，还必须保障他们的经济与政治权利。

二

哈贝马斯认为，自从 19 世纪末叶以来，资产阶级公共领域发生了结构转型，从欧美主要发达国家开始渐次向社会福利国家迈进。原来那种国家与社会绝对分离的格局被打破了，两者逐渐走向融合，出现了所谓的"国家社会化"与"社会国家化"，那么，资产阶级公共领域的基础显然被破坏了。当国家开始进入隶属于私人领域的社会劳动与再生产领域，原先那种私人自律精神瓦解了，社会重新"再封建化"，自由主义公共领域终结。

自从 1873 年出现经济大萧条以来，自由主义走到了尽头。在所有发达的资本主义国家，自由贸易原则逐渐被新的贸易保护主义所取代。在国内市场上，尤其在核心产业中，寡头垄断的联合趋势不断增强，以至于美国不得不出台"反托拉斯法"，在德国则导致"反卡特尔法"。19 世纪后半叶，国际资本巨头通过集中资本，将占有寡头垄断地位的大企业康采恩化，而且依靠价格和生产协约等手段，完成了对市场的瓜分。与此相对应，社会也产生了新情况：一方面，在商品流通的私人领域，权力集中起来；另一方面，作为国家机构的公共领域承诺对每一个公民开放。这两者促使经济上的弱势群体试图通过政治手段，与占有市场的强势群体相抗衡，而国家则在其中加以调节。它产生的一个直接后果是，在英国、法国与德意志分别进行选举改革，推行普选制。依靠制度保障，社会下层，即所谓贫困社群，可以合法地获得经济上的补偿，在德国率先采取社会保障政策；同时，社会上层也借助于政治参与，将经济优势转化为政治影响力。那么，经济上雇主与工人之间的冲突，就演变成为政治利益抗衡：一方面，国家通过政治干预来保护经济上弱势群体的利益；另一方面，也对他们加以防

---

① 莱斯利·里普森：《政治学的重大问题》，刘晓等译，北京：华夏出版社，2001，第 107～110 页。

范。因此，恰恰是民主力量的反资本主义斗争，使得资本主义制度得以长期维持下来。到了这个时候，国家全面干预本来属于市场与私人范围自行解决的事务，国家权力空前地扩张与强化，国家的结构进一步分化，功能极其完备，成了无所不能的全天候保姆。

与此相对应，文学的公共领域也随之消亡，取而代之的是文化消费的伪公共领域与伪私人领域。因为市场规律渗透到文化领域，那么文化显然成为商品，批判意识转化为消费观念。接着，哈贝马斯分析了资产阶级政治公共领域的消亡。一方面，是有组织的社会团体，试图通过公共领域来发挥政治影响。另一方面是政党，政党过去是公共领域的工具，现在却建筑在公共领域之上，与公共权力机关紧密相连。他们垄断了政治资源，政治权力的分配、实施与平衡在这些利益集团内部展开（黑箱操作）。当政治成为讨价还价的场所之时，那么政治无疑是一种交易。大规模的社团与政党组织的出现，把原来作为国家与社会中介的公共领域攫取到自己手中，破坏了公共领域的批判精神，批判的公共性堕落成操纵的公共性。因为这些大型的组织业已成为独立的利益主体，即我们通常所说的利益集团，他们把自身的特殊利益夸大为普遍利益，并通过大众传媒，将自己乔装打扮，抹上一层美丽的光环来蒙骗公众，试图博得实际上已经丧失权利的公众的支持。

的确，19世纪末叶以来，资本主义发生了重大转折，哈贝马斯对资产阶级公共领域转型的某些描述与评价也未必全无道理。但是问题的关键在于：第一，应该在认识历史演变的复杂性的同时，分清社会发展的主要趋势。那么，从这种视角出发，笔者发现哈贝马斯没有很好地理解这种历史的复杂性与主流，他的观点带有很大的片面性，这无非是沿袭了法兰克福学派激进批判的传统。所谓福利社会，是资本主义发展到一定阶段所出现的普遍现象。经济周期性的波动与危机，造成社会的巨大动荡，是国家进行干预的客观原因；工人自我权利意识的觉醒，是福利社会得以成立的主观基础；财富积累到一定程度，使得企业与国家有能力来承担这种费用——此三者是构成社会福利国家的历史前提。其实，西方历史上也一直存在某种程度的福利措施，比如由地方和教会来承担一定的社会救助功能，当然，它与从国家层面来建构完善的社会保障体系有着很大不同。在前工业化时期，由个人与家庭承受生老病死、天灾人祸的风险；而完备的社会福利政策实施，正是历史进步的表现。对于大多数家庭而言，经济的巨大进步，提供了稳定的收入来源，生存不再成为围绕一生的难题；完备的社会福利政策，可以帮助个人及其家庭应付巨大的风险与不确定因素，人们在人类历史上第一次过上了富裕的物质生活，社会逐步中产阶级化。在此前提下，他们才有可能接受良好的教育，发展自我与个性。在早期的资本主义社会，除了少数上流社会成员，以及一小部分社会中等富裕阶层之外，大多数人还处在贫困线上。那么，真正意义上发挥个人自身潜能，不过是一种空想。早期资本主义所谓自由、真正意义上的人格独立，即哈贝马斯意义上大写的"人"，还只是停留于纯粹精神领域，并没有转化为现实。只有少数人——包括君主、贵族与教会人士是自由的，他们具备奴役他者的自由。只有到了社会福利国家，自由才在某种程度上转变为现实。

第二，如何认识大规模社团组织的出现对公共领域所产生的影响。先以大型企业为例。首先企业发展到一定程度，必然突破家族经营模式，通过一系列扩张与兼并，走向规模巨大的垄断性企业。丹尼尔·贝尔指出，家族资本主义的瓦解大约始于 19 世纪末和 20 世纪之交，随之出现了所谓金融资本主义。[①] 其次，大企业试图利用它们的空前财力，通过政治捐款、院外集团以及与大众传媒的亲密关系，来产生这种影响。在一定程度上，它们的确达到了目的。问题的复杂性在于，尽管市场被大公司垄断，但是一个行业中毕竟存在彼此竞争的企业，它们之间有着利益冲突；另外，资本主义国家也意识到垄断的危险，所以有反垄断法的制定，社会从法律角度对垄断加以限制。最后，任何一家大公司都不能控制公共领域，所以，批评与指责依然存在，并由此产生了公众舆论的约束机制。同理，政党在某种程度上的确可以操纵社会舆论，欺骗与误导公众。但正是由于存在利益不同的各种党派，他们彼此攻讦、相互揭发，才使得公众有可能最终知道事实的真相。20 世纪 60 年代以来，美国的公共舆论发挥了很好的社会监督功能，比如美国民众反对越战、黑人民权运动、持续不断的生态运动等颇能说明问题。"水门"事件导致尼克松下台，以及 1998 年曝光的克林顿的性丑闻案等，都是公共领域对政党、议会与国家行政管理机构所具有的强大约束力的体现。由此可见，多元利益群体的存在，在某种程度上拓展了公共领域的自由空间。利益集团本来目的是追逐自我权利的最大化，但是不同利益主体存在，他们彼此冲突，并产生相互制约机制。

----

① 丹尼尔·贝尔：《意识形态的终结》，张国清译，南京：江苏人民出版社，2001，第 30 页。

　　第三，如何认识大众文化的出现对公共领域的意义。显然，哈贝马斯对此持彻底否定态度。不过，他在 1990 年再版序言里，态度有所转变。但笔者认为，他并没有对这个问题充分展开论述。他在文中提到巴赫金的《拉伯雷与他的世界》（中译本书名为《拉伯雷研究》），但是，笔者认为他对巴赫金这部名著的理解是有偏差的，由此影响到他不能真正认识大众文化的创造潜能，以及大众文化对公共领域的积极意义。他认为："大众文化显然绝不仅仅是背景，也就是说，绝不是主流文化的消极框架，而是定期出现、反抗等级世界的颠覆力量，具有自身的正式庆典和日常规范。"[1] 在引文后面的注释里面，他列出了戴维斯与赫尔斯的两部著作，但是没有指明援引巴赫金原著的具体页码。显然，这只是他对巴赫金的一种解释。笔者觉得他对巴赫金的理解有问题，其实巴赫金在高度肯定了欧洲民间诙谐文化的否定意义的同时，更加注重它的积极创造潜能。巴赫金在书中指出，欧洲中世纪民间诙谐文化在拉伯雷这位欧洲文学大师的创作中起到了决定性作用，民间诙谐文化从审美角度看，是一种怪诞现实主义。怪诞具有双重特征：旧与新、垂死与新生、变形的始与末。在怪诞现实主义中，物质—肉体自然元素是深刻的积极因素，而物质—肉体元素的体现者不是孤独的生物学个体，也不是资产阶级的利己主义的个体，而是不断发展、生生不息的大众。他进一步指出民间诙谐文化对文艺复兴的重要意义，并揭示了文艺复兴时期现实主义的复杂性，其中有两种类型的世界形象观念交叉在一起："一种起源于民间诙谐文化，另一种其实就是把世界看作现成的、分散的存在的资产阶级观念。"[2] 显然，巴赫金在深刻认识到了民间文化对于中世纪官方与教会文化所具备颠覆意义的同时，也指出了它们本身具备的积极潜能，而不是哈贝马斯所说的大众文化仅仅具有颠覆意味。另外，巴赫金对于我们今天重新认识大众文化同样具有启发性。因为我们在谈到所谓大众文化时，往往把它说成只是供人们娱乐、游戏与消遣，或者说成是不具备高雅的艺术与审美价值，最多只能是一种反主流、颠覆性的东西（以前笔者也曾经藐视大众文化）。在笔者看来，20 世纪的西方大众文化，既有其商业化的一面，又有对现存社会秩序颠覆的内涵，同时它还具备创造新生活的美好愿望。无疑，它对公共领域的良性循环，起到了积极作用。随

---

① 哈贝马斯：《公共领域的结构转型》，曹卫东等译，上海：学林出版社，1990，序言第 7 页。
② 巴赫金：《拉伯雷研究》，李兆林等译，石家庄：河北教育出版社，1998，第 29 页。

着工作时间的缩短，收入与教育程度的提高，他们才有能力更多地参与公共领域；随着审美趣味与欣赏水准的提升，他们在不同程度上养成了批判意识。大众传媒在试图迎合民众的同时，又埋下了反对它自身的种子。大众文化也不是铁板一块，既有低级无聊与庸俗的一面，又有严肃的话题的探讨，比如我们可以从现今美国备受欢迎的电视栏目中窥见一斑，它满足了不同社会层次与不同趣味的需求。再加之富有社会责任感的文化精英对大众传媒的积极参与，寻求另外一种更加积极的生活方式有可能成为现实（与高度消费享乐的生活方式相对立）。

三

哈贝马斯无疑为我们研究公共领域确定了一个坐标，但是，他的思想缺陷是显而易见的。近代西方公共领域，对社会发挥了重要的约束与纠错功能，西方的多党制、三权分立，毕竟还有缺陷，自由民主的公共领域是对在经济和政治上占据优势的权贵阶层进行约束的一个有力法宝，甚至可以说是社会健康发展的最后一道防线。它在人类历史上无疑是一种巨大创新，必将深刻地影响世界历史进程。中国正在进入一个历史上罕见的发展良好时期，如何建立一个和谐的、可持续发展的社会，是摆在我们面前的一道难题。哈贝马斯的公共领域思想为我们提供了一个十分有参考价值的思想资源。

参考文献

哈贝马斯：《公共领域的结构转型》，曹卫东等译，上海：学林出版社，1999。
费尔南·布罗代尔：《15 至 18 世纪的物质文明、经济与资本主义》，顾良等译，北京：三联书店，1993。
伊曼纽尔·沃勒斯坦：《现代世界体系》，庞卓恒等译，北京：高等教育出版社，2000。
E. P. 汤普逊：《英国工人阶级的形成》，钱乘旦等译，南京：译林出版社，2001。
莱斯利·里普森：《政治学的重大问题》，刘晓等译，北京：华夏出版社，2001。
丹尼尔·贝尔：《意识形态的终结》，张国清译，南京：江苏人民出版社，2001。
巴赫金：《拉伯雷研究》，李兆林等译，石家庄：河北教育出版社，1998。

信任问题

——以社会资本理论为视角的探讨

潘 敏

信任问题是社会学、心理学、经济学（博弈论中的"囚徒困境"）、组织行为学、营销学等众多领域的热门话题，不同学科从人际关系、组织行为、商品交换、社会制度等不同角度对信任问题进行了大量的研究。信任作为社会资本的关键测量指标，从 20 世纪 90 年代以来就受到社会学研究者的关注。本文将以社会资本理论为视角，对信任问题做一探讨。

一 信任：社会资本的关键性测量指标

早在经典社会学大师涂尔干那里，就大量涉及社会信任问题。在《社会分工论》和《自杀论》中，涂尔干从社会分工入手讨论机械团结和有机团结及其与分工结构的关系，文中大量地涉及"集体意识"，这其中就包含社会信任的问题。在他为摆脱社会危机而开出的良方中，即通过职业群体的组织方式彻底拯救日益败落的伦理道德，并以此搭建起一个功能和谐与完备的新型社会，信任在社会中就占据举足轻重的地位；后来，托克维尔和韦伯分别对美国文化和资本主义精神、儒教的分析，彰显出信任在社会生活尤其是社会经济生活中的作用；弗兰西斯·福山认为信任和自发性社交与经济行为存在内在关联，像美国、日本等高信任度的国家，能在个人、家族与国家之间形成强有力的自愿结合，形塑出大型的现代化的专业管理公司；而意大利、法国、中国等国则是低信任度的社会，往往将信任关系局限于家族之内，因此以家族企业居多，难以发展成现代的大企业。[①]

---

① 弗兰西斯·福山：《信任——社会道德与繁荣的创造》，李宛蓉译，呼和浩特：远方出版社，1998。

那么什么是信任？罗素（Denise M. Rousseau）说，信任是建立在对另一方意图和行为的正向估计基础之上的不设防的心理状态。这里的规范可能是深层的"价值观"，例如关于正义本质的看法，也可能包含世俗的规范，比如我们对医生的信任。此定义包含以下两大内容：第一，信任发生在个体之间，出现在一定的社会关系之中；第二，信任是对他人的期待。这种期待应建立在社会共同的规范、价值观的基础之上。正因为信任具有这些特征，它才会与社会资本理论发生联系并受到后者的重视，因为社会资本理论也是考察个体所生存和活动的社会环境（相对于自然环境而言）的。社会资本是在社会关系和网络中生成的，它的高低与一个社会共享的价值观、规范有很大的关联。

"社会资本"的概念最初是由经济学的"资本"概念演变而来的。古典经济学家亚当·斯密指出，资本是一切能够带来收入或利润的资财，他将资本分为固定资本和流动资本。20世纪60年代舒尔茨和贝克尔把"人力资本"的概念引入经济学的分析中。法国社会学家皮埃尔·布迪厄第一次系统表述了社会资本概念，在他那里，社会资本是相对于经济资本、文化资本而言的，但前者通常被认为隶属于后两者。科尔曼将资本分为人力资本（由遗传天赋形成）、物质资本（物质性先天条件如土地、货币等构成）和社会资本（自然人所处的社会环境所构成）。社会资本作为资本的一种形式，在经济学家那里，能影响效率、收益和利润；在社会学家那里，是社会和谐与否的标志。

社会资本理论一开始就关注信任问题，或者说将社会信任作为其关键性测量指标。当代第一个系统表述社会资本概念的法国社会学家皮埃尔·布迪厄指出："社会资本是现实或潜在的资源的集合体，这些资源与拥有或多或少制度化的共同熟识和认可的关系网络有关，换言之，与一个群体中的成员身份有关。它从集体拥有的角度为每个成员提供支持，在这个词汇的多种意义上，它是为其成员提供获得信用的'信任状'。"[1] 被誉为从理论上对社会资本给予了全面而具体的界定和分析的第一位社会学家——詹姆斯·科尔曼主张，除了人的技能和知识之外，人力资本还有很重要的一个部分，那就是个体与他人共事的能力，而这种与他人共事的能力，又须由这个社会共享规范和价值观的程度高低及其能否将个体利益融进群体利益

---

[1] 张文宏：《社会资本：理论争辩与经验研究》，《社会学研究》2003年第4期。

来决定，在这些共享的价值观中，信任即为其一；[①] 帕特南在使其一举成名的《使民主运转起来：现代意大利的公民传统》一书中是这样定义社会资本的：社会资本指的是社会组织的某种特征，例如，信任、规范和网络，他们可以通过促进合作行动而提高社会效率；[②] 福山干脆将社会资本等同于信任，他说，"所谓社会资本，则是在社会或其下特定的群体之中，成员之间的信任普及程度"，[③] 他认为法律、契约、经济理性只能为后工业化社会提供稳定与繁荣的必要却非充分基础；唯有加上互惠、道德义务、社会责任与信任，才能确保社会的繁荣稳定；诺曼·厄普赫夫等人将社会资本分为结构型和认知型两类，结构型社会资本通过规则、程序和先例建立起社会网络和确定社会角色，促进分享信息、采取集体行动和制定政策、制度，而认知型社会资本的基本形式包括信任、团结、合作、宽容、诚实、平等、公正等；[④] 此外，还有波斯特、林南等人与上述各位学者一样，论述社会资本时，均将信任放在极其重要的位置。与此同时，各位学者在对社会资本的经验研究中，也从不同的角度测量信任指标，比如公民对政府的信任指标，"邻居信任指标"等。

为什么社会资本与信任存在如此密切的联系？首先，人与人之间的普遍信任与社会资本来自社会成员之间的互动，而这些互动的基础均建立在社会共享的规范、价值观之上；社会资本可以简单定义为一个群体之间成员共有的一套非正式的、允许他们之间进行合作的价值观或准则，而前文所说的信任的基础无外乎也是社会成员共同拥有的规范。如果一个群体的成员开始期望其他成员的行为举止将会是正当可靠的，那么他们就会相互信任，信任恰如润滑剂，它能使任何一个群体或组织的运转变得更加有效。其次，信任度的高低决定了社会资本的多少。一切社会都拥有一些社会资本，它们之间的区别与"信任半径"有关，[⑤] 信任半径越长，社会资本越

---

① 詹姆斯·科尔曼：《社会理论的基础》，邓方译，北京：社会科学文献出版社，1999。

② 罗伯特·D. 帕特南：《使民主运转起来：现代意大利的公民传统》，王列、赖海榕译，南昌：江西人民出版社，2001。

③ 弗兰西斯·福山：《信任——社会道德与繁荣的创造》，李宛蓉译，呼和浩特：远方出版社，1998。

④ C. 格鲁特尔特：《社会资本在发展中的作用》，黄载曦等译，成都：西南财经大学出版社，2004。

⑤ 弗兰西斯·福山：《信任——社会道德与繁荣的创造》，李宛蓉译，呼和浩特：远方出版社，1998，第19页。

多。一个社会的信任度越高，社会资本就会越多，这就意味着越能节约社会成本。比如偷窃是一种不诚实的行为，偷窃成风的社会必然是信任度较低的社会，社会就必须花费较多的财力来设置更多的警力和监狱对付小偷，这无疑提高了社会成本，也减少了在其他公共事业的投入费用。

一定社会关系的持续需要信任来维持，人类的相互交往依赖于某种信任，信任导致和促进人们的合作，是人们之间联系的润滑剂。如果没有人们之间普遍的信任，社会本身将会瓦解。一切社会或群体都会存在一定程度的基本信任，比如我们相信医生能治好我们的病，相信陌生人给我们指示的路，家庭成员间能相互信任并一道工作，等等。一个社会如果没有这些基本的信任，根本无法运转起来。但在不同的社会里，确实存在不同的信任度，比如传统中国人将信任限制在家庭内，对家庭外的陌生人却很难相信；美国人和日本人能在个人、家族与国家之间发展出强有力的自愿结合，换言之，相对于中国人，他们较相信家庭外的人。下文将具体论述中国社会的信任问题。

二　中国社会的信任问题

有关中国社会的信任问题，一些社会学家从理论上给予了阐释。韦伯和福山均认为中国人的信任更多的存在于血缘、宗族之间，不是人与人之间的普遍信任。中国人所相信的只是其家庭成员，对外人则很难相信，公共生活中的诚实与合作水平也十分低下。

一些学者通过文献和实证研究，验证了韦伯和福山的部分观点，他们将现代中国人的信任扩展到地缘之内，即所谓的"老乡信任""熟人信任"。如汉密尔顿在研究"何以中国没有资本主义"问题时，着重分析了以"行会"形式存在的近代中国商人组织，指出个体的市场可信度完全取决于这个商人所属的行会组织，而这种行会组织乃是依据乡亲族党的联系来组建的。因此一个商人的市场可信可靠及商业上的成功最终是建立在乡亲族党的关系之上的；① 项飙在《跨越边界的社区——北京"浙江村"的生活史》一书中描述，一个身无分文的温州人，只要在"浙江村"混上几年就会成为百万富翁，他们凭着温州人的身份和传统社会的网络关系，能得到另一

① 汉密尔顿：《中国社会与经济》，台湾：台湾联经出版事业有限公司，1990。

个温州人的信任，不必付货款或预付金就可以提取货物，等货物出售完后再结算，但非温州人就没有这种待遇；① 王春光的《巴黎的温州人——一个移民群体的跨社会建构行动》也以大量的实证材料说明了温州人是完全靠老乡之间的信任、关系网络在西方世界挣美元的。②

近代以来，一些在中国生活多年的外国人，也觉察到了中国人在公共生活中的诚实与合作水平不高。晚清时期，一位在中国生活了40年之久的美国传教士卫斐列是这样描述他眼中的中国人的，"道德伦理（社会关系以及统治者和被统治者的权利和义务）以及五种美德（仁、义、礼、智、信）的灌输，在中国已经进行了2500年，但还是不能让它的人民变得诚实可靠"，他们"习惯了懒散和贫穷的生活，他们宁愿一个月挣4到5美元而不愿努力工作挣到8到10美元"，"我们雇佣了120个工人，其中10%的人在别人干活时只是一个劲地看着"，作者写道，"由于这种先天的弱点"，中国人建立的企业难以做到团结一致，"没有一家保险公司能够得到整个社会的信任……不管他们如何地承诺"。他说，中国人"不可能在文明方面取得进步，除非他们首先成为诚实可靠的人"。③ 在那中国人备受欺压的岁月，西方人关于中国的著述往往带有不同程度的歧视意味和阴暗色调，加之文化上的隔膜，卫氏的看法未免有点偏颇，却也部分证实了韦伯和福山的观点。

近年来，学术界和社会人士对中国社会的信任危机表示极度的忧虑：犯罪率、自杀率、离婚率的快速上升，城市治安状况不断恶化，彩票发行的暗箱操作，假冒伪劣产品的屡禁不止，政府官员的腐败成风，民工工资被一拖再拖，政府像防贼一样防高考学生，偷税漏税等，不一而足。当今中国社会信任危机具有如下特点：第一，社会基本信任出现了危机。我们相信医生能治好我们的病，但不能保证医生不宰我们；我们可以雇用保姆，但不能保证她们不拐卖主人家的孩子；我们甚至不敢相信陌生人给我们指的路。前文指出，基本信任是社会互动的必要条件，如果缺少，社会将无法运转。第二，人们之间的不信任由传统的对陌生人的怀疑扩展至"熟人圈子"，家族内甚至家庭内。所谓的"杀熟"现象、离婚率的上升、非婚生

① 项飙：《跨越边界的社区——北京"浙江村"的生活史》，北京：三联书店，2000。
② 王春光：《巴黎的温州人——一个移民群体的跨社会建构行动》，南昌：江西人民出版社，2000。
③ 卫斐列：《卫三畏生平及书信——一位美国来华传教士的心路历程》，顾钧、江莉译，桂林：广西师范大学出版社，2004，第230、237、240页。

孩子的增多（"家庭危机"）、约会强奸等都是这个特点的体现。第三，信任危机已扩展到社会系统的不同层面和领域。比如商业信用危机、人际信任危机、价值信仰危机，等等。而且不同层面和领域的信任危机之间正在形成恶性循环，这也导致整个社会的信任水准快速下降。如人际信任危机，1990 年，由美国学者英格雷哈特主持的"世界价值研究计划"调查显示，在中国，相信大多数人值得信任的人，占到被调查者的 60%。1996 年，在英格雷哈特的再次调查中，这个数字已经跌到 50%。而到 1998 年，王绍光的调查显示，只有约 30% 的中国人相信社会上大多数人值得信任。① 另一方面，带有诚信字样的公司和网站比比皆是，当前在全党、全国又掀起了求真务实、诚实守信教育的高潮，这恰恰又是社会失信的反证。

有关研究表明，一个充满互信、互惠、民众积极参与公益事务的社会有助于促进经济发展和社会和谐。信任危机和社会资本缺乏显然会给社会带来极大的危害。首先，增加交易成本。社会信任能够有效地节约交易费用，提高经济效率；反之，则会增加市场交易成本，降低经济效率。其次，直接消耗了有限的资源。犯罪、打官司、自杀、家庭破裂，消耗了大量的资源，政府不得不把有限的资源用在防范人们不诚实的行为上，比如建立监狱、劳教所、律师事务所等，这对中国这样刚刚摆脱温饱，仍有大量的失学儿童的发展中国家而言，无疑加重了其负担。最后，信任危机导致社会成员之间关系冷漠、淡于合作。

信任危机和社会资本缺乏是当下中国面临的最严重的问题之一，如果不解决这个问题，中国恐怕很难维持业已取得的成就，更难以建立一个互信、互利、互惠的和谐社会。

三　信任如何可能

无论是社会学家还是经济学家，都普遍认为社会资本和社会信任是可以创造和生产的。经济学家指出社会资本作为一种资本，与其他形式的资本一样，它的生产需要投入金钱、时间和精力。社会学者也持同样的观点，社会资本和社会信任不是一蹴而就的，需要长期的投入和维持。帕特南在分析意大利民间协会时也指出，社会资本需要几代人的努力才能建立并完

---

① 王绍光、刘欣：《信任的基础：一种理性的解释》，《社会学研究》2002 年第 3 期。

全发挥作用。那么到底如何建立社会资本和社会信任呢？

科尔曼认为，社会资本的创造和保持依赖于社会结构的稳定性和社会网络的封闭性，从传统社会向现代社会的转型过程中，传统社会的家庭、邻里、社区关系以及人与人之间的信任遭到了极大的破坏。他认为构建社会变迁以后的新型社会结构下的社会资本，应该从以下三方面着手：第一，加强社会网络的封闭性。社会网络的封闭性能保证行动者之间长期密切的互动，增加他们之间的相互依赖程度，有利于规范、信任、互惠等社会资本的产生，社会关系和社会组织的消亡将使社会资本消失殆尽。第二，通过塑造人们的信仰或价值观来影响个体的行动方式。某些信仰和价值观要求个体不考虑自身的利益而是按照他人的利益来行动，从而增加了社会的团结，这无疑有助于社会资本的产生和保持。第三，削减政府的资助，增加人们之间的互助，这有利于社会资本的增加。社会资本具有公共物品的性质，需要相互帮助的人越多，所创造的社会资本的数量也越大，政府资助、富裕都会降低人们之间的相互依赖，不利于社会资本的产生。

一些学者在涂尔干和科尔曼理论的基础上，论证了政治参与、女性积极参与社会活动以及志愿团体有助于社会资本和社会信任的增加，因为这些活动和团体都能增加人与人面对面的接触和互动，信任也能相应产生。但也有一些学者通过自己的研究质疑了涂尔干和科尔曼的观点。Rothstein 和 Dietlind Stolle 关于斯堪的纳维亚半岛诸国的研究结论是，志愿团体的成员之间的信任度并不比非成员之间的信任度高，政府的福利政策并没有影响社会资本的建立，相反，普遍的无差别的福利措施还促进了社会资本和人与人之间的信任度的增长。此外，经济上的平等也能在较大范围内增大社会资本的数量，政府的腐败程度与社会资本量和社会信任度成反相关关系，政府越腐败，人们越不相信他人和政府，社会资本也就降低。①

国内的一些学者在研究中国当前的信任危机时，也主张通过政府的政策和法律法规来约束欺诈行为，增强制度信任，再带动社会信任。张静认为信任由两部分组成，一部分是对当事人的信任，另一部分是对维持信任机制的信任。缺少了其中任何一部分，信任都是不完全的。一个社会的普遍信任状况，与它的维持机制的效力相关，维持机制是信任的"保障体

---

① Bo Rothstein and Dietlind Stolle, "Introduction: Social Capital in Scandinavia", *Scandinavia Political Studies*, vol. 26 – No.1, 2003.

系"，因此她建议确立制度约束作为维持信任的社会机制，其核心是将各类经济行动者放置在相互监督的关系中。①

通过上文论述，社会资本和信任的形成大体有两种途径，即社会层面的和政府层面的，就前者而言，主要是通过社会关系和网络，增加人与人之间的密切联系来创造社会资本和社会信任；从后者来说，主要通过政府制定政策和法律法规，保证社会的平等性和公平性，从而增加社会资本和社会的信任度。对于当前中国社会资本和社会信任的缺乏问题，笔者认为可以从社会层面和政府层面双管齐下，来创造和维持社会资本和社会信任。

第一，就社会层面来说，当前城市社会资本和社会信任的降低与居住环境有极大的关系。中国传统的居住方式在北方是四合院，在南方有里弄和天井，这样的建筑形态为传统近邻，改革开放后出现火柴盒式的住宅，但这种住宅还带有走廊，户与户之间还能保持很多见面沟通的机会。20世纪80年代后期至90年代初，城市出现多层乃至高层商品房和别墅区，私密性很强，在提供邻里交往方面出现了与生俱来的缺陷；② 小区也缺少公共活动场所，即便某些小区有一定的活动场所，人们也很少聚集在那里聊天交流信息。笔者曾在网上看到这么个故事：说一个女骗子，冒充邻居家的女主人，"借"走了某个居住大楼100多户每家300元钱。这个故事当然是个极端的例子，但从中也可以透视出邻里之间关系陌生到何种程度。所以要提高社会资本和社会信任，可以从居住小区做起。比如建造居住小区时，多设计出一些公共活动场所，如茶馆、体育活动中心等；再如以居住小区为单位，居民委员会为中心，多举办一些社会活动，增加人们面对面的互动和密切人们之间的联系，先相互认识，后互帮互助，再将人们之间的义务和权利与互惠互利的规范联系起来，为社会资本和社会信任的再生产创造条件。

第二，就政府层面而言，首先，政府要管好自身，保持公务员的廉洁。政府官员靠腐败和欺骗为自己谋取利益，不仅阻碍制度信任的发展，而且损害其他公民之间的信任度。这大概是中国政府当前最紧迫的任务。其次，政府应当制定各种税收和福利政策，缩小贫富差距。20世纪90年代以来，全国城乡居民家庭人均收入的基尼系数在0.46～0.47，超过了国际上通常

---

① 张静：《信任问题》，《社会学研究》1997年第3期。
② 朱艳颖：《什么改变了邻里关系》，《楼市》2004年第10期。

认为的基尼系数在 0.3 ~ 0.4 的中等贫富差距程度。① 不解决不平等性和不公正性,社会安全和稳定都将成问题,更不用说促进社会资本和社会信任的形成了。

参考文献

涂尔干:《社会分工论》,渠东译,北京:三联书店,2000。

涂尔干:《自杀论》,冯韵文译,北京:商务印书馆,1996。

托克维尔:《旧制度与大革命》,冯棠译,北京:商务印书馆,1992。

李培林、李强、孙立平:《中国社会分层》,北京:社会科学文献出版社,2004。

董才生:《信任本质与类型的社会学阐释》,《河北师范大学学报》(哲学社会科学版)2004 年第 1 期。

弗兰西斯·福山:《信任——社会道德与繁荣的创造》,李宛蓉译,呼和浩特:远方出版社,1998。

王春光:《巴黎的温州人——一个移民群体的跨社会建构行动》,南昌:江西人民出版社,2000。

项飙:《跨越边界的社区——北京"浙江村"的生活史》,北京:三联书店,2000。

卫斐列:《卫三畏生平及书信——一位美国来华传教士的心路历程》,顾钧、江莉译,桂林:广西师范大学出版社,2004,第 230、237、240 页。

王绍光、刘欣:《信任的基础:一种理性的解释》,《社会学研究》2002 年第 3 期。

陈庆修:《诚信——市场经济的座右铭》,《中国国情国力》2003 年第 2 期。

张静:《信任问题》,《社会学研究》1997 年第 3 期。

詹姆斯·科尔曼:《社会理论的基础》,邓方译,北京:社会科学文献出版社,1999。

Bo Rothstein and Dietlind Stolle, "Introduction: Social Capital in Scandinavia", *Scandinavian Political Studies*, vol. 26 – No. 1, 2003.

COHEN, "In Good Company: How Social Capital Makes Organizations Work", *Harvard Bus. SC*, 2001.

Temple, Jonathan, "Growth Effects of Education and Social Capital in the OECD Countries", http://www. oecd. org/dataoecd/5/46/1825293. pdf.

Fabio Sabatini, "Social Capital as Social Networks. A New Framework for Measurement", http://ideas. repec. org/p/wpa/wuwpot/0506013. html.

朱艳颖:《是什么改变了邻里关系》,《楼市》2004 年第 10 期。

---

① 李培林、李强、孙立平:《中国社会分层》,北京:社会科学文献出版社,2004。

论当代转型时期环境社会学的
学科定位

潘　敏

20 世纪 90 年代以来，随着我国环境形势日趋严峻，环境社会学来到中国并获得广泛关注。但是，十余年来我国的相关学术活动多限于译介西方学理，实证研究不多，理论建设更寥，中国的环境社会学依然是"弱势学科"。概略而言，中国环境社会学受美日等国之影响甚深，美日学者关于本学科定位的观点，在中国多有同情者，而他们的理论成果却在中国少有应用和实证，多限于抽象学理之介绍。由于美日环境社会学所处的社会背景与承袭的学术传统与中国之实际差异甚大，评析多年以来本学科定位①中存在的典型误区实有必要。

一

总体而言，中国环境社会学学界在学科定位方面，主要接受了西方学

---

① 需要说明的是，所谓"学科定位"与"学科对象"是有区别的。前者是某个学科研究任务与范围、目的与价值的统一体，是该学科区别于他学科的质的规定性；后者是前者的具体化，是为了实现学科定位所必须展开的研究。前者解决的是"为何研究"，后者体现的是"研究什么"。因为事物之间的普遍联系性，所以学科对象往往具有广泛性，并且学科与学科之间的研究对象彼此渗透。因为事物之间质的不同规定性，所以学科定位需要相对的"狭隘性"与"精确性"，避免与其他学科重叠。例如，生态学的定位是：通过研究生物体与自然环境之间的关系，揭示自然界中广泛存在的某些联系（原称"自然界的经济体系"），而生态学的研究对象不仅包括生态系统、生物群落等属于自然范畴的客观存在，还包括物候、人类活动等可能影响"生态规律"的其他非自然存在。又如，社会学定位于"研究社会良性运行的条件"，研究对象却涉及政治、经济、文化和自然环境中的许多"非社会性"存在。同样，"可持续发展"是所有人文社会学科的研究对象，但其本身却没有影响各学科之间的区别。遗憾的是，许多研究者似乎并没有弄清楚并且常常混淆这两者。

者的两种观点。第一种可称之为"关系论"。美国环境社会学学者[①]施耐伯格（Schaiberg）、邓拉普（Dunlap）等人认为，环境社会学是"研究社会与环境之间的关系的学问"。[②] 国内对此有不少响应，尤其是那些热衷于以哲学化之语言，即所谓"范式"归纳论证者。例如有人断言：环境社会学存在某种"整合性研究"的"最新范式"，"自卡顿和邓拉普提出生态学研究范式以来，环境社会学领域先后出现过政治经济学范式、系统论范式、建构主义范式等，尽管具体的研究方法和研究对象不尽相同，但都是以社会学的理论和方法对环境与社会的关系展开研究……"，"整合性研究范式"，"充分体现出生物物理子系统、宏观社会子系统和微观社会子系统三者之间的互动关系"。[③] 近年来仍有人宣称，"环境社会学的首要任务"就是，"要在全面分析环境与社会对立统一关系的基础上，正确处理两者的矛盾，寻求实现环境和社会持续、协调发展的最佳方案"；而且，"环境社会学……根据自然发展规律和社会发展规律，并将这两种规律有机结合起来……解决环境问题，促进人类社会与自然环境的协调发展"。[④]

由此看来，环境社会学不仅要建立起某种宏大叙事的"范式"体系，还要对纷繁复杂的"对立统一关系"进行"全面分析"，彻底把握"自然发展规律和社会发展规律"以"解决环境问题"，非此无法称为环境社会学！

但是，关注"环境与社会之关系"的远不只环境社会学，还包括二级学科众多的环境科学和社会科学。环境科学就宣布它是"一门研究人类社会发展活动与环境演化规律的相互作用关系，寻求人类社会与环境协同演化、持续发展途径与方法的科学"。[⑤] 实际上，环境与社会之间是否具有"对立统一关系"，以及这一关系的属性与规律，是哲学中的认识论（如自然观）、本体论（如意识与客观存在之关系）、价值论（如自然环境的意义）、伦理论（如社会正义与生物种之普遍正义）、历史哲学论（如历史唯

[①] 应该把"学者"而不是"学家"这一词语冠于很多西方研究者人名之前。就学术研究本身而言，某一研究成果的客观存在与其实际的学术意义之间并不一定存在必然的联系，而只是可能的关联。滥用"学家"之称呼，有先入为主地滥造"权威"之嫌。此外，"学家"多见于"一级学科"有理论建树的学者，而次级学科的研究者很难称得上"学家"。

[②] 王子彦：《日本的环境社会学研究》，《北京科技大学学报》（社会科学版）1999 年第 4 期。

[③] 江莹、秦亚勋：《整合性研究：环境社会学最新范式》，《江海学刊》2005 年第 3 期。

[④] 董小林、严鹏程：《建立中国环境社会学体系的研究》，《长安大学学报》（社会科学版）2005 年第 2 期。

[⑤] 程发良、常慧：《环境保护基础》，北京：清华大学出版社，2002，第 11 页。

物主义）所指向的范畴与承担的目的。而哲学往往体现某一时代最深刻层次的要求，反映某一时代精神的特征。自19世纪后期始，由于工业文明导致了诸多触目惊心的社会问题，西方思想界对那一时代主导的哲学观念与意识形态进行了深刻批判。马克思主义虽然与各种"主义"对立，但在批判性、反思性方面具有共同的特征。近30年来，随着威胁人类生存与发展的诸多社会危机的出现，批判与反思的焦点集中于环境问题与工业化、现代化，等等，由此产生了环境哲学与各种思潮（如未来主义、生态社会主义等），并在此基础上出现了可持续发展思想，生态学、环境科学、系统动力学等学科之势力大盛。这些哲学与思潮流派尽管众说纷纭，但是对环境与发展、自然与社会之关系的反思、对人类社会终极命运的高度关怀等方面则具有普遍性特征。这深刻说明："哲学的时代精神"是清晰存在的，环境与社会之辨已经成为我们这一时代主要的哲学精神之一。

高度关注社会现实、具有鲜明批判传统的美国社会学必然深受这一时代精神影响。早在20世纪20~40年代，美国社会学就积极借鉴环境哲学与生态学的研究成果反思"传统"社会学，提出：环境是一个影响社会发展、社会结构乃至社会心理的重要变量，社会学必须充分考虑而不是虚置这一变量。芝加哥学派的帕克（Park）等人以生态学概念来理解阶级、民族与城市土地使用的空间分布等社会现象，试图创立所谓"人类生态学"。20世纪50~60年代，邓肯（Duncan）等人继承了帕森斯的结构功能主义传统，将"人类复合体""扬弃"为"生态复合体"，把环境作为平行于人口、技术、组织的四大"功能体"之一，力图建立人类社会与自然法则的某种"总体图式"。邓拉普和卡顿的《环境社会学》显然也不例外，他们不仅将传统社会学归结为"人类例外范式"（Human Exceptionals Paradigm），声称要建立"新环境范式"（New Environment Paradigm）以研究社会学，还修正了"生态复合体"理论，确定了所谓的"环境的三纬竞争"和"生态学框架"。① 这些"范式"也好，"框架"也罢，实际上已经远远站在了环境社会学和社会学范畴之上，性质上正是西方思想界批判工业文明与现代化的产物，是关注环境与发展这一"时代精神"在社会学领域的反映，并无多少"范式"类的"革命性"特征。假如将他们的研究归于环境社会学门下，

---

① 刘耳：《环境社会学：生态哲学对社会学的挑战与启示》，《哈尔滨工业大学学报》（社会科学版）2001年第2期。

后者显然难以承受这一"宏大"使命之重。

就像许多人容易混淆历史唯物主义、科学社会主义与社会学一样，中国不少研究者不仅没有搞清楚以上所述的时代精神与环境社会学的关系，而且混淆了一些西方学者的多重身份。有人试图用"类型学方法"，将西方环境社会学理论研究概括为"环境学的环境社会学"和"社会学的环境社会学"两类，评价"一部分学者，试图从传统社会学理论中发掘资源，以建立有助于理解环境与社会关系的理论框架；另一部分学者，则试图检视理解环境与社会关系的概念和方法论问题。这两种研究的最终结合，无疑将有助于增进环境与社会关系的理解，从根本上有助于环境社会学的发展"。① 但实际上，前者正是研究环境与社会之关系的那种哲学化的"环境社会学"，即环境哲学。与此对应，不少西方学者在其学术著作中实际上是以不同的身份出现的，他们时而在其论述中表现出环境社会学者的学术兴趣，时而又以某些"宏大理论"表明他们还企图成为"环境哲学家"。遗憾的是，国内相当一部分研究者没有分清他们的学术研究中环境哲学和环境社会学的界限，将那些哲学思辨性的"关系论"误认为是"西方环境社会学"的"发展"成果。这些对学科定位与学者身份的重大误解，其实是一种"只见树木、不见森林"式的错误：我们没有站在时代精神的高度来定位环境社会学，却局限在环境社会学的狭小空间中来观察环境哲学。这就是"关系论"之谬误的核心所在。

环境与社会的关系之辨属于哲学，它应当成为一个环境社会学研究者提高学术水平所必需的理论基础，也是环境社会学的"指导思想"或指导理论，但它并不是、不可能，也没有必要变成环境社会学的学术使命与意义指向。在某种程度上，"关系论"实际上是把社会学定位上的无边界化错误延伸到了环境社会学，把唯西方学术为时髦、不思考、不鉴别的不良风气带到了环境社会学的研究中。囫囵吞枣式的照搬主义之风实可休矣！

第二种可称之为"影响论"。典型阐述者为日本知名学者饭岛伸子，她指出，环境社会学是研究"环境的变化带给人类社会生活的影响、作用以及人类社会对环境造成的影响及反作用的一门学问"；她后来又补充说，"环境社会学……是基于社会学的方法、观点、理论来讨论物理的、自然

---

① 洪大用：《西方环境社会学研究》，《社会学研究》1999 年第 2 期。

的、化学的环境与人类生活和社会之间的相互关系，尤其是环境的变化带给人类社会生活的影响、作用以及人类社会对环境造成的影响即反作用的一门学问"。① 看来，她是要在抛弃那种大而化之的"关系"论的基础上，"尤其"要研究"环境对社会的影响与社会对环境的影响"，是这两种"影响"的某种统一。

可以举出太多的实例，证明我国有不少人支持"影响论"。但是，这一观点是不是在抛弃了哲学化谬误后，又陷入了似是而非的模糊泥潭里呢？首先，让我们来鉴别"环境的变化带给人类社会生活的影响"。确实，"环境的变化"作为环境问题本身，不可能不对身处其中的人类社会产生影响。问题是：这些影响是指向"生物人"或群体的结果（如健康）呢？还是指向"社会人"或组织的结果（如贫困）呢？影响的程度、范围如何？显然，在这里所谓"影响"的含义不仅包含着社会学意义，也被赋予了自然科学的意义。事实上，即使是揭示其中的一点——例如影响的后果——也是一个非常艰巨的任务，不可能由环境社会学一门学科来回答，还必须依赖环境医学、环境化学等众多学科的答案。

其次，让我们再来讨论下"人类社会对环境的影响"，即反作用。基于人类行为的多样性、自然本身的复杂性与人类认识的有限性，自《增长的极限》问世以来，"有目的的人类行为会产生许多意想不到的后果"，"生态法则"规定了人类活动必须具有"潜在的限制"之类的观点越来越成为共识，但是此类结论和预见的基础，却多半是建立在技术层面上的，多半是自然科学家与环境哲学家关心的领域。尤其是，我们显然不能把技术性行为的影响归结到环境社会学的意义之中，因为弄清楚人类社会对环境的影响到底如何的任务实在宏大与艰巨！

事实上，即使是追求"高度精确化"的自然科学，至今还在一些表面是"常识"的问题上争论不休。例如，关于人类对环境的影响程度问题，传统生态学假定：人类活动要建立在"环境容量"和"生态承载力"的基础之上。但直到数学与计算机技术高度发达的今天，也没有哪一个生态学家准确地计算出了某个区域具体的"容量"和"承载力"。《增长的极限》承认，"（我们）并不知道对地球上天然的生态平衡可以扰乱到什么程度而没有严重后果，也不知道可以释放多少 CO_2 或热污染而不引起地球上气候

---

① 王子彦：《日本的环境社会学研究》，《北京科技大学学报》（社会科学版）1999 年第 4 期。

的不可逆变化"。① 又如关于"生态平衡"——这仿佛是举世所公认的一个概念，20 世纪 80 年代以来的许多研究证明所谓"平衡"只是某些生态学家臆造的概念，真正的"平衡"从来没有过，至少至今为止还没有见到过实际的例子。② 再如，目前有"越来越多的科学家"认为地球正在进入所谓"人类纪"，断言"人类对环境的影响并不亚于大自然本身的活动"。③ 但是，环境社会学显然无法，更没有必要讨论"人类纪"是否为真命题。

看来，把环境社会学定位于"影响论"，主要的危险在于把本学科和众多的环境科学学科混淆起来。这一危险主要来自对"环境问题"和"环境影响"的本质认识不清。环境问题一般分为自然界本身运动引起的原生环境问题和人类行为引发的次生环境问题。就"环境影响"而言，原生环境问题导致的结果多为"自然灾害"，这显然只是一种自然事实，应当被环境社会学排除在外。而后者却多为社会事实与自然事实的组合。因为，一方面，环境问题对"生物人"的影响，属于物理化学性的、医理性的，是由自然事实引发的某种自然事实。两种自然事实之间的相互影响和相互作用，是生物性的、技术性的关系。揭示这两种自然事实的性质，显然是技术与自然科学学科的任务。另一方面，环境问题对社会之影响的后果还包括某些社会存在即社会事实，例如生产方式、生活方式和思维方式（社会意识）的变化。与此对应，人作为生物人，其生存愿望所决定的人类与自然之间能源物质交换的行为与动物一样对环境造成影响，此类影响无疑是自然性的，是一种自然事实。但是，人的本质更多的是作为"社会人"而存在，受社会性欲望（比如占有更多物质财富、维护私有制以占有他人劳动、渴望更多物品的消费主义、摆脱贫困等）驱使或导致的人类活动（比如工业化、城市化）或社会问题（如奢侈消费、社会不平等）引起的环境问题，却显然是一种有别于自然事实的社会事实。

人类对环境问题的认识史表明，环境问题不仅是一个单纯的技术问题，而且是一个社会问题，单靠治理技术只能治标，必须依靠"社会的整体发展""科学发展"才能治本。把环境社会学归于"影响论"的根本错误，就

---

① 丹尼斯·米都斯等：《增长的极限》，李宝恒译，长春：吉林人民出版社，1997，第 50 ~ 51 页。

② 唐纳德·沃斯特：《自然的经济体系——生态思想史》，侯文蕙译，北京：商务印书馆，1999，第 388 ~ 411 页。

③ 辛可：《地球进入人类纪环境面临震荡》，《中国环境报》2004 年 8 月 31 日。

在于把"影响"和"问题"的自然性与社会性混淆起来，从而实际上又回归到了人类对环境问题的低水平认识阶段。这就是说，环境问题与人类社会之间的相互"影响"与"作用"，在环境社会学中是作为某种社会事实而存在的，而不是作为生物的、物理化学的自然性存在；是因为它的社会性才获得了学术价值，而不因其自然性取得学科意义。这些社会事实，正是环境社会学所研究的、区别于其他学科的独特范畴。环境社会学研究的"环境问题"和"环境影响"的本质，并没有脱离迪尔凯姆的"社会学方法"之"准则"范畴，并没有产生另外一种"范式"。

二

综上所述，环境社会学之定位的主要误区，在于容易犯哲学化和模糊化的错误，这些错误使其似乎总是一种朦胧的模糊存在，这种错误使其清晰轮廓至今为止依然沉陷在令人迷惘的迷雾中。我们应当仔细鉴别西方学者的观点，独立思考，努力防止这种错误。同时，环境、社会这两个名词本身的含义都非常复杂，环境社会学要把这两个名词集成在一起并且期待着人们来认识它，必须把弄清楚它与相似学科的区别当成一项紧迫的任务。

首先，环境社会学应当在弄清楚自己与社会学、环境科学的界限的过程中实现定位。哲学化和模糊化的错误实际上具有某种思路暗示：前者倾向于逃离社会学，结果却发现自己陷入了哲学的陷阱；而后者倾向于逃离环境科学，结果却又抹杀了自身的社会学特征。通过前文的论述，我们可以简洁明了地认为：环境社会学具有双重属性，一方面，它是社会学的分支学科（或称部门学科），另一方面，它又是环境科学的基础学科。就分支学科而言，它研究的是环境与社会之间具有社会学意义的部分，而不是笼统的"关系""影响"和所有的"相互作用"。就基础学科而言，它为环境科学提供环境问题的社会学原理，而不是技术、生态、物理、化学、地质之类的技术性阐释。[①] 图1表明，环境社会学是环境科学体系中"基础环境学"中唯一的人文社会科学之学科存在。

---

① 何强等：《环境学导论》，北京：清华大学出版社，1994，第9～10页。

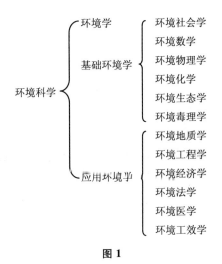

图 1

如此，则环境社会学的基本定位是社会学与环境学科之间重叠的那一部分，哲学覆盖大椭圆之范围，其他学科覆盖两个学科未覆盖的区域（如图 2 所示）。

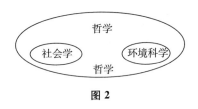

图 2

鉴于环境社会学的主题显然是次生环境问题（以下简称环境问题），上述重叠部分可以简要地归纳为以下三个基本方面。

第一，环境问题的社会根源，或导致环境问题的社会事实。前文已经论述，应当把"社会根源"与自然根源区分开来，后者造成的是原生环境问题。为了防止环境社会学与环境科学混淆，重点要把它与作为"自然事实"的科技根源划分清楚。环境社会学研究的不是某些科技本身与环境问题之间的联系，而是这些科技如何与社会因素结合起来，产生了影响。也就是说，与其说是技术产生了环境问题，毋宁说是采用技术的社会造成了环境问题。例如，20 世纪 60 年代，DDT、除草剂被发现具有对许多动物的毁灭性危害后，人类逐渐放弃了采用这一技术。但是研究发现，与其说是除草剂这一技术造成了危害，还不如说是人类社会急于解决粮食问题、有关制造商寻求高额利润等因素促成了这一著名环境问题的产生。

　　第二，环境问题的社会影响，或环境问题导致的社会事实。环境问题对社会的影响，既包括对人体与动物的生物性影响（如污染物的"三致性"），对人类生活与生产所依赖之环境质量的生态性、物理与化学性危害（如生态失衡、污染加剧），也包括社会性的后果，即社会事实。环境社会学要揭示的是环境问题产生了哪些"社会事实"。比如，环境形势之严峻导致"环境意识"的增强和"环境文化观"的出现，"绿色 NGO"（绿色非政府组织）的发展壮大，"绿党政治""环境运动""绿色外交"等政治现象的繁衍。

　　第三，环境问题的社会控制。这是前两个方面的逻辑继续，即是指，为了消除环境问题的社会根源、弱化环境问题的不良社会影响而提出的社会对策。如上图 1 所示，环境社会学在环境科学学科体系中的基础性地位突出地表现在：它是涵盖了"应用环境学"中的环境经济学、环境法学、环境管理学等社会科学性质的学科。后者实际上是环境社会学在对策领域的具体展开，是前者学术价值的具体体现，它们互相支持、互为因果。与此同时，环境社会学所具有的社会学特征——综合性与整体性——也在这里得到了充分体现。

参考文献

　　王子彦：《日本的环境社会学研究》，《北京科技大学学报》（社会科学版）1999 年第 4 期。

　　江莹、秦亚勋：《整合性研究：环境社会学最新范式》，《江海学刊》2005 年第 3 期。

　　董小林、严鹏程：《建立中国环境社会学体系的研究》，《长安大学学报》（社会科学版）2005 年第 2 期。

　　程发良、常慧：《环境保护基础》，北京：清华大学出版社，2002，第 11 页。

　　刘耳：《环境社会学：生态哲学对社会学的挑战与启示》，《哈尔滨工业大学学报》（社会科学版）2001 年第 2 期。

　　洪大用：《西方环境社会学研究》，《社会学研究》1999 年第 2 期。

　　丹尼斯·米都斯等：《增长的极限》，李宝恒译，长春：吉林人民出版社，1997。

　　唐纳德·沃斯特：《自然的经济体系——生态思想史》，侯文蕙译，北京：商务印书馆，1999。

　　辛可：《地球进入人类纪环境面临动荡》，《中国环境报》2004 年 8 月 31 日。

　　何强等：《环境学导论》，北京：清华大学出版社，1994。

环境社会学主要理论综论

——兼谈中国环境社会学的发展

潘　敏　卫　俊

环境社会学具有双重属性，一方面，它是社会学的分支学科，另一方面，它又是环境科学的基础学科。就分支学科而言，它研究的是环境与社会之间具有社会学意义的部分。就基础学科而言，它为环境科学提供了研究环境问题的社会学原理。[①] 综合而论，30 多年来国内外环境社会学发展过程中的理论成果，符合这种学科定位并相对成熟的大致有"环境建构主义"理论、环境公正理论、社会体制论、社会对策理论这四类理论。本文试图理清这四种理论，并谈谈中国环境社会学的发展。

一　"环境建构主义" 理论

这一理论由于极富社会学特征而备受瞩目。"环境建构主义"理论承认环境问题的严峻性，但其研究重心并不在环境问题的客观性，而在环境问题的"社会性"。加拿大学者汉尼根的研究最为典型。在研究 20 世纪 60 至 70 年代西方国家的"环境运动"时，他所关心的问题主要是：为什么一些环境问题早就存在，但只是到特定时候才引起广泛注意；为什么有些问题引起了广泛注意，而有些问题却"默默无闻"。他的研究发现：所谓"环境问题"，往往是经过了一个复杂的"社会建构过程"才注入我们的头脑中。在《环境社会学》一书中，他声称，"公众对于环境的关心并不直接与环境的客观状况相关，而且，公众对于环境的关心程度在不同时期并不一定一致。事实上，环境问题并不能'物化'自身，它们必须经由个人或组织的建构，

---

① 何强等编《环境学导论》，北京：清华大学出版社，1994，第 9~10 页。

被认为是令人担心且必须采取行动加以应付的情况，这时才构成问题"。[①]
也就是说，环境问题的客观性与"社会性"是两个不同的概念，前者是自然
事实，后者实际上是一种社会事实；环境问题的意义并非客观赋予，而需
通过某些途径和符号来建构。

"建构主义"理论富有鲜明的批判性。例如，格尔布斯潘（Ross Gelbs-
pan）深刻分析了不同的利益群体对气候变暖问题产生的影响。[②] 这说明，
某些环境问题之所以成为或没有成为"问题"，实际上反映了"不同的社会
权利对环境的主张"。还有一些学者着重揭示建构的手段与途径。例如，美
国学者安嘎（Ungar）强调，"宣言的制造者"（Claims—makers）和媒体在
引起社会注意到全球变暖方面起到了重要作用。汉尼根认为，成功地建构
环境问题，至少需要具备科学权威证实、科学普及者、媒体、经济刺激、
符号象征、赞助者六个因素。

究其学术路径与研究方法，环境建构主义理论表面上源于科学社会学
中的"解释学"与"后现代主义"思潮，实则与法兰克福学派开创的"时
代精神"紧密相关。福柯——这位"20世纪后半叶最具有震撼力的思想
家"——的《规训与惩罚》《疯癫与文明》等著作，开创了一条探究权力如
何创造秩序、知识如何塑造社会、强权如何建构话语的学术路径，对西方
学术研究产生了持久而广泛的影响。他极力主张的"知识考古学"认为，
"所有的知识、思想及信仰，实际上都是和权力有关系的。权力能够建构知
识，而知识反过来又成为权力"。[③] 在"后现代"和"信息时代"，媒体、技
术、官员等构成了一个无形的权力系统，"在今天的世界上，知识、信息、
技术以及传播的能力恰恰是经济活动、文化事件、政治权力的来源"，"权
力转化了形式，与知识、技术的关系成了行动与权力的来源"。[④] 这一权力
系统使所有人不得不在"信任与信赖"中生存。"包含在现代制度中的信任
模式，就其性质而言，实际上是建立在对知识基础的模糊不清和片面理解之
上的"，"与其说（我们）是信赖他们（即专家系统），还不如说是更信赖
他们所使用的专门知识的可靠性，这是某种通常我自己不可能详尽地验证

---

① 洪大用：《西方环境社会学研究》，《社会学研究》1999年第2期。
② 格尔布斯潘：《炎热的地球》，戴星翼译，上海：上海译文出版社，2001，第78~96页。
③ 葛兆光：《思想史研究课堂讲坛录——视野角度与方法》，北京：三联书店，2005，第51~57页。
④ 卡斯特斯：《流动的空间与全球转型》，《读书》2005年第10期。

的专业知识"。① 如此看来，某一"环境问题"成为"问题"，而另外一个却没有成为问题，难道不是那些专家、学者与政府、媒体以及形形色色的权力集合在一起，逐渐"建构"在我们头脑中，而我们无法抗拒、难以验证、只能信任的主观存在吗？

由于现代社会的信息不对称和高度分工的特征，环境问题并非是一种"常识"。人们之所以"一致同意"或者"一致不反对"某个环境问题值得付出代价加以解决，是因为那种种权力的无形力量反复地刺激着我们的意识；而实际上我们却可能对这些"问题"一无所知。"如果数以千计的人们并不知道他们正在被核工厂的辐射泄漏所污染，这种辐射污染还是一个社会问题吗？"② 吉登斯说，"人们对有关社会生活的知识了解得越多，就越可以更好地控制自己的命运，是一个假命题"。③ 假如建构者并不代表真理，或者不是为了维护真理，甚至是为了利用真理，那么我们所了解的许多"环境问题的知识"，难道不会有可能是一种虚假存在吗？

"建构主义"理论对中国的环境社会学研究有多大的意义呢？中国正在迅速地工业化和"城镇化"，环境形势日趋严峻，环境问题不断积压，呈现"压缩性特征"。"在经济发展的同时，由于增长方式、管理方式、法制体制等方面的原因，同样在短短的 20 年的时间，我们的环境问题集中表现出来，是一种'压缩式'的环境问题。目前，我国的环境形势依然严峻，这是我们的基本判断。"④ 而另一方面，中国的国情又决定了我们无法一下子解决所有的环境问题，必须集中精力优先解决那些"突出的环境问题"。但是，哪些应该被视为"突出的环境问题"呢？这一问题并不简单，特别是在我们这样一个公众话语权、公众参与权还很不发达的国家里，一旦这种界定的过程与结果出现了问题，那么这首先就意味着公共资金投向的合理与公平出了问题。也就是说，"突出的环境问题"的"建构过程"，可能与社会结构

---

① 安东尼·吉登斯：《现代性的后果》，田禾译，黄平校，南京：译林出版社，2000，第 24、38 页。

② 李友梅、刘春燕：《环境社会学》，上海：上海大学出版社，2004，第 40 页。

③ 安东尼·吉登斯：《现代性的后果》，田禾译，黄平校，南京：译林出版社，2000，第 38 页。

④ 解振华：《树立科学发展观，大力推进生态省建设》，《中国环境报》2004 年 2 月 6 日。关于中国环境形势之严峻的论据，还可参见国家环保总局发布的相关信息。如，解振华：《以科学发展观为指导全面加强新时期环境保护》，《中国环境报》2004 年 6 月 5 日。该文断定我国的环境问题主要表现在三个方面："主要污染物排放量大，全国江河湖海普遍受到污染，城市空气仍处于较重污染水平；污染结构发生变化；生态退化趋势尚未得到根本遏制。"

存在密切的关联。

显然，"建构主义"理论要求环境社会学具有严格的价值中立立场、足够的批判精神和社会良心。但是，由于学科发展不成熟，以及一些人所共知的体制性原因，中国的环境社会学较少问津这一领域。

二 环境公正（公平、正义）理论

公平与正义是伦理学和社会学关注的重要主题，环境社会学将环境公正论引入本学科，是符合学科发展逻辑的自然现象。伦理学和社会学认为：一个不平等地分配利益和负担的社会是不公正、违反社会正义原则的。由此，环境社会学首先关注的是，"谁"应该对环境问题负有更多责任？在代际层面上，当代人显然对后代人负有天然的责任。在国家层面上，发达国家对环境问题，特别是一些全球性环境问题理应承担更大的责任的观点，早已被广泛认同。正如中国在 1992 年联合国环境发展大会上的发言所明确表述的："保护环境是全人类的共同任务，但是经济发达国家负有更大的责任。从历史上看，环境问题主要是发达国家在工业化过程中过度消耗自然资源和大量排放污染物造成的。就是在今天，发达国家不论是从总量还是从人均水平来讲，资源的消耗和污染物的排放仍然大大超过发展中国家。"① 在一国内部，某些有钱有势的"成功人士"或许一年要享用 100 多双鞋② 才能满足消费欲望，但假如人人都如此，那么制鞋厂要增加至少 20 倍，消耗的牛皮或者人造革、排放的污水也将增加 20 倍，所以，他们根本就没有资格奢谈正义。正如日本学者户田清指出的，"应该认真审视所谓'人类在破坏自然平衡'这种论调，并不是人类社会所有的人都在污染环境，那些为了经济利益而不顾环境的国家、企业和个人应该对环境问题承担责任"。③

由"环境责任"派生的两个问题是："谁"更多地受到了环境问题的侵害，"谁"在某些环境政策中更多地受益？很多研究发现，几乎所有的社会都倾向于把环境负担最大限度地加付于"弱势群体"，例如穷人、有色人

---

① 《中国 21 世纪议程（前言）》，北京：中国环境科学出版社，1994。
② 参见新浪网 2005 年 9 月 "李敖神州文化之旅"的有关专题。
③ 该学者撰写的《追求环境的公正》一书系统探讨了环境问题与社会不平等之间的关系，国内尚无译本。转引自王子彦《日本的环境社会学研究》，《北京科技大学学报》（社会科学版）1999 年第 12 期。

种、发展中国家，权利与责任、受益与负担之间是失衡的。在国际层次上，主要由于不公平的国际政治经济秩序，穷国比富国更多地承受了森林破坏、荒漠化、空气和水污染等环境问题的后果。在一国内部也是如此。20世纪70年代中期，美国社会学家证实，有毒废弃物堆积地、污染工业总是位于穷人和少数民族密集的社区或其周围。日本环境社会学者也在研究"公害"过程中发现了大量有关论据，"被害者以工人阶级、农民和渔民为中心，集中于贫困阶级及受歧视的少数民族"。① 在后一个问题上，许多事实证明：政府的环境政策往往倾向于使那些有权有势阶层更多地受益，而且后者也比普通百姓更有条件逃离环境危害，因为每一社会都不乏乐于拍富人之马屁者，改善环境的社会资源通常会向那些"高尚社区"积聚，"急剧性资金"通常倾向于毁灭贫困社区。② 美国《国家法律杂志》1992年主持的一项研究指出，"美国政府在清除有害废弃物和惩罚排污者的方式上存在着种族区分。白人社会较之黑人、西班牙裔和其他少数民族居住的社区，看起来行动快、结果好、处罚重。这种不平等的保护经常发生在穷富社区之间"。③ 此外，与建构主义理论不同的是，不仅仅是学者，而且官方机构对环境公正问题也给予高度关注。1991年"首届有色国家人民环境领导高级会议"系统概括了关于环境公正的17条原则。1992年，美国国家环保局专门设置了社区环境公正办公室。

维护社会正义，是任何学科所必须坚守的底线。环境正义是社会正义的重要组成部分。在当代社会的严峻现实中看待环境公正问题，尤其要把"环境权"与生存权紧密相连起来，因为前者虽然是后者的前提，但必须以后者为基础。当代中国处于激烈的社会转型与变迁过程中，地区之间、城乡之间与人群之间贫富差距大、社会结构多元化，环境公正理论对中国的环境社会学发展有着重大意义。一方面，要努力理清责任界限，避免不公平地承担环境义务。例如，我国东部地区即将率先进入现代化，假如忽视西部地区的生存权，片面要求后者承担维护国家"生态安全"的义务，显然极不

---

① 宫本宪一：《环境经济学》，朴玉译，北京：三联书店，2004，第96～98、126～132页。
② 宫本宪一：《环境经济学》，朴玉译，北京：三联书店，2004，第166～183页；简·雅各布斯：《美国大城市的死与生》，第三部分关于贫穷社区与"急剧性资金"的论述，南京：译林出版社，2005；查尔斯·哈珀：《环境与社会——环境问题中的人文视野》，肖晨阳译，天津：天津人民出版社，1998，第300～305页。
③ 叶文虎：《可持续发展引论》，北京：高等教育出版社，2001，第14～116页。

公平，也难以产生实效。正如一位作者写道："长期以来，中西部的能源产区一直扮演着为东部经济做贡献的角色，但在体制改革和经济结构调整的过程中，由于国有经济的高比重，它们却往往成为起点不公现象发生的重灾区。假如没有一套有效的规章制度和合理的转移支付机制，它们会有动力去制止资源的过度开发吗？它们会有动机去'为子孙后代着想'吗？"①

另一方面，尤其要注重研究弱势群体，维护本应属于他们的环境正义。"大宝山村民饮水事件"就是一个典型。位于韶关市区南部的大宝山地区金属矿产丰富，1969 年，广东省属企业大宝山矿投产，大量采矿、选矿废水使附近 21 个自然村的村民饮水困难，农田受污。2004 年 7 月，国家环保总局决定"组成精干小组专门赴广东调查"。2004 年 9 月，广东省终就修建水库、解决农民饮水问题的资金来源达成共识：总投资 1431.38 万元，省财政解决 429 万元，韶关市和大宝山矿业有限公司各负担 501.19 万元。事后，国家环保总局"有关专家"说："解决环境与健康问题，需要我们真心实意地关心老百姓的疾苦、做老百姓的代言人。为什么村民饮用干净水这样一个简单的要求，需要苦苦等待 36 年，经受人们无法想象的苦难，甚至付出生命的代价，而在舆论界和上级部门介入后，很快便得到了解决？"他坦陈"解决环境与健康问题，需要重点分析问题背后的利益格局，让利益获得者治理环境污染并补偿环境权益受损者"。② 中国的环境社会学在这一方面应该有更多的作为。

环境公平理论还有助于我们辩证地认识所谓"环境意识"之"高低"问题。的确，人只有认识到环境问题的危害才愿意参与到环境保护的伟大实践中去，环境意识意义重大。但问题是，环境问题本身并不能产生意识，某种"环境意识"，总是依托于特定的主体而存在；某人之"环境意识"，通常与其具体处境密切相关。环境意识因人、因群体、因地域而异，归根到底，因利益主体之异而异。所以，很难存在什么"普遍的环境意识"；环境意识的高低，在本质上是一种价值判断，呈现强烈的主观性特征。所谓"提高全民的环境意识"，体现的往往是某种精英情结，反映的往往是少数学者和官员的"环境意识"。例如，某一"成功人士"或者政府官员往往倾

---

① 梁正等：《中国十位著名经济学家批判》，上海：学林出版社，2002，第 72 页。
② 家建树：《国家环保总局督办饮用水污染问题，三千村民受益，苦苦期待 36 年的难题破解》，《中国环境报》2005 年 10 月 24 日。

向于认为，"环境问题，人人有责"；某"弱势群体"的一员则可能会意识到"环境问题，政府有责"。发达地区的市民倾向于认为"解决环境问题，可以牺牲部分经济利益"；落后地区的穷人却可能会认为"解决环境问题，先富者应当首先牺牲自己的利益"。就环境公正的角度来说，前者能轻率断言后者"环境意识低下"吗？

二 社会体制论

"社会体制论"这一名词为本文所归纳。综观日本、欧美学者对环境问题产生的社会根源之研究，越来越多的观点倾向于同意社会体制是环境问题产生的根本原因，不消除某些体制性根源，环境问题就无法解决。日本环境社会学关于"公害"产生原因的研究是一个典型。[①] 日本学者宫本宪一认为，"公害"产生的根源，在于政府以经济增长为根本目的，成为"企业政府"，与某些大企业形成了联盟，再加上资本主义社会奉行的土地私有权与解决"公害"问题发生根本矛盾，因此政府大多推行调和的宽松的环境政策；假如不消除这一"资本主义体制"，"公害"就无法消除。[②] 与日本学者相比，欧美学者将批判矛头指向从"企业政府"上升到整个资本主义所赖以存在的生产体制与生活方式，即社会根本制度的层面。法兰克福学派最早把生态危机与资本主义的批判联系起来。马尔库塞20世纪60年代就意识到环境问题与资本主义制度之间的内在联系，认为"生态危机已不是一个纯粹自然的、科学的问题，它本质上是资本主义政治危机、经济危机和人的本能结构危机的集中体现"。产生于20世纪70年代、极盛于20世纪90年代、以德英学者为主的"生态社会主义"理论家则从不同角度论证：资本主义制度是生态危机的根源，因为资本主义无限追求利润，资本主义生产方式使环境成本外部化，本质上存在"经济合理性"与"生态合理性"

---

① 所谓"公害"，是指"对自然及生活环境的侵害，因此而引发人类的健康障碍或生活困难等社会灾害"。因此，公害实际上是指那些对健康与生活构成威胁的环境污染与生态破坏问题。20世纪50至60年代因重金属污染导致的"水俣病""痛痛病"等"公害事件"，是日本社会创痛的记忆。主要因为此一社会背景，日本环境社会学具有关注现实问题"显著的本土化"等鲜明特征。参见王子彦《日本的环境社会学研究》，《北京科技大学学报》（社会科学版）1999年第12期。

② 宫本宪一：《环境经济学》，朴玉译，北京：三联书店，2004，第166～183页；饭岛伸子：《环境社会学》，包智明译，北京：社会科学文献出版社，1999。

的矛盾；资本主义的生产方式不仅决定了人与人之间的关系，而且决定了人类与自然的关系。① 美国学者施耐伯格（Allan Schnaiberg）提出的所谓"生产的传动机制"和"苦役踏车"（a treadmill of production）理论，与"生态社会主义"的观点相互印证。他认为，资本主义社会的政治经济制度造成一种大规模生产、消费和废弃的"经济扩张"和丝毫不受限制的"竞争逻辑"；环境问题因为资本集中和集权，以及资本主义国家与垄断经济部门之间的关系发生变化而不断恶化；只要这种"苦役踏车"似的政治经济制度存在，环境问题就不可能得到最终解决。②

人类社会对环境问题的认识史表明，环境问题的根源确实在于社会本身。问题是，中国的环境社会学除了批判资本主义体制根源，是否有必要追问：中国存在类似于"企业政府"和资本主义体制性的问题吗？中国是一个社会主义国家，这一点决定了中国的环境政策从根本上是"以人为本"，代表最大多数人利益的，不存在忽视公众环境权的"企业政府"。但无论是政治学的公共选择理论，还是新制度经济学的研究，都是将国家、政府视为一个特殊的利益集团来看待的。"政治人"同样是"经济人"，而远非什么抽象的"道德人"。"中国政治产生了一种悖论性的情形：尽管国家机构作为一个无所不在的庞然大物依然存在，但这些机构已经不再履行，或不完全履行国家的职能。国家的层层职能机构正在演变为追求各自利益的行为主体。""与其说它们在搞市场经济，还不如说它们在利用市场经济。"③ 此外，国家性质与国家体制是两个不同的概念，尤其是当我国的社会主义制度与市场经济体制结合在一起的时候，许多事实证明，公共权力机构往往呈现强烈的利益化倾向。例如，近几年来，"官员入股煤矿"的问题反映出：小煤矿存在的安全与环境问题根源不在于煤矿本身，而在于其背后的社会体制。2003 年湖南嘉禾县发生的强制拆迁事件也证明，公共权力机构的利益化倾向远非个别案例。此外，自上而下的"政绩"考核又偏重于经济增长等"看得见"的指标，这必然进一步促成地方政府某些行为的走形，尽管很多都披着"发展大局"的外衣。

当前，大多数地方政府的工作中心都是发展经济。理论上来说，只有

---

① 段忠桥主编《当代国外社会思潮》，北京：中国人民大学出版社，2001，第 244～261 页。
② 查尔斯·哈珀：《环境与社会——环境问题中的人文视野》，肖晨阳译，天津：天津人民出版社，1998，第 334～335 页。
③ 李强：《后全能体制下现代国家的构建》，《战略与管理》2001 年第 6 期。

"蛋糕做大了",大家才能分到"更大的蛋糕"。问题是前者与后者之间的关联往往是某些官员与学者主观臆想中的产物,前者只是为后者提供了一种可能而不是必然,并且远不是唯一的可能。事实上,"所谓自然而然的转变从来没有发生过。如果没有国家的政策干预,按照自由市场的规则,只能是富者愈富,贫者愈贫"。① 在这一大背景下,在研究中国环境问题的体制性根源时有两类典型的表现值得关注。一是政府很关心"改善投资环境",却对"改善生产与生活环境"相对漠视。例如,卫生部 2014 年公布,目前全国已有 2 亿人受到职业病危害(例如长期接触粉尘污染、化学物质导致健康受损),其中绝大部分是农民工。又如,在中国的许多城市,营造优美环境的大量投资往往流向高档住宅区,很多老社区的污水、噪声扰民之类"小问题"却长期存在。二是政府很关心"看得见的环境",却对内在的环境问题相对忽视。例如 20 世纪 90 年代末以来,全国许多地方出现过"城市美化运动"热潮,② 政府在"大手笔"建设大广场、大马路的同时,城市污水处理率却一直偏低,水污染不断蔓延。揭示这些现象的社会体制根源,无疑将成为中国环境社会学不容回避的重要课题。

四 社会对策理论

基于环境问题的社会危害性,环境社会学在"社会控制"层面上的学术研究其实很早就发展起来了,这主要是环境法学、环境经济学、环境管理学以及人口学的贡献,这些学科分别提出了以法律、经济、教育、管理、宣传、监督等各种手段解决环境问题的理论和对策,并已经在环境保护实践中得到广泛应用。人口学关于环境问题的研究则相对独立于其他学科,因为就"根除"环境问题的社会来源来说,控制人口数量显然具有"终极真理"的性质。中国的环境社会学要发展壮大,应当更多地反思、综合、升华这些学科的成果,更多地体现其作为社会学分支学科的综合性与整体性特征。

环境经济学在这方面似乎最具影响力,它与环境管理学、法学结合起

---

① 中国社会科学院邓小平理论和"三个代表"重要思想研究中心:《寻求公平与效率的均衡》,《求是》2005 年第 23 期。

② 俞孔坚、吉庆萍:《国际"城市美化运动"之于中国的教训》,《中国园林》2000 年第 16 期。

来，极大地丰富了环境问题的社会控制理论体系。就其影响力而言，其理论成果正在被发达国家所广泛采用，并有进一步强化的倾向。① 环境经济学显然继承了经济学的主要理论假定，并将这些假定运用于环境对策之设计，比如，环境经济学中最著名的"治理者受益"制度，显然来源于经济学中"经济人"的假定，即在价格机制这只"看不见的手"的作用下，每个人经由"利己之心"出发，最终却达到了利他的目的，从而全体社会成员的福利都得到了增进。某些企业由于盈利的考虑，投资建设了污水处理厂，有偿处理公众排放的污水，实现了自身经济效益与公共环境效益的统一。又如"PPP"（Pollutioners Pays Principle，即污染者负担原则）与排污权交易制度显然来源于新制度经济学的理论假定，即市场是一系列的制度安排组成的"实存"，正是在这些制度的约束、激励和引导下，人们的利己之心才汇入了利他的轨道。"PPP"制度因此设计出"环境税收"（或征收排污费、资源费）、"排污权交易"、环保补助等制度（或环境管理政策），20 世纪 70年代以来已经在西方发达国家得到广泛采用。

但是，围绕以上对策的争论一直都很激烈。例如，不少学者提出批评，"PPP"是"花钱购买排污权"，既违反了社会公平与正义原则，也明显违背了自然所允许的"生态承载力"规律。而拥护者却辩称，经济性的制度虽然并非完美无缺，但在市场经济条件下，当主体都追求利益最大化时，以经济手段制约环境破坏行为或者引导环境改善行为，显然是通向理想王国最现实、最有力的途径。实际上，环境经济学设计的制度遵循的是"市场经济必须由市场本身来完善"的逻辑，这些制度尽管是"现实之策"，但远非治本之策。因为任何市场都不是抽象的、纯粹的市场，而是处于一定社会中的市场，不可能独立于某一社会大背景而存在；任何市场制度都不是纯粹的"市场性制度"，而很有可能只是一种"社会性制度"。例如，经济手段往往要借助于环境标准才能实现，而后者又显然映射出社会的目的与价值之取向。某些污染物和生态破坏行为对环境的影响，由于人类认识的有限性，往往具有暂时难以确定的"滞后"危害、累积危害与潜在危害，甚至暂时无法认定是否会成为"问题"。依据主观判断所确定的某些"环境标准"是否合理，大多数是大打折扣的。事实上，很多国家（如很多发展

---

① 参见保罗·R. 波特尼、罗伯特·N. 斯塔温斯：《环境保护的公共政策（第二版）序言》，李剑译，摘自《美国环境政策发展趋向（上）》，《中国环境报》2005 年 10 月 25 日。

中国家）目前都执行很低的排放标准，原因是假如提高标准，会导致某些行业的治理成本上升和利润下降。因此，与其说这样的环境对策是为了改善环境，还不如说是为了发展经济；与其说环境经济学的制度设计是"环境的"，还不如说是"社会的"。近几年来，美国一再拒绝参加《京都议定书》，理由是加快减少二氧化碳等温室气体排放会导致经济受损，而该国每年排放的二氧化碳占全球总量的 20%，人均 25 吨/年，大大高于欧盟（11 吨/年）和中国（2 吨/年）的排放量。① 这充分说明，根本就不存在纯粹以改善环境为唯一目标的经济对策。一定的对策设计，归根到底是在一定的社会环境里的设计，不可能不打上这个社会所存在的各种社会事实的烙印。

尽管存在诸多争论，但市场经济高度发达的"后工业化国家"在依赖经济对策方面似乎走得越来越远。目前，欧盟、美国均热衷于以"排污权交易"制度促进污染物排放量的削减。与西方国家相比，我国的环境保护对策之设计具有鲜明的"自上而下"色彩。1984 年中国宣布环境保护为国策以后，虽然采用或者参考借鉴了西方发达国家的许多环境管理制度，但更多地强调"政府负责、部门分工"、城市环境综合整治定量考核、排污申报登记、环境影响评价审批、"三同时"、限期治理以及各类"创建"等政府行政管理制度的作用，鼓励性的税收和惩罚性的排污费制度仅仅作为一种附属品。但是，近几年来，着眼于如何彻底地执行国策、贯彻科学发展观，我国环境对策的制度设计方面呈现明显的"市场化"趋向。例如，征收污染物"处理费"以鼓励民营资本投资污水或垃圾处理场；提高水资源、土地资源使用价格以降低资源消耗等类做法越来越盛行。"市场化"趋向甚至开始渗透于行政管理制度中，2013 年以来学术界和一些政府官员提出实行"绿色 GDP"政绩考核，建立"绿色国民经济核算体系"。但是，由于相应的"科学统计"方法很不成熟，特别是一些环境资源具有人类无法估量的潜在"价值"，要确定它们的具体"市场价格"其实是徒劳的，看来只能停留在抽象的思辨和宣传层面。有人反讽道，"问题的症结在于 GDP 只是表征经济增长的统计指标之一，而经济增长与环保是两个不同质的领域。用 GDP 度量环保好比用温度计度量面积，逻辑上是不可能的"，"GDP 无所谓颜色，给一个对象加上原不具备的属性，等于定义一个新的对象，而用一个

---

① 参见斯塔夫罗斯·季马斯（欧盟环境委员）《温室气体减排与经济发展并行不悖》，《中国环境报》2005 年 11 月 8 日。

对象既有的属性去度量其他的对象，最多只能得到被度量者在某个低维空间的投影"。① 当然，问题的关键并不在于我们能否提出一劳永逸解决环境问题的完美之策，而在于在这种激烈的争论与探究的过程中，环境问题的严峻性和解决它们的紧迫性获得了更大程度的认同。

迄今为止，中国的环境社会学做出的贡献还十分有限。实证不多，论建设更少。仅仅提出"和谐社会"之类的概念是远远不够的，中国的环境社会学才刚开始踏上自己遥远漫长的发展旅程。党的十六届五中全会提出要建设"资源节约型社会"与"环境友好型社会"，我们应该加紧努力，积极参与到这一前无古人、后有来者的伟大事业中去。

---

① 王中宇：《GDP 没有颜色》，《科学时报》2005 年第 4 期。

月圆佳节瓜果 "偷盗" 民俗的
文化意涵及社会功能

黄健美

偷盗在任何民族的日常生活中都是负面的，为法律与道德所禁止，但是在一些民族的特别节日，"偷盗"特定的东西则是被允许的，而且有着特殊的涵义，月圆佳节瓜果偷盗即是一例。

一 月圆佳节忙 "偷盗"

月圆佳节的偷盗习俗，在中国很多民族的生活地区都存在，如土家族、侗族、苗族和汉族。在土家族地区，"偷瓜送子"的习俗流传很广。"永顺、龙山、保靖一带土家族村寨，乘中秋月夜偷摘冬瓜，用红布包好，送至无生育的夫妇床上，一人假装婴儿哭泣，表示送来了婴儿。送瓜人讲四言八句，以示祝贺。"湖北和渝东南黔江一带的土家族也有此俗，不过偷的不是冬瓜，而是南瓜。①

侗族的中秋节流传"偷月亮菜"，传说这天晚上天宫仙女下凡，将甘露洒遍人间，人们在月光下偷了这种洒有甘露的瓜果蔬菜，就能获得幸福。所以青年男女便到意中人的园子里去"偷"，"偷"时嬉笑打闹，引出自己的情侣。② 有些地区，人们还结伴去"偷"。"偷"来的黄豆、向日葵、南瓜、柚子、柑橘等或者放在主人家的门口，或者在野外煮食，③ "群意欢恰。失者虽知，不可呼骂"。④

---

① 刘芝凤：《中国土家族民俗与稻作文化》，北京：人民出版社，2001，第192～193页。

② 巫瑞书：《南方传统节日与楚文化》，武汉：湖北教育出版社，1999，第191页。

③ 姚源东：《新晃侗族的节日习俗》，《怀化师专学报》1994年第3期。

④ 丁世良、赵放：《中国地方志民俗资料汇编（西南卷）》，北京：书目文献出版社，1988，第605页。

生活在贵州省贞丰县的纳窝苗族，在中秋月圆的夜晚，允许小孩去偷瓜，偷糯谷。① 除了这些少数民族，节日的"偷盗"习俗也在汉族地区流传。

在淮河北岸、安徽阜阳一带，每到中秋节的夜晚，青年们就"借着明亮的月光，到地里去摸别人家的向日葵、毛豆子"，还在田间烧着吃。被偷的人家不仅不能生气咒骂，还要表示乐意。② 在淮河流域的另一些地方，"偷摘"者多为调皮的小孩。且以摘得的东西兆示小孩的前途，如摘得葱，表示小孩长大后能聪明；摘得瓜，表示小孩以后的人生吃喝不愁。被偷的人家，无论丢多少，也不叫骂。③

山西柳林以产枣驰名，中秋节这一天，凡有子女婚后不孕的人家，就到别人家去"偷"枣子。被偷的人家不会责怪，还佯装没看见。到了正月里，求子的人家则到多子多孙的人家偷灯、偷面狗和面鞋。④

在陕西延安，妇女们在中秋节转九曲时会偷"灯"。"转九曲"是延安农村独有的一种大众化娱乐活动，和秧歌舞、社火一起演出。当地人也叫"走九曲""闹老教"，它原先是一种祭祀老子的宗教活动。⑤ "偷灯"取"灯"与"丁"谐音，象征生育。偷灯或送灯的习俗，在中国民间也很普遍。江苏淮安和兴化、广州的海丰、翁源和潮州都有"送灯""闹灯"和"抢头灯"的风俗，其中淮安和兴化的"送灯"由"偷灯"演化而来，且都与祈愿生育有关。⑥

四川隆昌，元宵节也称"过大年"，据说这天晚上人们以"偷青"为乐，不管偷谁家地里的蔬菜，都不是贼，有歌谣形容："正月十五大月亮，蒜苗扯得光桩桩。"

可见，节日的"偷盗"习俗并非某地、某民族的特有现象，它以广泛的形式存在于很多地区很多民族。而且在历史上，节日的偷盗习俗也能追溯得很久远。

---

① 邢莉：《葫芦：母体的象征——中国女性民俗文化探索之一》，《温州师院学报》2003 年第 6 期。

② 徐杰舜主编《汉族民间习俗》，北京：中央民族大学出版社，1998，第 422 页。

③ 缪新华：《摸秋（茶亭）》，《人民日报》（海外版）2004 年第 2 期。

④ 段友文：《汾河两岸的民俗与旅游》，北京：旅游教育出版社，1995，第 19 页。

⑤ 吕廷文：《"转九曲"与"燎百病"的文化内涵》，《延安教育学院学报》1999 年第 1 期。

⑥ 徐杰舜主编《汉族民间习俗》，北京：中央民族大学出版社，1998，第 618～621 页。

据宋代洪皓的《松漠纪闻》记载，"金国治盗甚严。每捕获，论罪外，皆七倍责偿，唯正月十六日则纵偷一日以为戏，妻女、宝货、车马为人所窃，皆不加刑"。这一日，"人皆严备，遇偷至，则笑遣之。既无所获，虽畚锸微物亦携去"，"亦有先与室女私约至期而窃去者。女愿留则听之，自契丹以来皆然"。①《帝京景物略》印证了这一点，《帝京景物略》记载了明代的元宵节，有市、有灯，十分热闹，接着就说，"金元时，三日放偷，偷至，笑遣之，虽窃至妻女不加罪"。② 由此可见，最早的"偷盗"习俗可以追溯到南北朝时期的契丹族。

本文讨论的节日瓜果"偷盗"习俗在清代的诗歌、地方志、民俗类资料中记载的很多。

例如，瞿明安在《隐藏民族灵魂的符号：中国饮食象征文化论》一书中列举了清代地方志中妇女们"走月亮"偷瓜的习俗：六合一带"乡村愚妇有夜分私取园瓜，谓之'摸秋'，以兆生子"。繁昌中秋"妇女联袂出游，遇菜圃则窃南瓜为宜男兆，名曰'摸秋'"。江西南昌中秋夜"妇人结队入园圃中窃瓜菜之属怀之，谓之'摸青'，为宜子之祥"。③

乾隆时期的《辰州府志·风俗》卷十四记载了湘西土家族的中秋节习俗，"有艰于子者，或妇人私取乡园瓜暗酬以值，或亲鼓乐送瓜，主人设筵款宾"。④

《中华全国风俗志》记载了明清以来的民间习俗。其下篇卷六记载了湖南衡州的风俗，"中秋晚，衡城有送瓜一事。凡席丰履厚之家，娶妇数年不育者，则亲友举行送瓜。先数日，于菜园中窃冬瓜一个，须令园主不知，以彩色绘成面目，衣服裹于其上若人形。举年长命好者抱之，鸣金放爆，送至其家。年长者置冬瓜于床，以被覆之，口中念曰：种瓜得瓜，种豆得豆。受瓜者设盛筵款待之，若喜事然。妇得瓜后，即剖食之。俗传此事最念云"；下篇卷八记载了贵州的习俗，"偷瓜于晚上行之，偷之时故意使被偷之人知道，以讨其怒骂，而且愈骂之厉害愈妙。将瓜偷来之后，穿之以衣服，绘之以眉目，妆成小儿形状，乘以竹舆，用锣鼓送至无子之妇人家。

① （宋）洪皓：《松漠纪闻》，参看超星电子版，李澍田主编，1986，第30页。
② （明）刘侗、于奕正：《帝京景物略》，北京：古籍出版社，1980，第58页。
③ 瞿明安：《隐藏民族灵魂的符号：中国饮食象征文化论》，昆明：云南大学出版社，2001，第56、57页。其中，各地妇女"走月亮"偷瓜的习俗转引自各地地方志。
④ 刘芝凤：《中国土家族民俗与稻作文化》，北京：人民出版社，2001，第192、193页。

受瓜之人须请送瓜之人食一顿月饼,然后将瓜放在床上,伴睡一夜。次日清晨,将瓜煮而食之。以谓自此可怀孕也"。①

类似的习俗正如瞿明安所说,"在南方广大汉族地区以及部分少数民族中都普遍存在着,且形式多种多样,只要遍览一下近代以来的地方志和其他资料就可以一目了然"。② 可见偷瓜祈子习俗分布之广。总而言之,现存的中秋节偷盗习俗,从上文列举的资料来看,一类带有明确的"祈子"目的;还有一类,如侗族的"偷月亮菜"、淮河岸边的青年与小孩的"摸秋",它们的主要目的是祈愿幸福与健康。

二 月圆佳节的瓜果 "偷盗": 祈子 祈福的文化意义赋予

月圆佳节的偷盗习俗,到底蕴涵着怎样的文化意义呢? 我们试着从月亮、瓜果的象征意义出发去讨论这个问题。

(一) 月亮的文化象征意义

明代妇女的"走百病"可能是目前最早的妇女夜行的记载,"妇女相率宵行,以消疾病,曰走百病,又曰走桥"。以后的记载就比较多。妇女节日夜行与月亮密切相关。"走三桥"发生在元宵节,因为必须要走过三座桥而得名,目的是为新的一年消除疾病,带来健康;"走月亮"在中秋节,以姐妹之间娱乐为主,也带有祈子等目的。有人说,古时夜灯缺乏,故月亮最圆的节日,带给人们欣喜与神秘;也有人说"和唐朝时候京城常实行夜禁有关,平时那些大家闺秀、小家碧玉既很难出行街上,趁元宵灯市不实行宵禁之际,外出活动舒展消遣,当然别具情趣"。有地位的人家,女子走三桥多用轿舆代步,贫家妇女则都相率步行。③ 笔者认为,妇女夜行与月亮崇拜有关。

月亮象征着丰收、生殖和婚姻美满。④ 在原始宗教信仰中,月亮被认为

---

① 胡朴安:《中华全国风俗志》,上海:上海书店,1986,下篇卷六第 27、28 页。
② 胡朴安:《中华全国风俗志》,上海:上海书店,1986,下篇卷八第 31 页。
③ 后一说出自顾承甫《沪上岁时风俗》,上海:华东师范大学出版社,1989,第 34 页。
④ 阳光宁、何根海:《嫦娥奔月与祈生仪式——兼论中秋节俗的原始文化意涵》,《池州师专学报》2000 年第 1 期。文章指出,月亮神话经历了初始原型、次原型和复合型三种神话生态,分别对应丰收神、生(丰)殖神和复合的婚姻神。

是"活物"，它的盈缺和运行周期与女性的生育和生理周期相吻合，因此月亮是掌管人类生育和植物生长的女神。回忆乡间老奶奶童话般的低语，"月亮出来了，露水洒下来了，你听，是庄稼拔节的声音"。元宵节的"走三桥"、中秋节的"走月亮"，妇女夜行的民俗意义恰好与月亮神话相吻合。关于月亮的生殖作用，在民间还有更直接的例证。例如，"八月十五，久婚不孕之妇女可月行中天之际，独坐于庭院中，静沐月光，不久定能得孕"，①即所谓"照月得了"。东莞有旧俗，逢中秋月夜，有些久婚不孕的妇女便走出家门，沐浴月光，希望早生贵子，谓之"照月"。

中秋之夜，某些地方流传这样的信仰：这夜的瓜果被偷得越多，来年就结得越好。因为月亮也是掌管植物丰收的神。

（二）瓜果的文化象征意义

不仅如此，在偷盗习俗中，特定的物产所蕴涵的意义，在民间也是约定俗成的。

秋天是瓜果成熟的季节，偷盗习俗后来多发生在中秋节，与特定的物产不无关系。瓜象征多子。《诗经·大雅·帛系》云："绵绵瓜瓞。民之初生，自土沮漆。古公亶父，陶复陶穴，未有家室。"瓜，指大瓜；瓞，小瓜也；绵绵，谓连续不断。意思是，"大瓜小瓜藤蔓绵延。周人最初发展时，从杜水来到漆水。文王祖父古公亶父，挖洞筑窑来居住，宫室房屋全无"。②这里是用瓜的绵绵不绝比喻周部族群的发展壮大。在中华各民族的刺绣和剪纸上，广大农村妇女以瓜求子的欲望更加鲜明。有的构图是在裂开的瓜瓢上，站着一个双腿叉开的小娃娃，瓜的两旁枝蔓缠绕绵绵不绝。所以近代地方志中多有类似记载：中秋"妇女联袂出游，遇菜圃则窃南瓜为宜男兆"。

葫芦与瓜类似，在民间被视为吉祥物。把葫芦挂在已婚妇女的床上作为求子的象征是唐宋时期普遍的民间风俗。③

枣也蕴涵着生殖意向。北宋孟元老《东京梦华录·秋社》④说："八月

---

① 《中国民俗大观（下册）》，广州：广东旅游出版社，1988，第128页。
② 《诗经》，合肥：安徽人民出版社，2005，第244页。
③ 邢莉：《葫芦：母体的象征——中国女性民俗文化探索之一》，《温州师院学报》2003年第6期。
④ （宋）孟元老：《东京梦华录》，济南：山东友谊出版社，2001。

秋社，……人家妇女皆归外家，晚归，即外公、姨舅，皆以新葫芦儿、枣儿为遗，俗云宜良外甥。""枣"与"早"谐音，枣的生育意向指向的是时间。红枣、花生、桂圆和莲子往往是婚礼必备，或上喜宴，或入新人床帐，取其谐音，寓意"早生贵子"。被喻为吉祥的物产有的则与"双数"有关。"双数"在中国民间象征"吉祥"。并蒂的蔬菜，在偷盗习俗中被看作是美满婚配的象征。侗族青年在"偷月亮菜"时，"如果能偷到一个并蒂的瓜（果），那是再好不过的了，因为这是他（她）们有缘的象征。所以，成双生长的豆角，成为青年男女最喜爱采摘的'月亮菜'"。[①] 在中国传统婚礼上，"双数"是表达或祈愿婚姻美满必不可少的元素。中国民间对"双数"的信仰历史悠久，《红楼梦》中的香菱解释了"夫妻蕙"，"一箭一花为兰，一箭数花为蕙。凡蕙上有两枝，上下结花者为兄弟蕙，有并头结花者为夫妻蕙"。[②] 这恐怕是一种很乡野的说法，引来女孩们的哄笑，反衬出香菱憨厚的个性与特殊的人生经历。

（三）"偷盗"及其仪式化

放偷的习俗由来已久，有学者称，节日"放偷是一种别致的馈赠形式，它是原始共产制的折射"。这可以解释习俗最初的起源，现存的不为祈子目的的偷盗习俗尚留有这种印迹。然而，现存的习俗都已经对偷盗的对象甚至数量作了限制，与上文提到的金元时期的放偷习俗有着很大差别，它们基本上都以普通的瓜果蔬菜为"偷盗"对象。偷瓜祈子的人们只偷一个冬瓜或南瓜。有些地区只允许小孩偷而且不带任何工具，像篓子、布兜之类。还有的地方，吃不完的瓜菜要堆回到被偷人家的门口。因为这些限定，现存的"偷盗"习俗并不是毫无顾忌地偷得越多越好，也不是去人家家里偷昂贵的东西，也不把偷得的东西搬回自己家，这说明原始共产制的概念逐渐被人们所遗忘，但是"偷盗"的形式仍旧保留了下来。

习俗所允许的被偷之物多是极普通的瓜果，想必讨要也不难，何必要"偷"？

首先，偷盗习俗中"偷盗"行为在功能上是"讨要"所不能替代的，

---

① 巫瑞书：《南方传统节日与楚文化》，武汉：湖北教育出版社，1999，第191页。转引自秋鸿搜集整理的《中秋趣话》，见《民俗民间文学资料》第89页（20世纪80年代，铅印内资）。

② （清）曹雪芹：《红楼梦》，第六十二回"呆香菱情解石榴裙"。

这也与原始共产制无关。譬如,"偷盗"能够帮助人们释放侵犯性能量,达到愉悦心情的作用,人们在这里看重的是"偷盗"的行为而不是"偷盗"的结果,所以,普通的瓜果蔬菜就能满足人们偷盗的乐趣。

其次,在偷瓜祈子的习俗中,偷盗是一种必需的"仪式"。在中国的民间信仰中,福气是一种很实在的东西,它可以通过仪式保留或传递。在流行此俗的地区,人们会特别注意被偷的人家是否是多子多孙的吉祥之家,因而"偷瓜"就不是简单地偷一个瓜,而是通过瓜传递福气。向人家要瓜是可以的,向人家要子孙或福气则是不受欢迎的,所以"偷"就成了必需的手段。但是人们又极其善良,在这个习俗中,被偷的人家一般都表现出配合而不加指责。江绍原的《民俗与迷信》一书提到,"杭州俗传,如失窃碗筷的人家知是偷名者所为,则不验;反之,如其家实不知,大声叫骂,则偷者可以放心"。① 同样,某些流行偷瓜祈子的地区,人们相信被骂得越凶越应验,所以被偷的人家有的是知道内情的,还故意"叫骂"。

总之,目的为祈子的偷盗习俗其仪式一般是这样的:一是选择月圆的节日之夜;二是选择具有生殖意向的物或物产;三是选择多子多孙的人家;四是举行一些模拟的活动,所偷之物挂于床头,或放入锦被,或置于床下;五是故意叫骂,或故意不骂,都表示友好的成全。

三 月圆佳节中瓜果 "偷盗" 民俗的社会功能

月圆佳节的偷盗习俗流传至今,到底有哪些积极的社会意义呢?

(一) 祈子祈福的社会心理寄托

偷瓜送子的习俗是一种求好的巫术,是人们美好心愿的寄托。

巫术是基于人们对内在魔力的普遍信仰,认为宇宙间的一切,不管是人,是鸟兽,是岩石、树木,还是瀑布,包括声音、言语、手势、行为、方法、地方、时间、数字、图像、气味,等等,都可以有相当的魔力。巫术的操作是根据"模拟"或"接触"的原理,按照一定的程式,积极地"这样干"或"那样干",以便得到所希冀之结果。② 巫术有善良的白巫术

---

① 江绍原:《民俗与迷信》,陈泳超整理,北京:北京出版社,2003,第15页。
② 参见苑利主编《二十世纪中国民俗学经典 (信仰民俗卷)》,北京:社会科学文献出版社,2002,第29页。

和邪恶的黑巫术两种。①

在偷瓜送子的习俗中，月亮与瓜果都有生育魔力，再加上一套仪式化的行为和方法，诸如，"阴察他人园中长形南瓜而秘取之，钻一孔，出瓜穰少许，灌水瓜中，……覆之以被，……水流出泻榻上，而谓艰嗣者已有子，且小遗也"。② 瓜的多籽，妆成小孩形，都表明瓜有一种魔力，月阴的庇护也象征一种魔力，送瓜的仪式则模仿了孩子的哭闹、撒尿和睡觉，也具有一种魔力。所以可以认为，这一仪式实际即是一个求子巫术，且是求好的白巫术，寄托着人们美好的心愿。

巫术的一个原理是"模拟律"，就是相信"同类相生"或果必同因，巫师仅仅通过模仿就实现任何他想做的事，即所谓"模拟巫术"。巫术的另一个原理——接触律，即相信"物体一经接触，在中断实体接触后还会继续远距离的互相作用"，这类巫术被称为"接触巫术"。③ "静沐月光，不久定能得孕"之说法，还有某些地区要求妇女与瓜伴睡，然后剖食之。这些都符合巫术的接触律。月亮和瓜都是有生育魔力的，与之亲密接触的人会感染魔力，达成心愿。

湖北的土家族不偷冬瓜，而是偷南瓜。取南、男谐音，发音也具有魔力，类同民间所谓的"口彩"，都是巫术。在某些流行偷瓜祈子的地区，人们相信被骂得越凶越应验，用听到人家叫骂证明偷的成功。转换因果逻辑也是巫术的一种思路。

还有一类不带有祈子目的的节日"偷盗"。例如，在台湾，元宵节和中秋节都有同样的一种为婚姻占卜的习俗，所谓"偷着葱，嫁好夫；偷着菜，嫁好婿"。还有年轻的小媳妇以摸得南瓜为生育男孩的兆头（男、南谐音）；年轻的妈妈以活鲜肥壮的毛豆象征小孩子的肥壮与健康。这类活动是占卜。但是，这类偷盗习俗中的占卜更像是用来控制事物发展进程和结果的巫术，因为他们可以不去摘那些不理想的瓜果蔬菜。

有些地区还流传一句谚语"吃了中秋骂食，定能活到八十"。这与民间

---

① 詹·乔·弗雷泽：《金枝》，徐育新、汪培基等译，北京：中国民间文艺出版社，1987，第19页。

② 丁世良、赵放：《中国地方志民俗资料汇编（西南卷）》，北京：书目文献出版社，1988，第521、522页。

③ 詹·乔·弗雷泽：《金枝》，徐育新、汪培基等译，北京：中国民间文艺出版社，1987，第19页。

"贱而易养"的观念类似。譬如，给小孩子取狗剩、铁蛋这样的乳名，为的是好养活。很久以来，人们相信其健康长寿和生育取决于天意，因为医疗条件还不能提供足够的保障。所以在"贱而易养"的观念下，人们从"偷"到"讨骂"，完成了一个求"贱"的巫术过程。

总之，我们可以看到，在所有这些习俗中，人们是在用原始巫术的方式希冀通过这些被偷之物达成自己美好的心愿。

（二）心理压力的释放仪式

月圆佳节的瓜果偷盗习俗，其集体娱乐性和小小的越轨，能帮助人们释放来自生活的种种压力。现在国外和国内都有一种特殊的帮助人们缓解压力的场所叫"心理宣泄室"，这些"偷盗"就像是一个特定时间集体共享的心理宣泄室，人们通过这些小小的越轨，愉快地释放出自己的侵犯性能量。根据弗洛伊德的精神分析理论，"人人都有一个本能侵犯性能量的储存器，换句话说，每个人的侵犯性有着一个固定的量，那么，我们完全可以通过某种不那么伤害他人的方式释放或曰'宣泄'我们的能量，以降低我们的侵犯性"。有些学者认为侵犯行为是后天习得的，而非先天的本能。但是他们也同样提出"疏泄"的办法，"即让个体因受挫而激起的侵犯冲动以某种方式原原本本地倾泄出来，外界不施加以任何的堵压和扭曲"。[1] "心理宣泄室"正是这样一个帮助人们缓解压力的场所。人们通过击打物体、砸酒瓶等暴力行为发泄心中的愤怒、失落、受伤害等挫折情绪。这是一种良性心理宣泄。它的目的是帮助受了挫折的有巨大压力的人们重新轻松愉快地走进真实的生活，还人们一个健康的心理状态。

节日的"偷盗"活动就像是心理宣泄室里的行为，人们偷盗的行为只在这个时间点是被许可的，这些特别许可的"偷盗"恰恰起到了"不那么伤害他人"地"宣泄"人们先天抑或后天侵犯性能量的作用，从而帮助人们减少在日常生活中侵犯性行为的发生。[2]

相比于其他节日，如端午节赛龙舟、西班牙的传统节日奔牛节、傣族的泼水节及其他一些民族的类似狂欢节，"偷盗"活动与它们一样都有助于心理

---

① 周晓虹：《现代社会心理学》，上海：上海人民出版社，1997，第220、225、227、228 页。
② R. A. 巴伦，D. 伯恩：《社会心理学（下）（第十版）》，黄敏儿、王飞雪译，上海：华东师范大学出版社，2004，第599 页。也有心理学理论认为，对于减少攻击，"宣泄"并不是一个非常好的方法，"宣泄"在减少攻击上比广泛相信的效果要差。

压力的释放。但是允许偷盗有 "破坏性",从小的方面说,它是道德层面的,从大的方面说,它是法律层面的,这是其与别的狂欢活动的最大不同。

(三) 互动仪式链的生成

假如说侵犯行为是人类社会性动机野兽的一面,那么亲和与利他行为则展现了人类社会性动机中天使的一面。亲和意味着与他人接触、来往、相处和保持一定关系的需求。亲和动机对人类社会具有重要的意义。如果这种动机得不到实现,亲和的需要不能满足,则人的心理和生理的健康就都将受到较大的影响,甚至是严重的损害。[①] 亲和与利他动机有利于互动仪式链的生成与延续。柯林斯的互动仪式链理论从微观策略的角度描写了宏观社会结构的建立,人们带有某种动机或 "情感能量" 在彼此相遇中展开互动。互动仪式指一种表达意义性的程序化互动,它以际遇者共同的文化资本为背景。互动仪式包括以下因素。①至少有两个人面对面的互动所构成的群体。②他们关注共同的目标或行动。③他们具有共同的情绪或情感。④彼此的关注点和共享的情绪有积累性强化的特性。⑤有阻止外来者的屏障。人们不同水平的际遇形成不同的互动仪式,它们经由时间延伸以复杂形式结合起来,形成 "互动仪式链"。整个社会可以看作一个长的互动仪式链,宏观和长期的社会结构就是通过这种 "互动仪式链" 建立起来的。在互动仪式中,动机或情感能量是互动进行下去的一个因素,人们会计算情感资本的回报。本文研究的 "偷瓜送子" 和 "摸秋" 的习俗,就建立在人们对共同习俗认同的基础上,这是人们参与互动的文化资本。它又类似一种集体狂欢,使所有的个体更容易被群体接受,也更容易接受别的个体,体验到节日狂欢特有的群体归属感和团结性,这是情感资本的付出与回报。柯林斯还认为,个体在互动仪式中被接受还是被拒绝会分别增加或降低其情感能量 (社会信心)。在这个集体娱乐的偷盗习俗中,人们普遍被接受,他们的亲和动机得到满足,情感能量也得到增强。换句话说,偷盗习俗以它特有的狂放的方式提升了人们的群体归属感和团结性,强化了人们对共同文化的认同,增强了人们的社会信心和社会道义感。[②]

---

① 周晓虹:《现代社会心理学》,上海:上海人民出版社,1997,第 220、225、227、228 页。

② 侯钧光:《西方社会学理论教程》,天津:南开大学出版社,2006;张军、储庆:《微观与宏观社会学理论融合的经典路向——以吉登斯与柯林斯为例》,《安徽农业大学学报》(社会科学版) 2007 年第 3 期。

贵州省不少地方的"偷瓜送子"习俗是这样的：村里的好心小伙要在中秋的夜里为未生育小孩的人家偷瓜送子，要是以后人家真的怀孕了，受瓜人得好好感谢这群小伙；如果没有怀上，好心的小伙们还会继续这样做，直到真正没有希望为止。这样，人与人之间的友好互动会延续很久；在湘西的土家族中，被偷了冬瓜的人家明明知道也装看不见，相反还会暗暗高兴，证明他家人丁兴旺。假如当面撞见了偷瓜的年轻人，就说上几句吉利话，再谢谢偷瓜人。在这里，偷瓜者与被偷者之间也体验着一种友好关系。更为重要的是，节日里偷盗习俗是一种集体活动，它不仅有偷与被偷、送与被送等几者的互动，还首先联结了偷的人群，一起享受偷盗的乐趣。

四 结语

上文讨论的是中国民间过节时的偷盗习俗，其实，现存的偷盗习俗还存在于一些人生的某些大事件当中，如丧事、结婚和盖新房等。

除了中国，日本和其他国家的民族也有偷盗习俗。关敬吾的《民俗学》讲到了日本的民俗："最明显的是旧历八月十五夜晚赏月时的偷窃习俗。这种习俗十分广泛，很多人可能都有这种经验。这天晚上，人们可以随便采摘他人田里的作物或果实。孩子们可以偷偷拿走人家廊子上供月的饭团、山芋等。""除八月十五外，其他时节也有类似情况。"[①]

确实，偷盗习俗的存在非常广泛，习俗是一种文化传承现象，它的存在依赖相应的社会条件和习俗本身带来的社会功能。本文在对"偷盗"习俗进行解读时，也努力从社会日常生活和历史中寻找答案。从其存在的功能一方面来讲，文章主要选取积极正面的角度去分析其功能。实际上，不能相信所有的人都能遵守习俗的种种约定来保证降低偷盗的破坏性，从而最大限度地享受来自集体的友爱与娱乐。从其传承的一方面来讲，"偷盗"习俗随着社会变迁已经在内容和形式上发生了很大改变。从现存的习俗中，人们很明显地希望从"偷盗"习俗中获得情感、心理的满足，而非物质的攫取。这种流变必将进一步发生。当工业文明代替农业文明占据生活形式

---

① 关敬吾编著《民俗学》，王汝澜、龚益善译，北京：中国民间文艺出版社，1986，第192、193页。

的主导地位，当农村的年轻人为生计背井离乡，而他们曾经是"偷盗"习俗中最活跃的一群，当传统的生育观念发生变迁，人们不再祈求早育和多育，这些现象都表明"偷盗"习俗的土壤慢慢消解，随之而来的必将是节日内容及其意涵的流变。

巫术、萨满教、仪式和法

——三个社会文化人类学案例

陈 晋

在身处于他们所调查的社会中时，人类学家常常发现，来自社会、文化各个领域中的现象、体制以及观念，彼此总是有着各式各样的联系。其中，宗教与法律之间的关系就不断为人们所提及。

在社会文化人类学研究的具体案例中，"巫术"（witchcraft）、"萨满教"（shamanism）和"仪式"（ritual）等关键词，频繁出现于对当地政治、法律、军事等问题的分析和讨论中。这类研究视角既深化、丰富了我们对单一领域内具体问题的理解（例如，司法审判程序实际上如何进行），又从认识的角度体现了人类学传统上整体性（holistic）的视角。[①]

从上述研究案例中，笔者选取了三个自己相对熟悉的例子，作为本文介绍的主体内容。它们分别涉及非洲的阿赞德人（Azande）、南美洲的阿除瓦人（Achuar）以及我国西南地区的纳人（Na）；相关的研究依次发生于20世纪初、20世纪七八十年代，以及21世纪初。透过对这些案例的展示，笔者希望能稍微体现人类学家特别是宗教人类学家对其研究的社会、文化中法的问题的关怀，以及体现这类关怀的视角是如何变化的。

一　阿赞德人的巫术

我们的介绍从英国人类学家埃文斯－普里查德（Edwards Evan Evans-

[①] *Macmillan Dictionary of Anthropology* 中对"整体观"（holism）一词的介绍是："整体论强调社会或历史现象只有被置于其整体背景下时才能得以理解和解释……人类学通常被认为是一门整体性的学科，强调在全部的社会文化背景下诠释人类群体及其行为的结构和模式。"（本文作者自译）参见 Charlotte Seymour-Smith, *Macmillan Dictionary of Anthropology*, Macmillan Press Ltd., 1986.

Pritchard）开始。作为英国现代最著名的社会人类学家之一，埃文斯-普里查德以其对地处非洲苏丹南部地区的两个民族——努尔人（Nuer）和阿赞德人——的考察而闻名于世。他出版于 20 世纪四五十年代的"三部曲"：《努尔人》（*The Nuer*）、《努尔人的亲属制度和婚姻》（*Kinship and Marriage among the Nuer*）和《努尔人的宗教》（*Nuer Religion*），被后人奉为现代人类学民族志的典范。不过，最早奠定其学术地位的，还是其首次出版于 1937 年的《阿赞德人的巫术、神谕和魔法》（*Witchcraft, oracles and magic among the Azande*）。

埃文斯-普里查德基于 1926 到 1930 年间的三次田野调查而写成的这部民族志现已成为人类学课堂上的经典书目，这不仅是由于其材料充实，更是由于透过该研究，埃文斯-普里查德将巫术、神谕、魔法等这些在外人看来带有神秘色彩的现象诠释成理解阿赞德人日常行为的钥匙。他不但证明与巫术相关的观念和实践体系彼此之间形成了一个有机整体，更将之推广到阿赞德人平常的思想和行动中，从而体现出赞德社会制度的一致性。其中，他也论及了阿赞德人的法律制度。

阿赞德人（Azande 是 Zande 一词的复数形式）是一个生活在非洲中部的黑人民族。他们居住在热带稀树草原上的树林或热带雨林的边缘，靠耕耘土地、捕杀动物、采集野果等经济活动为生，在手工艺品制作方面亦有高超的技能。赞德地区分布有许多由贵族统治的王国，王国又划分为省，各省长官通过在各个地区的代理人行使行政和司法权力。

在跟阿赞德人相处的过程中，埃文斯-普里查德发现和巫术、神谕等相关的信仰和行为，在人们的日常生活中占据了重要位置。他写道：

> 我们在观察他们（指阿赞德人，本文作者注）日常经济和社会行为的时候，惊奇地发现神谕、魔法和其他的仪式表演构成了他们生活的很大部分。[①]

也正因为如此，这位年轻的民族学者决定从阿赞德人的日常行为入手，来描写和分析他们这套思想、实践系统的独特之处：

---

① 埃文斯-普里查德：《阿赞德人的巫术、神谕和魔法》，覃俐俐译，北京：商务印书馆，2006，第 36 页。

民族学家并不需要刻意寻找神秘概念和仪式实践，他们从日常的各种典礼、争吵、司法案例以及其他社会情景中，就能获得有关神秘概念和仪式行为的信息。[①]

在《阿赞德人的巫术、神谕和魔法》中，埃文斯－普里查德率先考察了巫术这一在他看来构成赞德宇宙观基础的对象。在赞德文化中，巫术，即赞德语中的"曼古"（*mangu*）是施放巫术的巫师（witch）体内一种器官性和遗传性的物质。它可以通过尸体解剖的方式取出，也可以从父母的一方遗传给与之同性别的所有孩子。不过，尽管具有物质基础，巫术的功能却是精神性的：在施放巫术时，巫师总是隔着一段距离把其"射"在受害人的身上，后者身体器官的精神部分便被前者巫术的精神部分所掠夺，并且被带回给巫师。随后，巫师伙同其同伴将果实——受害者器官的灵魂——吞噬下去，造成受害人生病、死亡或者遭遇不幸等各种后果。

关于巫术的来源，阿赞德人认为其源自人们心中常常燃起的仇恨、嫉妒、贪婪等强烈的反社会情绪——这便意味着社会中的任何人都有可能成为巫师，而且巫术随时随地有可能被施放。事实上，在阿赞德人的日常生活中，巫术被频繁地提及，它被认为是人们可能遇到的一切不幸事件的根源：不论是人生病或死亡、农作物歉收、发生意外……乃至走路时不小心踢到木桩，当地人都将之解释为"被巫师施放的巫术所害"。不过，巫术也不能简单地等同于危险和不幸本身，它起到的作用更多的是将原来就存在的危险和不幸在特定情境下、跟特定的受害者联系起来。路上的木桩本来就在那里，然而正是巫术使人一时看不见它、踢到它，从而脚趾受伤。基于这一点，阿赞德人把巫术称为"第二支矛"（*umbaga*），以表明它不是迫使人们陷于危难的直接因素。例如，当某人被大象伤害致死时，阿赞德人说大象是第一支矛、巫术是第二支矛，两者共同杀死了这个人。

正由于巫术成为一种公然却又无所不在的冒犯行为，阿赞德人被迫采取种种抗击手段，以抵御和限制巫术。其中，请教神谕（oracles）便是最常见的一种。

在所有自认为有风险或者是具有重大社会意义的事情上，阿赞德人都

---

① 埃文斯－普里查德：《阿赞德人的巫术、神谕和魔法》，覃俐俐译，北京：商务印书馆，2006，第36页。

要请教神谕的意见，以获知自己下一步行动的方向。他们把神谕比作欧洲人的纸张和书本，认为它能起到指导人类趋利避害的作用。毒药神谕，即当地人口中的"本吉"（benge）是赞德社会中最重要，同时也是最受信任的一种神谕。其实施的方式为：要提问的人先给鸡喂食一种毒性植物研磨制成的粉末，随即以神谕为提问对象、说出自己的问题；根据鸡吞食毒药后的症状，特别是其生死，人们就能获知神谕给出的答案。

赞德社会中几乎所有重要的活动——包括婚姻、经济生产、司法、仪式，乃至重大的个人事务——均要通过毒药神谕的批准才能得以进行。在赞德的法律程序中，每个人都要使用毒药神谕。埃文斯－普里查德如是写道：

> 要了解赞德法律程序，必须清楚地知道毒药神谕是如何操作的。我们知道现在的法律程序在原则上必须有证据、法官、陪审团和证人，而过去毒药神谕单独承担了这些角色的绝大部分内容。①

赞德社会中，有两类典型案件涉及使用毒药神谕：巫术案和通奸案。其中巫术案即等同于谋杀案，因为在阿赞德人看来，没有无缘无故的死亡，所有类型的死亡都是被巫术谋杀的结果。这构成整个赞德法律程序的基本出发点。与此同时，只有当巫师真正地杀死人时，人们才能在法庭上对之采取法律措施，否则将无法通过司法程序索要任何赔偿。在处理巫术案件时，被巫术杀死的受害人亲属把可能施放该巫术的巫师名字告诉亲王（prince），而亲王则把这些名字在自己的神谕前进行确认。根据毒药神谕的结果，亲王一人便可裁定被害人亲属是否可以向巫师复仇或者是索要赔偿。

至于通奸案，因为在实际生活中，怀疑妻子有奸情的丈夫当场发现情夫的几率非常小，他向亲王提交的唯一确切证据通常也是通过毒药神谕所获得的。丈夫虽也可以在亲王面前强调其他证据，但原则上他有了神谕的判断便不再需要其他依据。从被指控者的角度，神谕测试同样得到拥护，因为赞德妻子常常在丈夫的逼问和暴力下说出无辜男子的名字，以保护自己的真正情夫，这时无辜者只有通过神谕的裁定才能洗刷罪名；即便妻子

---

① 埃文斯－普里查德：《阿赞德人的巫术、神谕和魔法》，覃俐俐译，北京：商务印书馆，2006，第 277 页。

本身清白，她也只有通过神谕的结果才能捍卫自己的忠贞。①

总之，毒药神谕在赞德法律程序中的作用带来了特定文化中的法律原则以及对司法证据如何认定的问题。对此，埃文斯－普里查德写道：

> 我们这些不相信毒药神谕的人会认为我们建立的法庭才是公平的，因为它只认可我们认为是证据的证据。……而阿赞德人则认为，他们不能够接受仅和案件本身真正有关的证据才是证据这一观点，也不能够接受掌管司法的亲王舍弃信仰、照搬欧洲人的法律原则，因为这些法律原则根本不符合赞德习俗。②

接下来，我们来了解阿赞德人在他们的亲王面前使用毒药神谕、完成法律程序的具体过程。有三个重点。

首先，一名亲王有两个正式的操作者来监管他的毒药神谕，他们大概工作一个月，然后回家和妻儿团聚，其位置便有人取代。这些人负责监督毒药的准备工作，把亲王咨询的问题放在神谕前面，最后把神谕的答复告诉亲王。操作者们必须完全可靠，因为他们在一定程度上守护亲王神谕的威望及法律的纯净：如果他们违背了禁忌，无辜的人就会被判有罪，有罪的人被判无罪，亲王的权威会因此而受到损害。反过来，如果神谕裁定某人会死，后来那人果然死了，神谕的真实性和操作者的德行之高都是不言自明的。

关于操作者为亲王传递毒药神谕的情形，书中有一段具体的描写：

> 如果有人想让格布德威（Gbudwe，赞德帝国的国王之一，本文作者注）询问是否是某个巫师导致了他亲戚的死亡，这个人就会默默地在格布德威的面前放上一篮子鸡。稍后，格布德威就会把鸡交给他的神谕请教者，并且告诉他鸡的来由。请教神谕的人走进宫里，把鸡的

---

① 这里有趣的一点是，阿赞德人在看待通奸和巫术行为时有着明显的共通之处。他们认为，正如巫师暗地里派出其巫术灵魂迫害他人那样，通奸者悄悄地使用自己的身体来损害他人的利益。这两种行为都难以被察觉，却又都在社会中频繁地发生、威胁着每一个人。为了打击和限制它们，人们需要借助毒药神谕来揭示其存在。

② 埃文斯－普里查德：《阿赞德人的巫术、神谕和魔法》，覃俐俐译，北京：商务印书馆，2006，第 278 页。

主人拉到一边，向他询问巫师的名字。神谕给出判决之后，神谕请教者又在宫中寻找那个人，并把他带到一边，给他一个鸡翅，告诉他在确认那个巫师是否有罪的时候鸡的死活情况。[1]

其次，在赞德地区，神谕的判决得到国王政权的全力支持，而国王自己的神谕判决就是案件的最终判决。历史上，偶尔有些案件要经过省区长官的神谕判决，然后再放到国王神谕面前，而后者可能宣布前者给出的判断是错误的。此外，如果有人的神谕指控涉及惩罚和赔偿，而案子又没有得到国王的神谕批准，那么这个人终究将不能执行其指控。所以，在阿赞德人的法律纠纷中，毒药神谕的权力就是国王的权力，两者实质上是合二为一的。正如埃文斯－普里查德写道的：

> 亲王因为在判决司法案件的过程中始终控制着毒药神谕，所以他拥有巨大的权力。如果没有通过亲王神谕的判决，阿赞德人就不能够对死亡与通奸进行合法的报复，所以宫廷是行为被证实合法的唯一媒介，而国王或者他的代表是法律的唯一源泉。尽管神谕判决的过程是神秘的，不过这个过程是以国王的名义执行的，因此国王被赋予了完整的司法权，这种司法权与从更常识意义的司法体系中获得的权威似乎并没有什么不同。[2]

最后，请教毒药神谕所使用的问答体系并不复杂。它通常含有两次毒药测试；两次测试的结果必须相反，神谕的答案才有效：如果在第一次测试中鸡死了，那么用于第二次测试的鸡必须活下来；如果第一次测试的鸡活了下来，那么用于第二次测试的鸡必须死。一般来说，神谕在第一次测试中杀死鸡，在第二次测试中让鸡活下来，意味着给出了肯定回答；反之则意味着神谕给出了否定回答。当提出的问题涉及人际关系，特别是司法问题时，做两次毒药测试是必不可少的。

在书中，埃文斯－普里查德引用了一个跟通奸案有关的例子以说明上

---

[1] 埃文斯－普里查德：《阿赞德人的巫术、神谕和魔法》，覃俐俐译，北京：商务印书馆，2006，第298页。

[2] 埃文斯－普里查德：《阿赞德人的巫术、神谕和魔法》，覃俐俐译，北京：商务印书馆，2006，第301页。

述判决给出的具体情形。

A：

第一次测试：如果 X 有通奸行为，毒药神谕杀死鸡。如果没有，让鸡活下来。结果鸡死了。

第二次测试：毒药神谕通过杀死鸡宣布 X 有通奸行为。如果这个宣告是真的，那么让鸡活下来。鸡结果活下来了。

结论：这是一个有效判决。X 有罪。

B：

第一次测试：如果 X 有通奸行为，毒药神谕杀死鸡。如果没有，让鸡活下来。结果鸡活了下来。

第二次测试：毒药神谕通过让鸡活下来以宣布 X 没有通奸行为。如果这个宣告是真的，就杀死鸡。鸡结果死了。

结论：这是一个有效判决。X 无罪。

C：

第一次测试：如果 X 有通奸行为，毒药神谕杀死鸡。如果没有，让鸡活下来。结果鸡死了。

第二次测试：毒药神谕通过杀死鸡宣布 X 有通奸行为。如果这个宣告是真的，那么让鸡活下来。鸡结果死了。

结论：两个测试结果矛盾。无效。

D：

第一次测试：如果 X 有通奸行为，毒药神谕杀死鸡。如果没有，让鸡活下来。结果鸡活了下来。

第二次测试：毒药神谕通过让鸡活下来以宣布 X 没有通奸行为。如果这个宣告是真的，那么杀死鸡。鸡结果活下来了。

结论：结果矛盾。无效。①

当毒药神谕给出有效的结论时，阿赞德人将鸡的翅膀砍下，后者成为神谕给出判决的有效凭证，可用于在别人（包括亲王和巫师）面前出示。

---

① 埃文斯－普里查德：《阿赞德人的巫术、神谕和魔法》，覃俐俐译，北京：商务印书馆，2006，第 309～311 页。

　　我们再来简单地说一下阿赞德人的魔法（ngua）。前面已经看到，为了抗击无所不在的巫术以及巫师，阿赞德人诉诸神谕，后者能帮助其避开危险，并揭发巫师的真实身份。进一步地，为了惩治巫师，阿赞德人使用魔药（medicines），施放魔法，使之不能如愿冒犯他人，或者遭到惩罚。

　　在众多的赞德魔法中，涉及死亡的复仇魔法最具破坏性，同时也最令当地人感到荣耀：我们已经解释过，赞德文化中的死亡都跟巫术有关；为了替死者报仇，阿赞德人有时使用复仇魔法来杀死凶手。在此情况下，复仇魔法被公认为是一种"好的魔法"，能准确地找到并杀死凶手。人们会说它"判决公正"（pe zunga），相当于表扬它"主持正义"，如同他们赞美赞德国王的公正判决一样。

　　综合以上所述，可以看到赞德文化中的法律问题实际上同时涉及巫术、神谕和魔法三种体系。后者彼此联结，如同埃文斯－普里查德说的"三角形的三个边"那样，共同推动阿赞德人司法判决程序的展开。[①] 在赞德死亡案件中，巫术信仰使之成为一场隐蔽的谋杀，从而牵涉可能的凶手；请教神谕则可以锁定凶手，揭露其身份，从而展开复仇；最后，实施魔法可达到复仇的目的，完成判决。可以说，阿赞德人以其和欧洲人迥异的方式，处理着社会文化中和法有关的问题。

二　阿除瓦人的萨满教

　　我们现在来将目光投向 20 世纪七八十年代，关注法国人类学家菲利普·德斯科拉（Philippe Descola）对于一个位于南美洲的民族——阿除瓦人（Achuar）——的研究。自从现代人类学创立以来，美洲印第安人（Les amérindiens）即成为长期的研究热点之一；其中，居住于亚马逊河流域，为数众多的印第安人族群，更是北美、欧洲等地的民族学者所青睐的田野调查场所。这不仅仅是因为有如克劳德·列维－斯特劳斯（Claude Lévi-Strauss）这样的社会人类学大师奠定了对该区域进行研究的学科传统，也和当地的土著常分散居于外界难以抵达的密林深处、受现代文明的影响较弱、

---

① 埃文斯－普里查德：《阿赞德人的巫术、神谕和魔法》，覃俐俐译，北京：商务印书馆，2006，第 398 页。

不大为人所知等客观因素有关。

我们今天要介绍的、德斯科拉出版于 1993 年的《黄昏之矛：北部亚马逊日伐赫人的关系》一书（*Les Lances du crépuscule. Relations jivaros, haute Amazonie*），是一部特殊的人类学民族志作品。其特殊之处在于，德斯科拉并未把它写成一本传统意义上的学术著作。事实上，出版该书之前，他已将自己之前的主要研究成果发表于《驯服的自然》一书中（*La nature domestique. Symbolisme et praxis dans l'écologie des Achuar*）。《黄昏之矛》是一部混合了丰富个人体验、带有民族学家自传性质的半文学式作品，用著者自己的话说，写作该书更多的是为了向公众刻画人类学家如何从田野工作过程中一步步获取信息、展开分析，并获得知识的过程。① 在评论家眼里，这本书还可看作是德斯科拉向其老师列维·斯特劳斯享誉世界、同样文学性浓厚的传奇作品——《忧郁的热带》（*Tristes tropiques*）——的致敬。

阿除瓦人居于亚马逊平原的北部（Haute Amazonie），帕斯塔萨河（Pastaza）流域的茂林深处。他们属于日伐赫人（Jivaro）的四个分支之一，另外三支分别是舒阿人（Shuar）、阿瓜忽那人（Aguaruna）和环比萨人（Huambisa）。其中，舒阿人和阿瓜忽那人相对为外界所知，特别是舒阿社会中保留至今的猎头（la chasse aux têtes）以及将猎来的头颅制作为干缩物（tête réduite）的风俗。阿除瓦人的人口数量比舒阿人和阿瓜忽那人还少，不到五千人。他们的经济活动以种植和渔猎为主。

跟我们刚刚介绍的赞德社会相比，阿除瓦人的社会组织可谓松散。他们的家户内（maison）容纳一夫多妻式的父系核心家庭（famille），有时也包括若干关系亲近的亲属成员（parents）。家户之间保持相对的距离，每家都有自己的住处、花园，等等，在经济上也保持独立运作。每个阿除瓦部族（tribu）由十几个家户组成，部族内很少爆发矛盾冲突。然而，跟部族和家户内的宁静状态相比，阿除瓦部族之间乃至阿除瓦人和其他族群（groupe éthnique）之间则长期处于战斗、激烈冲突的局面中。

阿除瓦语中的"么色"（meset）一词可翻译为"复仇"（vendetta）。它可被理解为"正常情况下互为亲戚、说同一种方言、互相了解对方，乃至

---

① Philippe Descola, Les lances du crépuscule, Plon, 1994, pp. 443 – 444。本文作者自译，下同。

于偶尔互相拜访的人们之间的关系，出现了不可避免的恶化"。[1] 阿除瓦人部族间的复仇冲突总是在由婚姻而结成的亲戚之间展开，即血亲（consanguins）和姻亲（affins），其触发点总是涉及女人［例如妻子不堪忍受坏脾气的丈夫而离开、寡妇不顾兄死弟及的传统（lévrirat）而另结新欢，等等］。复仇发生时，阿除瓦社会往往爆发大规模的喋血战斗，因为敌对的双方又会再呼吁自己的婚姻联盟加入战斗，从而使得复仇牵涉的范围越来越广泛。

和族群间的冲突相比，阿除瓦人在谈论他们和舒阿人等其他邻近族群之间的战争（guerre）时，使用的词语包括"一场杀戮"（maniakmu）、"一次举矛"（nanki jukimiau），等等。这类敌对是永恒的。跟复仇时存在调解机制，可能暂时停战不同，阿除瓦人强调在针对邻近族群的战争中不存在任何消除敌意或是通过赔偿而休战的办法。这意味着敌人不能成为哪怕是暂时的盟友。

阿除瓦人的族群或部族冲突有一个共同点，那就是其触发或强化的因素总是和"萨满的攻击"（attaques chamaniques，阿除瓦语称"tunchi"）有关。

阿除瓦文化中的一个重要元素就是他们的萨满教传统（chamanisme）。在现代人类学发展过程中，研究者很早就开始试图理解萨满这一独具特色的人群，分析其行为和意识形态。"萨满"一词来源于通古斯语，原指在西伯利亚社会中充当人类和超自然存在（神、精灵等）之间沟通媒介的人。不过，随着学科的发展，对该术语的使用一早超出了地域的限制。[2] 20 世纪 50 年代，美国人迈克尔·哈尔奈（Michael Harner）描写阿除瓦人相邻族群——舒阿人的著作《日伐赫人》（Les Jivaros）、《萨满之路》（The Way of the Shaman）等书，引起了公众对亚马逊印第安人萨满教的关注。然而，在德斯科拉看来，哈尔奈的宣传也同时阻碍了人们对日伐赫社会的正确理解：

因为缺乏对日伐赫语言的掌握，以及缺乏真正的参与观察体验，

---

① 埃文斯－普里查德：《阿赞德人的巫术、神谕和魔法》，覃俐俐译，北京：商务印书馆，2006，第 349 页。

② 参见 Pierre Bonte, Michel Izard, Dictionnaire de l'ethnologie et de l'anthropologie, Presses Universitaires de France, 2010 中的"chamanisme"词条。

（哈尔奈）出版的著作更多的是一部信息汇编，而不是真正的人类学分析。……他甚至没有展示出舒阿社会如何运转的基本原则。[①]

在《黄昏之矛》中，德斯科拉通过记述一次具体的萨满治疗过程，来呈现阿除瓦人的萨满信仰及其实践特色。敦奇（*Tunki*）是一位阿除瓦语中的"*uwishin*"（萨满）。有一天，他的朋友、表兄弟卫随（*Wisui*）前来找他，声称自己的肝部疼痛不已：不久前，他曾经梦到过一些小鸟飞来啄食他的胸膛，并且穿过其肋部，进入其身体，这使其确信该疼痛来自某个敌对萨满的攻击。于是，敦奇接受了卫随带来的烟草以及专用的致幻剂"那达慕"（*natem*），开始治疗卫随。

首先，在服用了致幻剂和吸食了大量烟草后，萨满挥动起乐弓（arc musical），使其发出嗡嗡的响声；伴随着这种单一、重复的节奏，他慢慢吟唱起歌曲（*anent*）。其歌词节选如下：

> ……
>
> 我，我，我，我使我的镖刺入
>
> 我，我，我，我身处和谐之中
>
> 我使我的 Iwianch 精灵显现
>
> 我使他们穿越标枪的屏障
>
> 我使他们跨过箭的墙
>
> 我让他们立即出发
>
> 我给他们让出道路
>
> 就以这种方式，我吹，我，我，我
>
> 投出我吹的镖
>
> 吞没一切，渗透一切
>
> ……
>
> Tsunki，Tsunki，我的精灵，我召唤你

[①] Philippe Descola, Les lances du crépuscule, Plon, 1994, p. 29. 此处，我们不妨参照 Michel Perrin 对"萨满教"内涵的解释："萨满教的基本原则可分作三大类：对世界双元主义或两级化的构想，（这两部分世界之间的）沟通方式，以及其社会功能。萨满的作用就在于建立生态、气候、生物以及社会的平衡。"（Michel Perrin, Le chamnisme, Press Universitaires de France, pp. 6 - 10. 本文作者自译。）

给我猛烈地开出一条道路，我吹，我吹

……

如同河卷走它的岸堤，我用我的波涛淹没一切，到处泛滥

尽管此处我静止不动

……

虽然镖嵌入得很深，我吹着，还是一下子把它给拔出来

一边开路前进，我一边吸引着你体内聚集的所有外来之物

……

在你痛苦的头颅中，在你疼痛的头颅中

你的痛深嵌，我将它狠狠拔出

使你完全恢复，我唱啊唱，我吹啊吹

……①

敦奇的歌唱中涌现了大量和阿除瓦萨满教文化紧密相连的元素。首先，在致幻剂、烟草和单一旋律的多重作用下，萨满进入了所谓的"恍神"状态（transe）；在该精神状态下，他得以实现灵魂的"旅行"（voyage），这包括进入患者的身体，去往邻近的地区，等等。值得一提的是，这种特殊的精神状态以及伴随其而实现的灵魂旅行，人类学家们在世界范围内的众多萨满社会中都有发现。它们也曾经被认为是萨满习俗的基本要素之一。②

其次，在歌曲中，敦奇一再强调自己如何把卫随体内的镖给"拔除"。这涉及阿除瓦人对萨满的"魔法飞镖"的认识。阿除瓦人普遍认为，萨满体内存储着普通人看不见的"魔法飞镖"（fléchettes magiques，阿除瓦语称"tsentsak"）；当意欲伤害某人时，他们便施放这些飞镖，后者能够隔着很远的距离刺中对方，给其带来伤害。在此处案例中，为了治愈卫随，敦奇就需要找出敌方萨满刺入其体内的所有飞镖，并将其一一拔出。有趣的是，为了使敌人的飞镖顺利脱离患者身体，他同时需要施放自己的魔法飞镖，以达到"引诱"（séduire）敌方飞镖的目的。这也就是为什么敦奇在歌曲中不断重复"我吹"和"我吸"。实际上，他在对卫随的背部吹出大量烟雾，

---

① Philippe Descola, Les lances du crépuscule, Plon, 1994, pp. 350 - 351.

② 参见 Mircea Eliade, *Le chamanisme et les techniques archaïques de l'extase*, Payot, 1951。

这代表他吹出他们自己的魔法飞镖，使之进入卫随体内，并随后吸出敌方的飞镖。成功地将敌人的飞镖拔除之后，萨满会将它们纳入自己的飞镖库（arsenal de tsentsak），他可以在今后施放它们。

最后，在治疗过程中，敦奇召唤他的附属精灵（esprits auxiliaires）前来帮忙。这些精灵在阿除瓦语中被称作"pasuk"，它们是各种各样的超自然存在，服从于萨满的命令，而且多不为凡人所察知。敦奇在歌曲中提到了两类附属精灵——Iwianch 和 Tsunki。其中 Iwianch 为人形，颜色深暗，萨满常用它来指代自己掌握的魔法飞镖库；而 Tsunki 生活在水面下，形态、行为如同男子，它被认为是萨满魔法力量的来源及其效力的保证。①

回到我们的案例。最终，通过治疗，以及通过对患者及其亲属的询问，敦奇获知了卫随体内飞镖的来源：它们是所谓"箭毒型"飞镖（cucare），施放者是淳处卡（Chunchukia）。后者是不久前被卫随的同盟军帕昆（Pakunt）杀害的萨满玛舒（Mashu）的儿子。由于卫随地处较远，不在敦奇的保护范围下，淳处卡选取了他作为攻击对象。而现在，通过敦奇的治疗，这一迫害过程就昭然若揭了。正如德斯科拉写道的：

> 魔法飞镖和射出飞镖的人之间由很长的银线相连，便于后者远距离控制飞镖，这一联系只有萨满在服用了那达慕之后才能看见，——它们如阳光下的蛛网般散发着七彩的光彩。通过跟随着这些银线，以及同时辨别敌方所派出的、保护这些线的附属精灵们，有经验的萨满基本上能够察知侵犯者究竟是谁。②

阿除瓦人的萨满教既是维系其社会关系所不可缺少的基石，也为他们对前面提到过的"复仇""战争"等大型的冲突行动提供了合法性。在这类集体行动中，还有一类特殊的人，即所谓的"大人物"（grand homme，阿除瓦语称"juunt"）。他们有着突出的个人能力和魅力，可以指挥军团进行战斗。如果说日常的阿除瓦社会处于一种实际上的无政府状态之中，那么在战时，阿除瓦人则完全是在以大人物为核心的、宗派性的团结下思考和行动。

---

① 萨满和其附属精灵之间的关系亦是人类学家长期感兴趣的话题。其研究可参见 Roberte Hamayon, *La chasse à l'ame. Esquisse d'une théorie du chamanisme sibérien*, Société d'ethnologie, 1990。

② Philippe Descola, *Les lances du crépuscule*, Plon, 1994, p. 362.

作为阿除瓦人中政治、经济和军事等事务的重要决定者以及作为战争首领，大人物们普遍拥有着大的花园、房屋，同时也是杰出的猎手；他们的语言能力很强，擅长和其他部族、族群对话以及对公众喊话；更重要的是，他们都拥有庞大的亲属同盟网络。为了达致这一目标，大人物们选择来自不同家庭的妻子、嫁出自己的姐妹们，并同时竭力和自己的血亲、姻亲亲属保持良好的互动关系。

阿除瓦萨满常常和大人物之间结成紧密的同盟关系。事实上，他们常常交换姐妹、结成亲家，以各自不同的能力（萨满以自己的魔法能力，大人物则是以自己的军事战略能力）来保护双方。

综上所述，我们看到阿除瓦人以他们自己的方式处理着内部以及和其他社会之间的关系问题。在部族、族群之间高度紧张、常年征战不休的背景下，萨满提供了具体的、针对个人的，同时又难以察觉的手段，来打击敌人和捍卫自己的社区；大人物们则以个人化和宗派化的组织方式，将冲突进一步实现为军事的打击。透过这些现象，德斯科拉观察到阿除瓦人独特的个人主义哲学（individualisme）：

> 在阿除瓦人中间，不仅难以见到一种可以高于个人利益的群体性理念，更缺乏实现这样一种理念的威权人物。作为其基础的，无疑是一种非常实际的个人主义，它实现了人们社会地位的平等。（这跟我们常识中，西欧资本主义和复兴时期意识形态相结合而诞生的现代社会，以及初民社会中的集体主义、等级制、个体的消失，等等，形成了令人吃惊的对比。）可以说，阿除瓦人把社会哲学中的最高价值放在了实现个人命运上，他们并不关注作为一个有机整体的阿除瓦社区，忘记了过去、也不关心未来，他们驾驭亲属关系以实现即时的利益，关注的只是个人的威望。对于那些期待从他人处得到更多的人，阿除瓦人将很快地抛弃他们。[①]

三　纳人的仪式

我们要介绍的最后一个案例来自笔者本人的研究。从 2003 年开始，笔

---

① 埃文斯 - 普里查德：《阿赞德人的巫术、神谕和魔法》，覃俐俐译，北京：商务印书馆，2006，第 322~323 页。

者着手研究位于中国西南部、云南和四川交界处的纳人（外界称摩梭人）的原生宗教生活。在这一宗教生活中起到关键作用的人物被称为"达巴"（daba），他们是纳人社会中传统的宗教和仪式专家。

纳人居住在滇西北与川西南交界的高原山区，人数约为三万。他们自称为"纳"（na），汉称"摩梭"。纳人有语言而无文字，过着以耕种为主的农业生活。长期以来，纳人社会以其母系亲属制度及独特的性生活方式吸引了众多研究者乃至公众的注意。具体而言，他们的最小亲属和经济单位被称为"支系"（纳语称"lhe"），后者纯粹由母系血亲组成；为了繁衍后代，纳人实行一种男方在夜间走访女方（sésé）的性生活制度。这一社会机制及其相应的文化观念系统，无疑跟我们观念中的家庭、婚姻等对象差异极大。①

如果说纳人因其独特的亲属制度而在人类学界占有一席之地，那么相对而言，专门针对其传统宗教生活——以达巴为代表的一系列观念和仪式实践——而做的人类学、民族学研究，则一直较为缺失。事实上，在历史上乃至今天，纳人社会中长期并行存在两种宗教事务专家：达巴和藏传佛教的喇嘛，而两者的行为模式有着很大的不同：喇嘛的行为、起居基本上围绕着寺院而发生，他们的活动在很大程度上依赖由藏语写成的佛教经典；达巴作为一种高度个人化的职业，没有统一的组织，也没有经书，他们运用凭心记忆的古纳语祷词来主持各种仪式，以达到为同胞祈求福祉、祛除病灾的目的。在纳人眼里，达巴熟知支系和氏族（sizi）的家谱、祷词和相关的神话传说，以及各种宗教、仪式知识。他们被认为是最为通晓纳人传统的人物。

2003 年、2004 年以及 2006~2007 年间，笔者对四川省盐源县前所乡和木里县屋脚乡的两个纳人村落进行了三次、总共为期十八个月的田野调查。在考察过程中以及后来的整理、思考阶段，笔者发现理解达巴的祷词，以及了解达巴在仪式中对于祷词的运用，对于理解纳人的传统宗教习俗乃至其他社会机制的运作都有着重要意义。下面，我们即从纳人如何解决社会纠纷、进行司法诉讼的方面来举例说明。

在纳人历史上，土司曾经统治过其居住地区相当长的一段时间。在纳

---

① 参见 Cai Hua, *Une société sans père ni mari. Les Na de Chine*, Presses Universitaires de France, 1997, pp. 93 – 142。

语中，这些统治者及其阶级被称为"*sipi*"。

土司制度系中国历史上数代中央政府为了维持边疆稳定而推行的一项地方治理制度。其涵义是：朝廷任命、认可某些汉族以外民族的头目，让其管理所在地的内政事务。土司的职位常常是世袭、固定的，跟中央指派的、四处调动的"流官"相对。纳人地区的土司统治历史可追溯至公元 13 世纪。明朝沿袭并进一步完善了这一制度。在纳人社会内部，以土司统治为核心的政治、经济乃至宗教制度长期存在，并因此形成包括贵族（*sipi*）、平民（*dzékra*）、奴隶（*er*）等社会阶级的稳定结构。[①]

纳语中的"*dhudzo*"指"诉讼"。在历史上，百姓之间如果有了冲突，需要到辖管土司面前陈诉、解决，履行一套所谓"上衙门"的程序。跟其他土司制度一样，这一诉讼制度在纳人地区实施了数百年时间。值得注意的是，至今纳人们仍采用这一说法来指称和上法庭有关的活动。

关于土司诉讼的细节，我们可参考《木里县志》中的一段描述：

> 解放前木里百姓的诉讼，须向衙门里大小官员和各级头人呈送叩头银子：……官越大，所呈叩头银子越多，直到最后呈送叩头银子（通常为数两至十数两）与土司，始得向土司哭诉状情。……凡人命大案，在衙门最底层天井中设立公堂……人犯过堂取跪审方式。案情稍轻的在衙门二楼设堂……凡审犯官则在衙门三楼设堂……只有极少数的重大案件才有大喇嘛（土司）亲自审理。[②]

在我们的田野考察过程中，我们发现了反映纳人传统诉讼生活的木卡布（*mukrabu*）仪式。笼统而言，木卡布是一个由达巴主持、致力于将各种污秽从纳人家中驱除出去的大型传统仪式，其举行时间或在每年农历年的年尾或葬礼的最后一天，持续时间通常为十多个小时。

在木卡布仪式中，达巴驱逐的各种污秽以具体的形象出现，它们被称作"恶灵"（*tsi*、*tsikrua* 或 *tsikruami*）。纳人文化中恶灵的种类繁多，每种都有不同的来源、形态和脾气性格。其中，代表"流言"的"木

① 同上，pp. 40 - 50。
② 木里藏族自治县志编纂委员会编《木里县志》，成都：四川人民出版社，1995，第 670 ~ 671 页。

卡"（*mukra*）是达巴在木卡布仪式中重点驱赶的为首恶灵，这也是"木卡布"仪式名称的由来（"*bu*"则指"仪式"）。在当地的汉语方言中，*mukrabu* 也常被翻译为"打口嘴"，其中的"口嘴"即对应"流言"，"打"则对应"驱赶"。①

除了木卡，木卡布仪式中出现的恶灵还包括：代表"辱骂"的恶灵"及"（*dZi*）、代表"吐口水"的恶灵"布"（*bu*）、代表"性乱"的恶灵"亚"（*va*）、代表"死亡"的恶灵"杂"（*za*）、代表"命运"的恶灵"时至多纳"（*shidhidona*）、代表"野蛮"的恶灵"塔如阿"（*taʀa*），以及代表"死者"的恶灵"洛西次杂"（*loçitsiza*），等等。对于纳人来说，这些恶灵对生产生活的影响巨大，不仅可令人和牲畜染上疾病，发生意外乃至死亡，更能对人际关系包括支系、氏族之间的关系造成破坏。

为了和这些无处不在、人类无时无刻不深受其害的恶灵做斗争，达巴在木卡布仪式中采取了一系列措施以确保胜利：首先，他清洁仪式现场，确保仪式效果不受到污物的干扰；继而，他邀请山神和自己的保护神降临，并请求他们在仪式进行过程中协助自己、加强法力；接下来，达巴开始逐一跟恶灵对话，这包括向其教育基本的行事道理，诉说其诞生来源，展示力量恐吓恶灵，对其讲述神话史诗，等等。漫长的对话过程结束后，达巴要求恶灵离开，他送出礼物，令其起身，将之送出至室外，恶灵在其指挥下被押送上路，翻越重重山头，一直到世界的尽头。在这一切完成之后，达巴将恶灵回程的路封死，以确保他们不会再回来打扰该支系。

在木卡布仪式末尾，达巴向各个方向投出箭、石等武器，旨在打击分散于四面八方的恶灵。他同时念诵经文，祈求该支系在来年不会卷入任何的诉讼案件中。在一切完成之后，达巴烧香感谢神灵的帮助，并庆祝仪式的成功。

在纳人传统的生活中，个人、支系、氏族乃至村庄之间的口角、摩擦、争吵，等等，总是引发纠纷、冲突的原因；和流言、恶言相向、性乱等相关的恶劣思想和行为，往往直接引发诉讼案件。在这一意义上，达巴在木卡布仪式中，表面上是在打击险恶和为数众多的恶灵，但实际上面对的是几百年的土司统治下，纳人社会持续遇到的问题。通过在仪式中驱逐恶灵，达巴将各种可能引起社会冲突的因素象征性地排除出了支系，从而避免了

---

① 在日常语境中，纳人常以"打"（*la*）来指代"驱逐"（*lo*），用于恶灵身上。

诉讼的产生。他的巧妙操作和安排对纳人面临的法律问题给予了仪式性的解决。

总结—问题

以上，我们用很快的速度，大略介绍的三个社会文化人类学案例，分别在不同的时空背景下、从不同的切入点反映了某一族群是如何处理和法律相关的问题的。其中，阿赞德人对于巫术和神谕等信仰的倚重，阿除瓦萨满和大人物之间的联手领导，以及纳人的达巴在驱邪仪式中的表演，在我们社会中的司法、审判、诉讼等过程中难以见到。《牛津法律大辞典》中对"法律"的解释是："法律是通过一个社会组织集团的力量来调整社会关系规范人们行为的体制。"① 而社会文化人类学家在世界范围各民族内部观察到的具体案例，也许为我们丰富和深化理解这一定义提供了可能。特别是在当今全球化和现代化的趋势下，有关法律和宗教、现代性与传统性、全球性和地方性等复杂的课题，正在不断进入研究者的视线。

在此，给出一个类似结论的结尾已经超出了本人的能力范围。笔者毋宁最后给出一个笔者在 2004 年四川田野考察时亲身经历的例子，不但能给本文画上一个句号，同时也留予读者思考的空间。

2004 年春天，我在四川盐源县前所乡地区进行田野考察。没过多久，当地发生了一起特殊的事件：某天夜里，一批外来人员在当地人所不知情的情况下，偷偷在前所中部的日塔瓦（zitawa）山上使用炸药，企图开采深埋山体内的矿石。炸山之后没过几天，前所境内遭受了严重的冰雹灾害，致使刚刚开始春耕的农民遭受巨大损失。

此事发生后，当地纳人强烈地表示出愤怒：他们寻找非法采矿者、聚集在乡政府门口，要求上"县里的衙门"打官司。纳人们举出的理由是：在土司统治时代，日塔瓦山是土司专门用来祭拜山神的地方，一般百姓不能上山打猎、砍柴，更不用提炸山了；这一次，外来采矿者的鲁莽行为无疑大大地激怒了日塔瓦山神，随后而至的冰雹灾害就是其怒气的表现，并且使得无辜的纳人村民受到波及。为了平复山神

---

① David M. Walkker：《牛津法律大辞典》，北京：法律出版社，2003，第 654 页。

的怒气，应该找出肇事者，让他们对造成的损失做出实质上以及仪式上的赔偿。

据悉，此事最终上报到了县地方法院立案，地方政府亦派专人前来安抚村民，并拨专款弥补了其灾害损失。①

---

① 陈晋:《达巴和他的世界》，北京大学硕士学位论文，2005，第 75 页。

西方社会流动研究综述

王甫勤

一 社会流动研究的缘起

哈佛大学社会学系的创始人索罗金是社会流动研究公认的创始人,他在 1927 年发表了著作 *Social Mobility*,从而开创了社会流动研究的先河。社会流动研究是对社会结构的动态分析,是社会分层过程分析的重要领域。在索罗金的著作中,社会流动可以被理解为个人或社会对象或价值——被人类活动创造的或修改的任何变化——从一个位置到另一个位置的任何转变。[①] 如职业、收入、贫困、福利、教育,等等。社会流动分为水平流动和垂直流动两个基本类型,分别指个人或社会价值变化的起点与终点之间的位置是否有方向上的变化,如果没有变化,则这种社会流动可以称为水平变化;相反,则称为垂直流动(根据方向的不同,又可以称为上向流动或下向流动,这里不再赘述)。

社会流动研究自开创以来,就引起了社会学家对流动研究的广泛兴趣,目前社会流动研究已经成为社会学研究领域中量化程度最高,统计方法运用最复杂的领域。流动研究一直存在两个传统:一种是在同一个阶级结构内部的流动研究,即个人在相同的阶级结构中位置的变化;另外一种是指社会等级的变化,即相同经济地位或社会地位的人群作为一个社会群体在社会等级位置中的变化。[②] 在现代社会流动研究中,这两种区分并不十分明

[①] Pitirim A. Sorokin, *Social Mobility*, New York, 1927, 关于布劳 - 邓肯模型所使用的分析、测量方法将在后文详细介绍。

[②] Robert Erikson and John H. Goldthorpe, *The Constant Flux: A Study of Class Mobility in Industrial Societies*, Oxford, 1992.

显，并且一般都是以个人的职业变化代替社会位置的变化。

二　社会流动研究的核心问题

由于社会流动研究的是个人社会位置的起点与终点之间的变化及其影响因素，所以对起点和终点的定义不同，所关注的核心问题也有所区别。在经验研究中，怀忘个人社会位置的主要变量有三个，即个人的社会出身（一般以父亲的职业来测量）、个人刚进入社会的初始位置（一般以个人的第一份职业来测量）和个人的当前社会位置（一般以个人当前的职业来测量）。如果将个人社会位置的起点定义为个人的初始位置，将终点定义为个人的当前位置，那么这种研究关注的核心问题是个人当前的社会地位获得受到哪些因素的影响，比较先赋因素的影响和自致因素的影响，也能反映一个社会结构的开放性程度。这种研究可以称之为代内流动（intragenerational mobility）。如果将个人社会位置的起点定义为社会出身，而将终点定义为个人的初始位置或当前位置，那么这种研究关注的是父亲的社会地位与子女的社会地位之间的关系，父亲的社会地位是否能够传递给子女（父亲的传递效应或子女的继承效应）。这种研究被称为代际流动研究（intergenerational mobility），反映的是一个社会的流动性程度，流动性程度越高，社会结构越开放，反之，社会结构越封闭。不过，从来没有哪个社会是绝对开放和绝对封闭的。

随着社会流动研究的逐渐发展，各国研究社会流动的学者们开始建立同盟，试图以共同的概念框架来对不同国家的社会流动模式和趋势进行比较研究。比较社会流动关注的核心问题是不同国家的社会流动模式是否相同，工业化是否能够促进社会流动，以及不同国家的政治结构与社会流动之间的关系。不过随着统计方法的发展，比较社会流动的研究逐渐狭隘，也鲜有理论的突破。[①]

根据上文，笔者将不同社会流动研究的核心问题总结于表1。

---

① Harry B. G. Ganzeboom, Donald J. Treiman and Wout C. Ultee, "Comparative Intergenerational Stratification Research: Three Generations and Beyond", *Annual Review of Sociology* 17 (1991), pp. 277 - 302.

表 1 不同社会流动研究所关注的核心问题

研究类型	核心问题
代内流动	个人社会地位获得的影响因素，先赋因素与自致因素的关系
代际流动	父亲社会地位的传递效应，社会结构的开放性程度
比较社会流动	工业化对于社会流动模式的影响，政治结构与社会流动的关系

三 地位获得模型

20 世纪 60 年代中期，布劳和邓肯对美国阶级结构和职业地位获得进行了开创性的研究，他们运用路径分析的方法建立了"地位获得模型"（也称为布劳－邓肯模型），这一模型同时涵盖了个人的代内流动和代际流动。布劳和邓肯认为，个人职业地位的获得，受到先赋因素和自致因素的共同作用，并且，先赋因素一方面对个人职业地位的获得存在直接影响，另一方面，先赋因素还作为中介变量存在，通过影响个人的自致因素而间接影响了个人的职业地位获得。[1] 布劳、邓肯的研究，给社会流动研究带来了革命性的发展，引发了美国社会学界对于地位获得研究的广泛兴趣，同时也奠定了社会流动经验研究的基础。而他们所提出的"地位获得模型"也成为学者们研究地位获得的基本模型。[2]

由于"地位获得模型"在分析方法上的局限，变量之间因果顺序的假设较多，尤其是整个模型在解释能力上还存在一定的缺陷及结果变量的残差系数较大，因此，这一方面招致了很多学者的批评，另一方面也激发了后来的学者对模型进行不断的修正和拓展，在结果变量方面，用经济地位取代职业地位，或将二者同时纳入模型，在自变量方面添加其他的先赋因素或自致因素到模型中，如性别[3][4]、种族[5][6]、

① Peter M. Blau and Otis Dudley Duncan, *The American Occupational Structure*, New York, 1967.

② 许嘉猷：《社会阶层化与社会流动》，台北：三民书局，1986。

③ Mckee J. McClendon, "The Occupational Status Attainment Processes of Males and Females", *American Sociological Review* 41 (1976), pp. 52 – 64.

④ Donald J. Treiman and Kermit Terrell, "Sex and the Process of Status Attainment: A Comparison of Working Women and Men", *American Sociological Review* 40 (1975), pp. 174 – 200.

⑤ Arthur Sakamoto and Jessie M. Tzeng, "A Fifty-Year Perspective on the Declining Significance of Race in the Occupational Attainment of White and Black Men", *Sociological Perspectives* 42 (1999), pp. 157 – 79.

⑥ Mark B. Stewart, "Racial Discrimination and Occupational Attainment in Britain", *The Economic Journal* 93 (1983), pp. 521 – 41.

年龄①、智力和期望等②，因而在布劳－邓肯模型的基础上，又衍生出一些新的模型，如布劳和费德曼（Featherman）等的二代模型，威斯康辛模型、哈佛模型、赖特模型和罗宾逊模型等（各模型之间的比较详见许嘉猷，1986）。

布劳－邓肯模型及各衍生模型，都是将个体作为一个单独的个人来研究，注重个人层面的因素对于地位获得的影响，忽略了个人是处于一定的社会关系和社会结构中的个体。自从格兰诺维特在1973年提出弱关系③理论以来，学者们纷纷开始从社会关系的角度来研究人们的职业（地位）获得，如林南社会网络或社会资本理论④⑤、伯特的结构洞理论⑥。20世纪70年代末以来，新结构主义理论强调劳动力市场结构、生产组织等结构性因素对于个人地位获得的影响⑦⑧⑨。如皮奥雷将劳动力市场划分为初级劳动力市场和次级劳动力市场，并认为在初级劳动力市场中工作的人，能够获得高工资、良好的工作环境、就业的稳定性、工作规则上的公平性及晋升机会，等等。而在次级劳动力市场中工作的人则面临低工资、不良工作条件、就业的变异性、辛劳和经常专断的训练及晋升机会的缺乏等。⑩社会关系理论和新结构主义理论通过社会关系网络、劳动市场结构和生产组织的深入研究，能够帮助我们对社会流动或社会分层过程有更具体更详细的了解。

---

① Robert M. Hutchens, "Do Job Opportunities Decline with Age?" *Industrial and Labor Relations Review* 42 (1988), pp. 89 – 99.

② William H. Sewell, Archibald O. Haller and Alejandro Portes, "The Educational and Early Occupational Attainment Process", *American Sociological Review* 34 (1969), pp. 82 – 92.

③ Mark S. Granovetter, "The Strength of Weak Ties", *The American Journal of Sociology* 78 (1973), pp. 1360 – 80.

④ Nan Lin, John C. Vaughn and Walter M. Ensel, "Social Resources and Occupational Status Attainment", *Social Forces* 59 (1981), pp. 1163 – 1181.

⑤ Nan Lin, "Social Networks and Status Attainment", *Annual Review of Sociology* 25 (1999), pp. 467 – 487.

⑥ Ronald S. Burt, *Structural Holes: The Social Structure of Competition*, Cambridge, 1992.

⑦ Arne L. Kalleberg and Aage B. Sorensen, "The Sociology of Labor Markets", *Annual Review of Sociology* 5 (1979), pp. 351 – 79.

⑧ A. B. and A. L. Kalleberg Sorensen ed., *An Outline of a Theory of the Matching of Persons to Jobs*, New York, 1981, pp. 49 – 74.

⑨ James N. Baron and William T. Bielby, "Bringing the Firms Back in: Stratification, Segmentation, and the Organization of Work", *American Sociological Review* 45 (1980), pp. 737 – 765.

⑩ M. J Piore ed., *The Dual Labor Market: Theory and Application*, Lexington, Mass., 1973.

四 比较社会流动研究的发展历程

在 20 世纪 70 年代初期，费德曼等就根据研究数据的收集方法、测量程序和分析方法，将代际社会分层研究的历史划分为三代，其中第一代以相对简单的统计方法为主，以职业流动为唯一主题；第二代以路径分析和职业地位获得研究为主；第三代以职业流动的对数线性分析为主。[①] 特里曼等在此基础上，又从研究的主要问题、主要假设和结论等几个维度将西方比较社会流动研究自第二次世界大战结束以来也划分为三代，并在此基础上提出了比较社会流动研究的新趋势，即他们所谓的第四代。[②] 下文将根据特里曼等对西方比较社会流动研究的基本方面进行简要总结。

（一）第一代

虽然索罗金开创了社会流动研究的先河，但是现代的社会流动研究却起始于 20 世纪 50 年代中后期。1954 年格拉斯（Glass）发表的 *Social Mobility in Britain* 促进了国际社会学会社会分层与流动研究委员会的建立，社会分层与流动研究委员会自建立以来，就致力于创建各国社会分层与流动研究的数据共享和交流的平台。在随后的几年里，发表了大量的研究专著，其中最有代表性的是李普塞特和泽特博格的 *A Theory of Social Mobility*，李普塞特与本迪克斯的 *Social Mobility in Industrial Society* 及米勒的 *Comparative Social Mobility*[③]，等等。

这些研究主要是通过简单的流动表（mobility tables）分析来处理代际流动问题，他们将职业归为三类（通常是非体力职业、体力职业和农民）或两类（通常是体力和非体力职业），然后建立父子职业的三维或二维的列联表，再根据列联表中的频数计算总体流动率、每个职业的流入率（inflow percentage）和流出率（outflow percentage），其中：mobility rate $= f_{ij} / N$；

① David L. Featherman, Robert M. Hauser and William H. Sewell, "Toward Comparable Data on Inequality and Stratification: Perspectives on the Second Generation of National Mobility Studies", *The American Sociologist* 9 (1974), pp. 18 – 25.

② Donald J. Treiman and Harry B. G. Ganzeboom eds., *The Fourth Generation of Comparative Stratification Research*, London, 2000, pp. 123 – 150.

③ S. M. Miller, Comparative Social Mobility, *Current Sociology* 9 (1961), pp. 1 – 89.

Inflow percentage = $f_{ij} / F_{.j}$；outflow percentage = $f_{ij} / F_{i.}$（i 代表父亲职业，是起点；j 代表子女职业，是终点）。因此，流入率表示子女的某一职业有多少比例是从各个职业流入的，流出率表示父亲的某一职业将会有多少比例从各个职业流出。[①] 在计算流出率和流入率之后，一般还会计算任意两个起点之间的流出比差异或任意两个终点流入比差异，表示从不同起点流出或不同终点流入的差距。

第一代比较社会流动研究，关注的问题有很多。最核心的问题如本文第二部分所述，包括以下三个方面：①不同国家的社会流动模式在多大程度上或何种方式上存在差异；②工业化社会是否比非工业化社会有更高的流动率；③不同国家的政治稳定性程度与社会流动之间的关系是什么。他们关注的次要的问题还包括：社会流动对于投票行为的影响以及各国职业声望等级是否类似。李普塞特发现在西方工业化国家中，社会整体的流动模式非常接近，[②③]福克斯和米勒等发现工业化社会确实比非工业化社会有更高的流动率，[④] 科勒对东欧国家代际流动的比较研究发现社会主义体制能够促进社会流动，[⑤] 特里曼等也发现各国的职业声望等级比较类似。[⑥]

根据流动表计算总体流动率、流出率和流入率是流动表分析中最简单的分析，因此在对社会结构的开放性进行说明时，将存在不可避免的缺陷。因为，流动表的频次受到边际分布及行与列交互作用的影响，在流动表的初级分析中，这一点却是被忽视的，因而各国之间的比较实际上只能作为参考。从这个意义上说，第一代流动研究仍然是处于理论分析的层面上。

（二）第二代

20 世纪 60 年代中期，美国实施了"一代内职业变迁调查"（Occupa-

---

① Michael Hout, *Mobility Tables*, Beverly Hills, CA, 1983.

② S. M. Lipset and H. L. Zetterberg, "A Theory of Social Mobility", Third World Congress of Sociology 2 1956, pp. 155 – 177.

③ S. M. Lipset and R. Bendix, *Social Mobility in Industrial Society*, Berkeley, 1959.

④ T. G. Fox and S. M. Miller, "Economic, Political and Social Determinants of Mobility: An International Cross-sectional Analysis", *Acta Sociologica* 9 (1966), pp. 76 – 93.
D. J Treiman, *Occupational Prestige in Comparative Perspective*, New York, 1977.

⑤ W. Connor, *Socialism Politics and Equality: Hierarchy and Change in Eastern Europe and the USSR*, New York, 1979.

⑥ D. J Treiman, *Occupational Prestige in Comparative Perspective*, New York, 1977.

tional Change in a Generation Survey，简称 OCGS），多元回归分析方法也出现了，布劳和邓肯运用路径分析的方法建立了"地位获得模型"，如前所述。在模型中，布劳和邓肯用父亲的教育程度和职业地位来测量儿子的先赋因素（社会出身），用儿子的教育程度和第一份工作的职业地位来测量儿子的自致因素，儿子的当前职业地位则作为结果变量。在地位获得模型中，布劳和邓肯并没有使用职业声望作为职业地位的测量指标，而是使用职业经济地位指数（简称 SEI，是根据每个职业的平均教育程度和平均收入加权所得）作为职业地位的测量指标。先赋因素和自致因素对当前职业地位的解释总方差约为 42%。

布劳和邓肯对于个人地位获得的决定因素分析之后，还比较了不同时期影响职业地位获得的先赋因素与自致因素的关系，并指出在农业社会人们的职业地位获得主要是先赋因素在起作用，随着工业社会的发展，先赋因素的作用下降，自致因素开始起主要作用。

布劳－邓肯模型刺激了各国学者，并使他们加入了地位获得的国际比较研究，各国学者纷纷效仿布劳－邓肯模型的数据收集和测量方法，他们至少在法国、英国、波兰、澳大利亚、加拿大、日本等 13 个国家实施了类似的研究，并发表了大量的研究成果，详见 Ganzeboom & Treiman, etc (1991)。希斯发现共产主义国家和社会民主国家中，父亲职业对于儿子职业的影响要小于政治保守国家中父亲职业对儿子职业的影响。[1]

虽然地位获得的比较研究已经成为比较社会流动研究中很成熟的领域，但也有学者批评说随着统计分析方法的精细化（尤其是线性结构方程作为新的分析工具后），比较社会流动研究的实质性领域正在逐渐缩小，这一点在第三代表现得更为明显。

（三）第三代

20 世纪 70 年代后期，正当社会分层与流动研究委员会运用地位获得模型的方法在各国收集数据时，以费德曼、豪斯（Hauser）和戈德索普（Goldthorpe）等人为代表的社会学家们认为地位获得模型忽略了社会流动的质的差异，将社会地位的差异变成了量的差异，这是不符合实际情况的，他们主张返回

---

① A Heath, *Social Mobility*, Cambridge, UK, 1981.

分类式的流动表分析。[1][2][3]对数线性模型为他们的分析提供了支持。

更新、更详细的数据不能为 Lipset 等的流动比率在各个国家趋同的观点提供支持。Featherman 等人假设，所观察到的流动比率的不同可能源于职业结构中的历史和文化之间的不同，而不是源于职业之间流动的不同，[4] 这就是 FJH 假设。他们还预测，一旦出身和最终的职业分布的变化被控制，流动机会是不变的。Erikson 和 Goldthorpe 的 9 国比较研究（数据来自"工业化国家社会流动的比较分析"项目，简称 CASMIN），采用 EGP 阶级分类法，建立 7 维列联表，区分绝对流动和相对流动比例，控制边际分布的作用，并建立很多模型来拟合列联表数据（如完全流动模型、准完全流动模型、对角线模型、拐角模型、拓扑模型等）。他们的分析支持了 FJH 假设的观点，即绝对比率没有趋势性的迹象，尽管它表现出相当大的波动。但是，就相对比例而言，它表现出相当的稳定性并且部门效应和继承效应在解释相对流动模式时比等级效应更重要，[5] 这直接挑战了地位获得模型的假设。但是其他学者运用相同的数据进行分析却得到相反的结论，[6] 这也从而质疑了 FJH 假设。

对数线性模型使得多维度的流动表分析成为可能，因而促进了比较社会流动向更纵深的方向发展，但是对数线性模型也存在缺陷，即它不能解释上述矛盾现象（相同的数据、方法，不同的分类，得出不同的结论），另外，对数线性模型也使得比较社会流动分析的领域缩小到仅仅关注个人的社会出身、起始位置和当前位置之间的关系。

---

① D. L. Featherman and R. M. Hauser, *Opportunity and Change*, New York, 1978.
Raymond Sin-Kwok Wong, "Understanding Cross-National Variation in Occupational Mobility", *American Sociological Review* 55 (1990), pp. 560 – 573.

② Robert M. Hauser, Peter J. Dickinson, Harry P. Travis and John N. Koffel, "Structural Changes in Occupational Mobility Among Men in the United States", *American Sociological Review* 40 (1975), pp. 585 – 598.

③ Robert M. Hauser, John N. Koffel, Harry P. Travis and Peter J. Dickinson, "Temporal Change in Occupational Mobility: Evidence for Men in the United States", *American Sociological Review* 40 (1975), pp. 279 – 297.

④ D. L Featherman, F. L. Jones and R. M Hauser, "Assumptions of Social Mobility Research in the United States: The Case of Occupational Status", *Social Science Research* 4 (1975), pp. 339 – 360.

⑤ Robert Erikson and John H. Goldthorpe, "Are American Rates of Social Mobility Exceptionally High? New Evidence on an Old Issue", *European Sociological Review* 1 (1985), pp. 1 – 22.

⑥ Raymond Sin-Kwok Wong, "Understanding Cross-National Variation in Occupational Mobility", *American Sociological Review* 55 (1990), pp. 560 – 573.

（四）新趋势

自 20 世纪 80 年代以来，西方比较社会流动研究出现了一些新的趋势，这些趋势表现在：①新的数据资料的收集，像 CASMIN、CPCSCC（赖特的"阶级结构与阶级意识比较项目"）、ISSP（国际社会调查项目）、ESP（欧洲社会调查项目）、EASP（东亚社会调查项目）等；②研究设计的发展；③新的统计分析工具，如 Logit 回归、HLM 模型、事件史分析模型、时间序列模型；④测量的标准化；⑤妇女与家庭的社会流动比较；⑥社会流动的后果比较，如代际流动、代内流动等对于人们投票行为、生育行为、消费方式和生活方式的影响，等等。

社会交换理论视野下的
分配公平研究[*]

孙 明 马 磊

  分配公平不仅是社会普遍关心的话题，也是学界研究的热点，包括规范性研究（normative research）和经验性研究（empirical research）两种基本取向。规范性研究强调从终极的伦理准则出发，对"公平"的本质进行探讨并提出了一些公平判断的抽象原则。[①] 而分配公平的经验性研究则关注民众的分配公平观（distributive perception），即常人如何判断分配是否公平。

  经验研究者认为公平的标准并非源自宗教信仰、法律权威、逻辑分析以及抽象的伦理原则，公平是一个社会建构的概念，[②] 作为一种社会共识，它稳定地存在于所有个体的观念中。经验性研究的核心问题是，人们判断分配公平的标准是什么，判断的过程是怎样的？其中，以新古典主义经济学为基础的"自利理论"（self-interest theory）认为，人不仅唯利是图而且以利益的最大化为目标，因此，分配结果对自己越有利，分配方式就会被认为越公平。[③] 而社会交换理论则认为，公平与否并不完全取决于个体的自

  [*] 本文原载于《社会学》2012 年第 2 期。本研究得到中国博士后科学基金第五十批（2011M500808）及国家社科基金项目（06BSH049）的资助。
  [①] 近几十年较具影响力的是罗尔斯（John Rawls）的分配公平论、诺齐克（Robert Nozick）与德沃金（Ronald Dworkin）的权利正义论、森（Amartya Sen）的能力平等论，等等。
  [②] Colquitt, J. A., D. E. Conlon, M. J. Wesson, C. O. L H. Porter and K. Y Ng., "Justice at the Millenium: A Meta-analytic Review of 25 Years of Organizational Justice Research", *Journal of Applied Psychology*, vol. 86, 2001.
  [③] Greenberg, J., "Employee Theft as A Reaction to Underpayment Inequity: The Hidden Cost of Pay Cuts", *Journal of Applied Psychology*, vol. 758, 1990; Sears, David O. & Carolyn L. Funk, "The Role of Self-interest in Social and Political Attitudes", *Advances in Experimental Social Psychology*, vol. 24, 1991.

利动机，在社会互动和交换过程中，人们依据"应得原则"（desert）形成一个公平（期望）收入，而分配公平的判断过程就是将实际收入与之进行比较。那么，比较的具体内容是什么，作为参照标准的公平收入是如何形成的，能否对公平状况进行测量呢？围绕这些问题，公正理论、地位价值理论、一般公平理论都在社会交换理论的视野下尝试给出答案。这些分支理论各具特点又彼此批评和借鉴，这使得社会交换理论成为分配公平经验研究中最具影响力的理论流派，"应得原则"也被研究者们认为是市场社会或现代社会中居于主导地位的分配公平观念。①

本文旨在对社会交换理论流派中几个代表性的理论观点进行梳理，剖析不同理论的内在特征并指出其局限性。最后本文对分配公平研究中的社会交换理论做一个总体性的评价，并结合中国社会转型期分配公平研究的现状，提出有待进一步研究的问题。

一 公正理论

公正理论（equity theory）最先阐明了"应得原则"的内涵。Adams 在研究企业职工的工资满意度时发现，公平是贡献与回报之间的均衡。② Homans 认为处于交换关系中的个人总是期望获得的报酬与他付出的成本③相匹配④。简言之，应得原则就是投入与所得之间的平衡。根据应得原则，少得的人会感到不满，多得的人会感到羞愧，这两种分配结果都是不公平的。⑤

那么，如何判断所得与投入是否均衡呢？Adams 认为人们通常将自己的

---

① Lane, Robert E. , "Market Justice, Political Justice", *American Political Science Review*, vo. 180, 1986; Ritzman, Rosemary L. and Donald Tomaskovic-Devey, "Life Chances and Support for Equality and Equity as Normative and Counternormative Distribution Rules", *Social Forces*, vol. 70, 1992.

② Adams, J. S. , *Inequality in Social Exchange*. In L. Berkowitz （Ed. ）, *Advances in Experimental Social Psychology*, vol. 2. New York: Academic Press, 1965.

③ "投入"或"成本"不仅仅局限于贡献、努力、绩效等，任何与报酬有关的、可以作为分配基础的个人背景特征（background characteristics）都可以被看作"投入"，比如性别、种族（Homans, 1961; Cook, 1975）。

④ Homans, George C. , *Social Behavior: Its Elementary Forms*, New York: Harcourt Brace Jovanovich, 1961.

⑤ Tyler, Tom R. , Robert J. Boeckmann, Heather J. Smith, and Yuen J. Huo, *Social Justice In A Diverse Society*, Boulder: Westview Press, 1997.

投入（input）与结果（outcome）的"比值"与其他人的"比值"进行比较，当 Oa/Ia = Ob/Ib[①] 时，分配就被认为是公平的。[②] 换言之，在一个小环境中，人们是将他人报酬与投入的比值作为公平的标准来考量自己。在投入确定的情况下，自己应该得到的收入或公平收入就是：Oa = Ob * （Ia/Ib），然后，将实际收入与这一公平收入进行比较就可以知道分配结果是否公平。

公正理论作为早期的理论模型，它的重要贡献在于明确提出了应得原则，并在经验研究的基础上，通过一个简单的公式揭示出公平判断是一个怎样的比较过程。此外，公正理论具有广泛的应用性，除了薪酬分配外，更是扩展到了友谊、恋爱、婚姻等多种社会关系之中。[③]

虽然公正理论具有开创性，但存在明显的缺陷。首先，当 Oa/Ia ≠ Ob/Ib 时，我们难以确定分配结果是多得不公（overpaid injustice）还是少得不公（underpaid justice），[④] 即"不公平"的性质是未知的。其次，公正理论中的"比较过程"发生在两个人或者两个具体位置之间，属于"局部比较"（local comparison）。[⑤] 问题出现了，假设在一个血汗工厂中，两个工人具有同样大的投入和同样少得可怜的回报，二人都受到了不公平的待遇，但是根据亚当斯的公式，他们之间进行比较会得出分配公平的结论。因此，公正理论的局部比较是不合理的。此后，Berger 等人发展出了地位价值理论（status value theory），将比较的层次提升到群体之间。

二　地位价值理论

基于对公正理论的批评，Berger 等人提出地位价值理论，一方面将主观的社会评价引入分配公平的研究，另一方面，以"参照比较"（referential

---

① O = outcome，I = input；a、b 为具体分配中的两个个体。

② Tyler, Tom R., Robert J. Boeckmann, Heather J. Smith, and Yuen J. Huo, *Social Justice In A Diverse Society*, Boulder: Westview Press, 1997.

③ Tyler, Tom R., Robert J. Boeckmann, Heather J. Smith, and Yuen J. Huo, *Social Justice In A Diverse Society*, Boulder: Westview Press, 1997.

④ Jasso, G., "On the Justice of Earnings: A New Specification of the Justice Evaluation Function", *The American Journal of Sociology*, vol. 83, 1978.

⑤ Morris Zelditch, Jr., Joseph Berger, Bo Anderson, Bernard P. Cohen. "Equitable Comparisons", *The Pacific Sociological Review*, vol. 13, 1970.

comparison）取代"局部比较"，从而突破了公正理论的微观视角。[①]

那么，何谓"地位价值"呢？从尊严、声望等角度给出的社会评价就是"地位价值"。Berger 等人认为，公正理论只关注"努力"的程度和性质，以及那些满足需求的、实用性的"报酬"，却忽略了尊重、声望等社会评价的因素。实际上，人们面对复杂多样的特征（性别、种族、精力、智力、产权，等等），会依据社会价值和声望对它们进行评估，赋予它们不同的地位价值。报酬也不仅仅是有形的、物质的，还可以是无形的、象征的，比如荣誉称号。Berger 等人将报酬称为"目标对象"（goal-object），[②] 一对"特征"和"目标对象"被称作"相关单位"（relational unit），如果二者的地位价值相同，分配就是公平的。

地位价值理论更重要的贡献是提出"参照比较"，来取代公正理论中的"局部比较"。Berger 等人认为，人们的观念中有一个稳定的参照框架，它由四部分构成：①类型化的个体（generalized individuals）。类型化的个体不再是一个有名有姓、具体的人，而是"机械师"或"汽车修理工"；②类型化的个体拥有共同的特征；③与特征相联系的目标对象；④对特征和目标对象的地位价值进行评估。参照框架是行动者脑海中理所当然的文化观念，是宏大社会结构的一部分，通过社会化过程产生影响。由于参照框架的存在，分配公平不再是两个人或两个具体位置之间的比较，而是个体与他所属的社会类型（群体）进行比较，举例来说，不再是工程师 A 与工程师 B 之间进行比较，而是工程师 A 与工程师这一职业群体进行比较。将地位价值理论应用到收入分配的研究上，就是将个人的实际收入与所属群体的估计收入（公平收入）进行比较，公式是：

$$公平分数 = 实际收入 - 公平收入$$

公平分数大于 0 是"多得不公"，小于 0 是"少得不公"。与 Adams 的公式相比，通过公平分数的正负号就能分辨出不公平的性质。[③]

---

① Morris Zelditch, Jr., Joseph Berger, Bo Anderson, Bernard P. Cohen. 1970. "Equitable Comparisons", *The Pacific Sociological Review*, vol. 13.；Berger, J., M. Zelditch, Jr., B. Anderson, and B. P. Cohen. 1972. "Distributive Justice: A Status-value Formulation", In Berger, Zelditch and Anderson（eds.）, *Sociological Theories in Progress*, vol. 2. Boston: Houghton Mifflin.

② Berger, J., C. L. Ridgeway, M. Zelditch, Jr. 2002. "Construction of Status and Referential Structures", *Sociological Theory*, vol. 20.

③ Jasso, G. 1978. "On the Justice of Earnings: A New Specification of the Justice Evaluation Function", *The American Journal of Sociology*, vol. 83.

虽然地位群体理论比公正理论有所进步，但仍有不足之处。首先，个人的群体归属很难确定。每个人都是各种特征的集合，可以将自己归类为工友这样的小群体、经常交往的小圈子，也可以归类为某个职业群体。那么，人们在进行公平判断的时候以哪个群体的报酬作为参照呢？所以，个人的群体归属、比较对象的选择对研究者而言依然是个难题。①

其次，在地位价值理论的公式中，多得 2000 元与少得 2000 元的公平分数的绝对值　样，即不公平的程度相同，这显然与日常经验相悖，因为"少得"往往会让一个人产生更强烈的不公平感。

最后，公平分数有计量单位，对于不同的分配对象，无法通过公平分数来比较分配的公平程度。② 举例来说，收入的公平分数单位是元，住房的公平分数单位是平方米，因为计量单位不同，研究者无法通过公平分数的大小来判断收入和住房的分配哪个更公平。

三　Jasso 的分配公平一般理论

Jasso 的研究与前两种理论相比，不再深入探讨人们观念中的公平收入如何形成，而是关注对分配公平的测量，即根据对公平状态的偏离来确定不公平的性质和程度。在公正理论和地位价值理论的基础上，Jasso 构造了一个新的公平函数：

$$公平分数 = \ln\left(\frac{实际收入}{公平收入}\right)$$

求实际收入与公平收入的比数，再取自然对数，就得到公平分数。在上式中，公平分数等于 0 代表着公平点，如果实际收入大于公平收入，比数大于 1，取自然对数后公平分数大于 0，表示多得不公平；反之，公平分数小于 0，则表示少得不公平。公平分数的正负号直观地显示了不公平的性质，通过除法运算又使公平分数不再受分配对象计量单位的限制。而且，由于对数函数的性质，当实际收入小于公平收入时，对数的变化会更加敏

① Alwin, Duane F. 1987. "Distributive Justice and Satisfaction with Material Well-Being", *American Socilolgical Review*, vol, 52.

② Jasso, G. 1978. "On the Justice of Earnings: A New Specification of the Justice Evaluation Function", *The American Journal of Sociology*, vol. 83.

感，这恰好反映出实际收入与公平收入差距相等的情况下，"少得"引起的不公平感比"多得"更加强烈。在应用范围上，该函数还能计算土地、牲畜、遗产、加班费等任何形式物品的分配公平状况。

此后，Jasso 根据分配对象的类型对公平函数进行了修改，发展出一个"分配公平一般性理论"（general theory）。[1] Jasso 认为"物品"（goods）是人们渴望得到的东西，包括可分类的物品（quality-goods）和可计量的物品（quantity-goods），前者指那些无法相加（nonadditive）、不可转让的（non-transferable）个人属性，比如美貌、智力以及社会声望；而后者则是可相加和转让的东西，比如财富和牲畜。人们对分配的公平状况进行评价时，首先是确定比较群体[2]（comparison aggregates），然后区分物品的性质。对可分类的物品，人们要估计自己在群体内的实际等级（actual rank）和公平等级（just rank）；而对于可计量的物品，人们则直接比较自己拥有的实际数量（actual amount）和应得的公平数量（just amount）。如果对几种不同类型物品的分配进行总体的评价，那么总的公平分数就等于这几个物品各自公平分数的算术平均数。

但是，在 Jasso 的公平函数中，只有物品的"实际数量"可以勉强进行客观的测量，作为参照的公平等级以及公平数量都是主观的，而且人们对"比较群体"的选择也不一致。为了解决这一难题，Jasso 提出了社会群体（social aggregate）的概念，该群体的成员能够清楚地意识到彼此，意识到他们共同组成的群体，并把它作为判断分配公平的比较群体。同时，Jasso 增加了两个限制条件：①在社会群体内部，成员对什么是有价值的物品能够达成共识；②在社会群体内部，人们普遍的愿望是平均分配（equality），因此计量物品的公平数量就是它在群体内的平均数，分类物品的公平等级就是中间等级。[3] 此外，Jasso 认为即使实际报酬偏离公平报酬的程度相同，每个人的公平感受也会有所差异，因而将原函数中的自然对数修正为以 a 为底数的对数，a 被称作个人的"特征常数"（signature constant）。

经过以上的限定，计算分类物品的公平分数就是将实际等级序列转化为百分位数 P，而公平等级（中间等级）的百分位数就是 50，得到公平函数：

---

[1]　Jasso, G. 1980. "A New Theory of Distributive Justice", *American Sociological Review*, vol. 45.

[2]　Jasso 认为比较群体是人们进行比较时使用的一个现实的或观念的群体，它包括个体在比较过程中涉及的任何群体，不论自己是不是其中的一员。

[3]　Jasso, G. 1980. "A New Theory of Distributive Justice", *American Sociological Review*, vol. 45.

$$\text{公平分数} = \log_a\left(\frac{P_i}{50}\right)$$

K 种分类物品的公平分数就是求算术平均数，函数式是：

$$\text{公平分数} = \frac{\log_a\left(\prod\limits_{j=1}^{k}\dfrac{P_{ij}}{50}\right)}{k}$$

计量物品的公平分数是实际得到的数量除以社会群体内的平均数量，然后再取以 a 为底数的对数：

$$\text{公平分数} = \log_a\left(\frac{X_i}{\overline{X}}\right)$$

M 种计量物品的公平分数也是求算术平均数，函数式是：

$$\text{公平分数} = \frac{\log_a\left(\prod\limits_{l=1}^{m}\dfrac{X_{il}}{\overline{X}_l}\right)}{m}$$

分类物品和计量物品同时存在时，公平函数是

$$\text{公平分数} = \frac{\log_a\left[\left(\prod\limits_{j=1}^{k}\dfrac{P_{ij}}{50}\right)*\left(\prod\limits_{l=1}^{m}\dfrac{X_{il}}{\overline{X}_l}\right)\right]}{k+m}$$

综上所述，Jasso 对分配公平经验研究的贡献主要是在公正理论和地位价值理论的基础上，构造一个更加合理的函数。她不仅对实际收入偏离公平收入的程度进行精致的测量，而且公平分数能够直观地分辨出不公平的性质，反映出"多得"与"少得"在公平感受上的差异。

首先，Jasso 的公平函数也存在一些问题，比如，函数中对数的底数 a 是因人而异的，这虽然很好地表达了公平判断的个体差异，但 a 是函数中很难求解的一个参数，这就限制了它在经验研究中的应用。笔者认为更具应用性的还是 Jasso 最初的函数：公平分数 = ln（公平收入/实际收入），当然，这需要被访者告诉研究者，他们观念中的"公平收入"是多少。

其次，Jasso 认为公平的状态是公平分数等于 0 这一点，两侧的偏离都是不公平的，但是，有研究者指出"多得"似乎并没有使当事人产生不公平的感觉。[①]"多得"的人总会寻找各种理由替自己开脱，他们很少产生所

---

① Whitmeyer, Joseph M. 2004. "Past and Future Applications of Jasso's Justice Theory", *Sociological Theory*, vol. 22.

谓的羞愧感、负罪感。

最后，对于人们观念中的"公平收入"是如何形成的，Jasso 并没有进行深入的探讨，而是假定在社会群体内部人们期望的公平分配方式是平均分配，平均数量和中间等级就是公平的分配结果。这显然令人难以信服，而 Jasso 也没有在理论上进行充分的说明，更没有提供强有力的经验证据。将平均数量和中间等级作为公平分配的标准，已经背离了应得原则，本质上是一种平均原则。

四　对社会交换理论的评价

首先，社会交换理论认为所得与报酬保持均衡才是公平的，在这一应得原则的指导下，人们经过复杂的比较过程最终形成一个公平报酬，将实际报酬与之比较就可以判断分配的公平状况。从社会交换理论出发，研究者们对参照群体的选择、公平报酬的形成过程进行了深入的理论思考，并力图对分配公平的状况进行测量，取得了许多研究成果。但是，公平观的形成过程极其复杂，公平的判断又是嵌入在具体情境之中的，应得原则中的"投入"如何界定，人们进行比较时的"参照"如何选择等问题，始终困扰着研究者们，各种观点也莫衷一是。[①] 例如，公正理论中多种多样的个人背景特征都可能被人们看作"投入"，那么哪些特征被纳入公平判断的过程，被看作是合情合理的、具有合法性的分配依据？研究者无法给出统一的答案。

其次，一些研究者认为"应得原则"不过是众多原则的一种，不一定是公平判断的主导原则。Deutsch 认为除了应得原则，平均原则（equality）和需求原则（need）也是人们进行公平判断的依据。[②] 不同的分配规则适用于不同的情境，它们可能结合起来或相继起作用。[③] 自利动机、群体的关系类型、分配资源的种类、文化背景、具体分配制度等因素都会影响人们对

---

① Miller, D. 1992. "Distributive Justice: What the People Think", *Ethics*, vol. 102.; Lamont, J. 1994. "The Concept of Desert in Distributive Justice", *Philosophical Quarterly*, vol. 44.

② Deutsch, Morton. 1975. "Equality and Need: What Determines Which Value Will Be Used as the Basis of Distributive Justice?", *Journal of Social Issues*, vol. 31.

③ Cook, K. S., K. A. Hegtvedt. 1983. "Distributive Justice, Equity, and Equality", *Annual Review of Sociology*, vol. 9.

公平原则的选择，进而影响公平判断的结果。以关系的类型为例，在竞争关系和交换关系中，分配的目标是通过激励机制来提高生产效率，"应得原则"就占据着统治地位；[1] 而在合作关系或共生关系中，培育和维持良好的社会关系是分配的目标，人们就倾向于"平均原则"，当个人的发展和福利成为共同目标时，人们更可能选择"需求原则"。[2] 因此"应得原则"并不像公正理论宣称的那样，可以普遍应用到各种分配对象和社会关系中。

再次，从研究层次看，社会交换理论研究的是个人分配的公平状况，属于微观公平研究，对于整个社会分配的宏观公平状况则很少涉及；与之相应，经验研究也更多地采用心理学的理论成果和研究方法，来揭示个体进行公平判断的复杂心理机制。笔者认为宏观公平研究不可忽略，对研究转型期的中国社会具有更重要的价值。宏观公平判断与现有分配制度、阶层分化的合法性、改革态度等密切相关，社会分配的不公平感也是社会行动和集体抗争重要的心理动机。将社会交换理论应用到宏观公平研究中，以阶层或职业群体为分析单位，计算公平分数、考察公平状况，这将极大拓展分配公平的研究空间。

最后，笔者结合我国当前分配公平研究的现状，简要谈谈社会交换理论给予的启示。我国经济体制的转型，使收入分配方式和分配结果都发生了显著的变化。已有研究主要关注的是分配不平等的程度，并认为城乡、地区以及社会阶层间的收入差距不断扩大，严重损害了分配公平和社会稳定。[3] 这些观点的共同之处是认为不平等的扩大是不公平的，依据的是一种"平均原则"或者是"不患寡患不均"的思路。而根据社会交换理论的观点，不平等并不一定是不公平的，不公平源自投入与回报的失衡，源自某

---

① Deutsch, Morton. 1975. "Equality and Need: What Determines Which Value Will Be Used as the Basis of Distributive Justice?" *Journal of Social Issues*, vol. 31. ; Lane, Robert E. 1986. "Market Justice, Political Justice". *American Political Science Review*, vo.180. ; Rubinstein, D. 1988. "The Concept of Justice in Sociology", *Theory and Society*, vol. 17.

② Deutsch, Morton. 1975. "Equality and Need: What Determines Which Value Will Be Used as the Basis of Distributive Justice?" *Journal of Social Issues*, vol. 31. ; Clark, M. S., J. Mills & M. Powell. 1986. "Keeping Track of Needs in Exchange and Communal Relationships", *Journal of Personality and Social Psychology*, vol. 37.

③ 王小鲁、樊纲：《中国收入差距的走势和影响因素分析》，《经济研究》2005 年第 10 期；李培林：《社会公正、黄金分割与和谐社会建设》，《中国图书评论》2006 年第 7 期；李实：《社会公平与和谐社会》，《中国特色社会主义研究》2006 年第 1 期；蔡昉：《构建民生为先的中等收入社会》，《中国党政干部论坛》2008 年第 1 期。

些分配的依据在人们的观念中根本就不具有合法性。因此，应用社会交换理论来分析收入分配的公平状况，不仅要关注收入的客观差距，更要对不平等产生的原因做深入的考察，追问哪些不平等能够被人们接受，哪些不平等是不公平感的来源；在民众的观念中，学历、资产、权力、户籍等导致收入分配不平等的因素，依据应得原则哪些能够被人们接受为合情合理的"投入"，它们的权重如何；哪些特征无法得到人们的认可，成为不公平的来源。

简而言之，社会交换理论虽然还有待完善，但为分配公平的经验研究提供了新的思路，一些测量分配公平的方法也值得经验研究借鉴。在中国民众的观念中公平分配的依据是什么，分配公平判断是怎样的比较过程，它们和中国特有的制度安排以及文化传统有怎样的关系？这些问题都值得我们进行更深入的探讨。同时，笔者坚信基于中国社会的研究发现又可以回应社会交换理论中一些悬而未决的难题，推动理论的生长。

开放而理性：创意产业在中国的思考

章　超

一　从文化到创意的范式转变

20 世纪末以来，全球从"文化"到"创意"的范式转变有目共睹。随着越来越多的城市从工业经济时代转向以文化为主的城市再生战略，人类社会发展在经历了农业革命、工业革命和信息革命三次浪潮之后，"创意"这一人本身所有的素质，受到了前所未有的渲染和重视，并在无论是后工业城市，还是正在经历着去工业进程的地区，与城市发展、产业、经济、人力资源等领域组合在一起，形成了新的政策议题和研究热点。

这场转变首先发生在对区域和城市的探讨上。20 世纪 80 年代，在城市文化社会学、城市规划领域，人们热衷于讨论文化、艺术、文化规划、文化资源和文化产业。20 世纪 80 年代中期，瑞典区域科学家 Ake Andersson 在关于城市规划的论述中使用了"创新性"一词（creativity），以促进创新性和激励创新行为从而实现城市经济发展为原则，描述了斯德哥尔摩的未来。[①] 创新和城市开始如同一驾马车的两轮，驶入地区发展的舞台，相互携手并进。20 世纪 90 年代初，彼得·霍尔爵士（Peter Hall）在《文明中的城市》中追溯并分析了第一个工业革命城市曼彻斯特、技术社会的先锋柏林、作为机械化大众生产基地的底特律、信息产业的领军旧金山，揭示了当时特定的地理位置和历史情境下源自城市的创新性，从而使得它们步入了各自发展的黄金时代，并为人类文明做出了辉煌的贡献。

---

① Ake E. Andersson. Kreativitet: StorStadens Framtid. Stockholm: Prisma Regionplankontoret, 1985.

在 20 世纪 90 年代以后的时间里，英国 COMEDIA 机构的创始人 Charles Landry[1] 提出并完善了"创意城市"（creative city）的理念，发展出一套创意城市的指标和指导方法。从最先"创意城市被看作是热切的，能够鼓励开放的心态和想象的号角"，[2] 到 2005 年 Stephen Graham 指出"创意城市如同乐队花车一样，在全球各地游行。我们必须谨慎地意识到它不仅仅是一个营销工具。并不是每个城市都可以成为硅谷，不同地方的历史和制度决定了城市之间差异的存在"，[3] 创意城市在全球已经走了不少路。在英国，近 20 个城市以创意命名，创意曼彻斯特、创意布里斯托、创意格拉斯哥、创意利物浦……当然还有提出并维护作为"世界卓越的创意和文化中心"声誉的伦敦。另外，加拿大温哥华[4]和澳大利亚布里斯班的文化战略都是以"创意城市"命名：不可否认，创意城市已经成为文化规划的新的焦点。不仅如此，它也引发了关于城市治理（urban governance）的讨论，以伦敦和温哥华的创意城市策略小组（Creative City Task Force）最具说服力。因此，当 Charles 推出《创意城市：城市革新者的一本工具书》时，不仅呼应了后工业时代的发展议程，也引发了更多地区加入创意和文化为主的城市再生行动中。

就在"创意城市"概念和行动得到发展的同时，1998 年英国文化新闻体育部（Department of Culture，Media & Sport UK，简称 DCMS）提出了

---

[1] Charles Landry（查尔斯·兰德）在创意城市理论和实践方面极具代表性和影响力，同时在城市未来、城市复兴中的文化运用、文化规划和遗产保护、战略性都市政策发展、文化产业等议题上，也具有国际威信。1978 年他在英国成立了 COMEDIA，这个成立伊始就致力于以文化复兴城市的咨询机构曾在超过 35 个国家的众多城市中开展文化与城市发展的项目，具体涉及文化战略、创意经济、创意城市、城市生活质量等方面。2000 年，Charles 的《创意城市：城市革新者的一本工具书》出版，他用 COMEDIA 与各城市合作展开的具体项目为案例，系统地对"创意城市"这个概念进行了说明，描述了文化作为城市发展创新性平台所发挥的重要作用，也成为 COMEDIA 发展过程的一个转折点。随后，该机构在曼彻斯特、布里斯班、阿尔马尼亚、大阪的文化项目纷纷以"创意"冠名，"创意城市"成为指导 COMEDIA 开展城市与文化战略咨询的一个主要概念。

[2] Charles Landry，*Glasgow：The Creative City & Its Cultural Economy*，Glasgow Development Agency，1990. Charles Landry，Bianchini，*The Creative City*，London：Demos，1995.

[3] Stephen Graham 现为英国 Durham 大学人文地理教授，研究方向为城市与社会理论。在 2005 年 5 月阿姆斯特丹召开的创意资产大会（Creative Capital Conference）上，他是一个主要发言人。大会的论题涉及创意产业、创意城市、创意者角色、政策探讨，等等。文中引用的是他在会议期间接受媒体采访时发表的关于创意城市的看法，见 HYPERLINK，http：//www. creativecapital. nl/index. php，2007 年 1 月 10 日浏览。

[4] 参见 *Cultural Plan for the Creative City-City of Toronto*，2003，由多伦多政府的文化部出版。

"创意产业"（creative industries），并努力为其提供财力援助、人才培训和政策扶助，使之成为英国增长最快的产业部门。当完善的产业结构体系和社会网络相继建立起来，"文化"到"创意"的范式转变在全球各个相关领域中爆发出来，从"创意"一词与其他词语的灵活组合便可见一斑，比如创意阶级（creative class）、① 创意生活圈（creative milieu）、② 创意邻里（creative neighborhood）、创意才能（creative capacity），等等。英国作为创意产业概念的输出国，不仅重塑了充满创造力和尊重个人创意的国家形象，也更多地收获了在文化贸易中的顺差，成为全球经济时代的文化强国。

如果说文化这个词听起来有一种旧式的味道和古意，那么"创意"一词则更具备一种向前的步调，与知识经济和产业创新一拍即合。DCMS 对创意产业的定义是"源自个人创意、技巧及才华，通过知识产权的开发和运用，具有创造财富和就业潜力的行业"。③ 为什么 DCMS 会用"创意产业"而不延用"文化产业"，笔者不能在这里进行充分阐释。但是对"个人创意"的重视，巧妙地在一定程度上化解了文化和产业之间的争论矛盾，揭示出该产业要实现源源不断的发展的动力在于创造力，而传统的戏剧表演、工艺美术等文化形式能否适应市场实现可持续发展也依赖于是否有好的创意。创意产业概念的精髓是创新，是以用"知识产权"的形式保护和尊重包括文化艺术在内的任何人类精神追求的创造力为原则，这样就把文化和产业结合在一起。一些学者认为，"创意产业"的提出，克服了在使用"文化"一词时带来的理念和执行过程中的困难。④ 作为一种更加具有战略性的策略，创意产业盘活了一些流行语并将文化产业置于诱人的新经济的疆域中。如果说"文化"一词有着精英主义的暗示，创意产业则表现了管理的和企业家的意味以及个人潜能和抱负。⑤ 虽然从"文化"到"创意"的话

① Richard Florida, *The Rise of the Creative Class-and How it is Transforming Leisure, Community and Everyday Life*, New York: Basic Books. 该书的中译版于 2006 年 6 月于台湾宝鼎出版社出版，书名译为《创意新贵》。

② Charles Landry 在《创意城市：一本城市革新者的工具书》中提出。

③ *The Creative Industries Mapping Report*, London: Creative Industries Task Force, 1998.

④ Deborah Stevenson, "Cultural Planning in Australia: Texts and Contexts", *Journal of Arts Management, Law and Society*, 2005, 35 (1).

⑤ O'Connor Justin. "Cities, Culture and 'Transitional Economies': Developing Cultural Industries in St Petersburg", *Cultural Industries and the Production of Culture*, 2004, pp. 37 – 53.

语转变被很多人认为是散漫的，因为"创意"本身的解释极具包含性和灵活应变的特质，但是不容置疑的是，如同从艺术到文化的转变为拓宽艺术称谓提供了适当的语言和合理性，"创意"的使用事实上同样更有利于包容相关的方面。

在中国，"创意产业"一词作为舶来品，在过去的五六年内，从各个创意产业论坛中的学者介绍，到成为区域发展规划中的引擎和文化规划中的关键词，"创意产业"话语的流动让人惊叹目前它在中国的"需求"和快速扩张。仅以创意产业园区的建设为例，2005年，上海首批共十八家创意产业集聚区由上海市经委授牌，到2006年底，园区总数已达到76家。在北京、南京、杭州、广州、深圳等沿海大中城市和西安、重庆等内陆城市，以政策为主导，推动创意产业园区的规划和建设已经成为"十一五"期间施政的一个"亮点"（见表1）。老厂房、废弃的仓库、科技工业园或是新造的写字楼、稍有创意的房地产项目都在力图向创意产业园区的称号靠拢，竞相去摘取"创意产业"风尚本身带来的荣光。

表1　北京、上海、重庆、南京、杭州创意产业发展（规划）目标比较

城市	创意产业集聚区规划目标	城市目标
北京	到2010年，市级重点文化创意产业集聚区力争达到30个，引导区县建设一批各具特色的文化创意集聚区	建设成为全国的文艺演出中心、出版发行和版权贸易中心、广播影视节目制作和交易中心、动漫游戏研制作中心、广告和会展中心、古玩和艺术品交易中心、设计创意中心、文化旅游中心、文化体育休闲中心[①]
上海	到2010年，形成100个以上创意产业集聚区，国内外有影响的10个左右	成为国内外有影响力的创意产业中心之一[②]
重庆	建成创意基地50个，国家级影响的重点创意基地5个	长江中上游创意产业中心[③]
南京	"十一五"期间建设形成"一带五片"的格局，即石头城文化创意产业带、南京高新区软件园动画产业基地、江苏工业设计园、南京晨光文化创意产业园、幕府山国际休闲创意产业园、世界之窗创意产业园	全国有影响的文化创意产业基地，中国东部地区文化智慧创意中心[④]

城市	创意产业集聚区规划目标	城市目标
杭州	未来三年规划再建十个园区（十大园区三年行动计划），面积达到 160 万平方米，[5] 未来五年目标为形成 20~30 个具有区域特色的文化创意产业园区[6]	到 2010 年，基本构建引领浙江、辐射全国的文化创意产业信息发布基地、技术研发基地和产品交易基地；到 2015 年，打造成为国内领先、世界一流的全国文化创意产业中心

资料来源：① 北京市"十一五"时期文化创意产业发展规划，2007。
② 2006 年 5 月上海市经济委员会《上海创意产业"十一五"发展规划》送审稿。
③ 重庆创意办公室 2007 年 12 月发布的《重庆创意产业发展报告》。
④ 南京市文化创意产业"十一五"发展规划纲要，2007。
⑤ 2007 年 11 月 20 日杭州文化创意产业园区建议会：《杭州市规划十大创意产业园区》，《钱江晚报》2007 年 1 月 21 日。
⑥ 周娜：《杭州未来三年将建近 30 个特色文化创意产业园区》，http：//zjnews. zjol. com. cn/05zjnews/system/2007/11/20/008986815. shtml，2007 - 11 - 20。

　　不管是作为一个时髦的、与时俱进的口号，还是真正切合了当下中国文化产业改革的某些尴尬和困境，最为关键的一点是：创意产业已经被写入北京、上海、无锡等城市的国民经济和社会发展"十一五"规划，并且北京、上海、南京等城市专门出台了"'十一五'（文化）创意产业发展规划"。由此，创意产业，从几年前民间对这一西方概念的"引入"，到目前已经成为中央和地方政府的政策话语，具备了权力的合法性和官方的权威。值得一提的是，在 2005 年召开的首届中国创意产业国际论坛上，教育部副部长吴启迪发表了题为"创意产业和创新在中国"的讲话，认为"创意产业的发展是中国现代化进程中的一个重要机遇"，"创意产业在中国发展的动力主要源于两个方面，一是创意产品和服务可以满足人们不断增长的精神需求，二是在经济全球化的背景下，创意产业可以提高商品和服务的附加值，为中国建立产业化的新型道路"，另外，她还表明教育部将全力重视对创意产业人才的培育。[1] 由此可见，创意产业从地方到中央，从学术话语到产业实践，从民间到具备政策话语的力量，它在中国的着陆和滑行令人深思。

二　国内对创意产业的研究现状及思考

　　国内学者对创意产业的研究兴趣在 2005 年后开始快速增长。在中国学

---

① Wu Qidi, "Creative Industries and Innovation in China", *Journal of Cultural Studies*, 2006, 9 (3): pp. 263 - 266.

术期刊数据库（CAJ & CJP）的检索系统中，在文章标题搜索中键入"创意产业"一词，共有文章 419 篇，最早的一篇是 2003 年发表的。2005 年后，对创意产业的研究呈爆发式的增长，从 2005 年到 2007 年题目中包含创意产业的文章共有 407 篇，仅 2006、2007 两年，总量就有 353 篇。

由于在国内仍属于新的概念，它能否为地区接受、认可并获得发展动能取决于它与现有产业形态的切合程度，以及给地方经济可能带来的贡献。创意产业之所以在英国获得如此大的能量，在于它超越了国民经济的平均增长速度，以及对英国出口贸易的贡献。据统计，英国创意产业在 1997 年到 2004 年间的平均递增率为 5%，同时期的国民经济增长率则是 3%。2004 年，来自创意产业的贸易额 113 亿英镑，占所有出口产品和服务的 4.3%。2005 年，为创意产业所雇用的人员为 180 万，相比 1997 年的 160 万，增长了 12.5%，而国民经济的总体雇用人群增长比率为 1%。[①] 正是行业的增长和潜力，使得英国政府不断推出新的政策培育和支持创意产业的发展，在城市、乡村以及区域各个层面展开。在一些原来以农业为主的地区，创意产业被认为可以提供很多重大的发展机遇。以英国北约克郡为例，农业中的就职人口正在日益紧缩，而在过去五年内，创意产业则带来了 16% 的就业增长率。[②]

厉无畏、花建等一批研究者比较全面地分析了上海创意产业的布局，创意产业集聚区的分布以及产业主体、企业数量、规模，并结合上海对创意产业门类的划分，指明了五大类——建筑设计创意、文化传媒创意、时尚消费创意、研发设计创意、咨询策划创意的产业规模和增加值，为进行宏观上的产业结构的指导和微观上的产业发展状况的统计奠定了基础。但由于创意产业仍在国内处于起步发展阶段，无论是政策环境还是产业经验，都十分欠缺。所以研究者们在肯定创意产业每年保持增加值，并在 2005 年占到上海 GDP 的 6.0% 的共识下，[③] 着眼于创意产业政策体系和发展环境的研究，并提出了要完善知识产权保护体系，为 SMS（中小型企业）贷款、融资提供金融支持，完善中介组织，加快人才培养，等等。尤其涉及政府

[①] Christine Keogh, Gilian Howells, Pete Massey and Gillian Wall, *Creative Industries Network-Executive Summary of Business Plan Proposals August 2007*，由 Arts in Richmondshire, Chrysalis Arts, Creative, Rural Arts North Yorkshire County Council 共同提出。

[②] Burns Owens Partnership, *Economic Impact Study and Needs Assessment of Creative Industries in York and North Yorkshire*，2006.

[③] 何增强：《上海创意产业发展现状与趋势》，《创意产业》2007 年第 1 期。

在其中的角色扮演上，他们认为要加强政府的宏观引导，进行对园区的合理规划和建设。

经济地理学的研究表明，集聚（clustering）有利于产业的内外发展，无论是美国纽约苏荷，还是百老汇，或是伦敦的西区和旧金山的硅谷，这种在历史中自发形成的集聚不仅成功地形成了整体的优势和品牌效应，也促成了产业内部的相互竞争和产业链的衔接搭配，如何促成创意产业集群更大程度地激发产业和企业活力已经成为研究者和产业界所共同关注的话题。

目前，国内创意产业的主要发展形式在空间上也是以集聚区为载体的。对其的研究主要集中于以下几个方面：集聚区的发展模式，是自发形成，还是政府主导；集聚区之间如何进行合理规划，而集聚区内部又如何构建产业链；产业集群所需要的配套设施、公共服务平台等内外部环境建设。

近几年，除了对创意产业集聚区的宏观、概述性的阐述外，开始出现了一些批判性的研究，虽然并未进行很深入的个案剖析，但是所发出的不同声音的确反映了目前创意产业中发展的问题，值得政府反思，相关的论述有关于创意产业集聚区因为"概念炒作"和作为"创意地产"经营后，原本低廉的租金翻倍，以至于艺术家因无力支付房租而被"驱逐"的问题；另外还涉及一些地区政府过于火热地规划建设创意产业园区，导致"只有形态而无业态"、园区闲置的问题，通过这些批判从而对目前政府主导的创意产业发展模式提出了质疑。①

虽然"创意城市"在1990年就由Charles提出，并被运用于曾是英国重要的工业革命城市格拉斯哥的文化发展战略中。但反观国内对创意城市的提出和探讨的路径，其并不起源于对Charles Landry的创意城市理论的研究，而是在创意产业成为当前城市发展的"强义词"后，连带到对城市的关照，于是取"创意产业"提法中的"创意"与城市组合，"顺理成章"有了"创意城市"这样的称谓。但是，值得注意的是，在这个偏正结构短语里，

---

① 中国社科院财政与贸易经济研究所刘奕和马胜杰在《我国创意产业集群发展的现状与政策》（发表于2007年第3期《学习与探索》）一文中指出北京798工厂等集聚区成为房地产商觊觎的对象后，地产增值，因而导致艺术家迁出并入驻索家村"北京国际艺术营"，后又因索家村租金翻倍而再次被驱逐的现象。他还对上海目前以政府主导的创意产业发展模式下，因为迅速建设扩张创意产业园区而带来园区被空置，招商不足的现象进行了批判。

"创意"只是作为对城市的修饰，并非指代一个专门的术语。倒是在后来"创意城市"开始更多见诸杂志、报纸的文章中，一些学者重又发现其正好与英文里的 creative city 相对应，于是有了对国外创意城市理论的翻译性介绍，并对照 Charles, Florida 等已较为系统的论述，提出对国内创意城市的构想。① 因此，国内对"创意城市"概念的提出体现了先后的双重性，即开始"创意"是作为语义上的修辞，后来才与国际上业已运用的 creative city "接轨"，作为一个专业术语进行讨论。

在目前研究中，对"创意城市"概念的使用仍体现着这种双重性，而不同的使用方式和倾向也导致了不同的研究思路和话语结构。将"创意城市"作为具体的、具有描述意义的词使用的学者，偏向于以"创意产业发展的城市就是创意城市"为研究基点，将研究重点放在如何在政策和运营中支持创意产业的发展；将"创意城市"作为抽象的、专业的术语进行讨论的学者则着力于翻译、介绍西方对创意城市的论述，并从中摘取一些非常闪光、引人注目的词语和观点，力图将其与中国目前的城市相结合，将之作为能否成为创意城市的条件。以后者为例，顾朝林、汤培源在《创意城市综述》一文中转述了 Hospers 总结的四种创意城市：技术创新型城市（Technological-Innovative Cities）、文化智力型城市（Cultural-Intellectual Cities）、文化技术型城市（Cultural-Technological Cities）、技术组织型城市（Technological-Organization Cities），以及他关于集中性（concentration）、多样性（diversity）、非稳定状态（instability）是能增加城市创意形成机会的三个要素的提法。另外，他还介绍了 Charles 提出的关于衡量创意城市的九个指标，② 以及 Florida 关于 3T 的理论。诸大建则借鉴 Florida 在《创意阶级的崛起》中的观点，认为吸引和培育创意阶层是上海建设创意城市的关键，并运用他的 3T 理论，即技术、人才和宽容，结合上海的本土数据来分析上海目前的技术环境、人才环境和宽容环境，从吸引和培育创意人才、扶持

---

① 下文中提到的顾朝林、汤培源：《创意城市综述》，《城市规划学刊》2007 年第 3 期，以及诸大建关于创意城市的研究等，可见创意城市已经作为一个专业的术语被运用了。

② Charles Landry 在《创意城市：城市革命者的一本工具书》中提出了都市的活力与生命力（urban vitality and viability）是衡量创意城市的重要指标，在这个指标下面，他还提出了九个标准（见 243～246 页），分别是批判的大众（critical mass）、多样性（diversity）、可达性（accessibility）、安全和保障（safety and distinctiveness）、身份认同和个性（identity and personality）、创新性（innovativeness）、联接和协同（linkage and synergy）、竞争性（competitiveness）、组织能力（organizational capacity）。

创意产业、建设宽容社区三个方面提出了对上海建设创意城市的思考，① 后来他又提出要促进研究型大学和大学园区建设，以及建设创意生活圈。②

回顾创意产业在国内的研究轨迹，从 2004、2005 年学界专注于比较区分创意产业与文化产业、内容产业、版权产业等概念之间的关系，而试图厘清对创意产业的界定，到"不再刨根问底究其创意产业概念本身"，而在研究中直接运用它，对产业、政策、人才和城市进行探讨，创意产业的研究在国内经历了阶段性的发展。

综观目前国内学者对创意产业的研究，以宏观的探讨和翻译介绍国外理论为主，分析产业表面现象的居多，而深入地进行个案研究的少。在研究方法上，以定性研究为主，虽然运用了一些官方或是非官方的统计数据，但都是作为二手的材料论证某一观点，而缺乏第一手的定量研究。尤其在涉及创意城市的评估时，如何选择变量，并进行其数据的采集和统计仍是难点。虽然目前上海创意产业中心提出了"创意城市指数"与具体的计算公式，在国内对创意城市的衡量方面走在前列。但是深究其提出的五个指数：产业规模指数、科技研发指数、文化环境指数、人力资源指数、社会环境指数，它们各自与其计算方法之间的关联性仍值得推敲，而这一最终计算出城市创意指数的五大指标的具体衡量内容，更值得进一步完善。有学者试图基于 Florida 的 3T 理论，将上海的公共服务信息化程度、生活成本与生活质量、信息基础设施建设水平、人均研究和发展投入、每百万人口专利数等参量与其他国际大城市进行对比，从而评价上海目前在创意城市方面的水平。

不管是上海创意产业中心提出的上海创意城市指数的计算方法，还是学者自己的探索，其变量的选择都不一定准确，但在当前各地热衷于建设创意产业园区的氛围下，仍折射出一定的理性。仔细分析 Charles 和 Florida 的论著，他们在关于创意城市方面的侧重点有着鲜明的不同。Charles 的基点在于通过文化规划（cultural planning）来开发当地的文化资源，用在思想上挑战旧式思想的创新方法对整个城市重新思考，所以他的"创意城市"是一种战略性的规划方法，从他多次强调这种规划的五大步骤可以看出。

---

① 诸大建、易华、王红兵：《上海建设创意型城市的战略思考：基于"3T"理论的视角》，《毛泽东邓小平理论研究》2007 年第 3 期。

② 诸大建、王红兵：《构建创意城市：21 世纪上海城市发展的核心价值》，《城市规划学划》2007 年第 3 期。诸大建、黄晓芬：《创意城市与大学在城市中的作用》，《城市规划学划》2006 年第 1 期。

这种突破陈规，在边缘思考的方法不仅仅局限于创意产业的发展上，而是涉及城市的方方面面，上至城市决策者的领导力，下至组织文化和批判的大众，而"创意城市"不仅仅体现在文化和城市空间中，还包括安全保障、城市的网络是否畅通，等等。

然而，Florida 的出发点在于表明创意阶层对经济增长的重要性，以及怎样的城市能吸引创意阶层入驻、留住他们并给以成长的环境。除了上文提到的 3T 理论，他还提出了文化的怡人性（cultural amenity）是创意阶层的重要取向。受过良好教育的、有才华的、有很高技能资本的个体，尤其是那些年轻的工作者和在知识经济领域工作的人，会被吸引到有着活跃的音乐场景、街道文化、夜生活以及其他看起来很酷的地方。[1] 在 3T 理论基础上，他还进一步建立了一系列衡量"创意城市"的指数，包括创意阶层在当地劳动力中的比例，同性恋和波西米亚人指数，人口融合指数（melting pot index），等等。因此，他对创意城市的基点在于高科技和多元宽容的生活方式。

另外，从国内研究者的学术背景来看，以文学或是经济管理学为主，也有少部分是城市规划或地理学，但缺乏来自社会学背景的学者。在研究议题上，以基础性的研究为主，内容上雷同的较多，富有特色和个性的研究很少。创意产业作为一个新的领域，对它的研究本身是一个跨学科的范畴，建立在产业和区域经济学、地理学、城市规划、城市社会学、文化研究的基础上。创意产业本身没有一个系统的理论框架，对它的理论思考来自其他学科的构建，这也是它的挑战和吸引人之处。在目前的研究状况下，还可以拓宽新的议题，去丰富创意产业研究：比如老厂房到创意产业集聚区的转型所带来的社会变迁，与周围社区和居民的关系及影响，如何建立创意产业的社会网络，如何发展政府、企业、中介机构的合作形式（partnership）来扶持中小企业。另外，相关的话题还涉及创意产业集聚区的文化生产和消费，创意空间中人们的日常生活经验，个人创意和社会的相对保守，基于县镇的创意产业[2]等等。

---

[1] Richard Florida, "The Economic Geography of Talent", *Annals of the Association of American Geographers*, 2002, 92, pp. 743 – 755.

[2] 当前中国一些县城、乡镇也在规划建设文化创意产业园区，尤其是在一些旅游作为重要产业进行开发的地区。笔者曾经在浙江省丽水市遂昌县进行城市形象方面的调查，有着"牡丹亭原创圣地"之称的遂昌正在规划汤公园（汤显祖公园）和文化产业园，旨在整合当地的民间文化和山水资源，打造汤显祖文化。

三 国外对中国创意产业的研究

与国内学者更多持肯定和颂扬的态度相比，国外对目前创意产业在中国的流行更多的表现出批判和反思。Justin O'Connor 撰写了《新的现代性——"创意产业"来到中国》① 一文，从现代性、文化现代化的角度思考了创意产业能否成为中国文化现代化进程的一部分，成为构建新的现代性的预兆，提出了中国对创意产业的拥护是否会成为将社会的、文化的和政治的现代性打包在一个经济发展要务中的特洛伊木马的问题？中国引入运用创意、创意产业，他认为类似这种来自西方的理念的流动和进口，折射了人类过去200 多年现代化进程中一直蕴含的中国与西方的某种联系，一种源于"他们"和"我们"如何被设定而带来的充满艰难选择的关联。然而随之而来的问题便是如何面对自身传统，借鉴什么、借鉴多少，以及紧随而至的社会的、文化的、政治的变化又会是什么，这些都是现代化过程中的中心问题。

围绕文化和创意产业的争论，是和伴随着创意、高附加值的服务和知识经济的现代化进程息息相关的，这种关联从 20 世纪 60 年代发生在西方的文化转型和人们关于现代性的探讨开始。随着后福特时代的到来，人们的消费实践从"大众的"转向"个性化的"，另外知识经济和创新管理理论的汇合，那些坐在家中的艺术家身上所体现出来的直觉的、打破旧习的、充满风险的创新艺术为管理者、生产者所重视，到 20 世纪 90 年代初期文化产业大大改变了原有的看起来旧的、作古的面貌，而富于打破陈规和前卫，呼应了经济创新和竞争力。

他认为，现代化的新浪潮首先要促成个体的自主性和创新，中国创意产业的发展要寻求现代化与创意产业之间的联系。中国的现代化是通过中央领导的、国家导向的市场进行的，并侧重儒家传统中倡导的家庭价值的中心性和对社会科层制的尊重。在西方，现代化可能是伴随着社会和文化的激烈动荡而实现的。对目前国内创意产业拥护者理所当然声称的"创意产业"的作用，他提出了质疑，并就传统文化和创意产业进行了着重论述。

---

① 文献名为 A New Modernity? The Arrival of "Creative Industries" in China. *Journal of Cultural Studies*, 2006, 9 (3): pp. 271 – 283, Justin O'Connor 现为英国利兹大学表演与文化产业学院的教授和文化产业的专业负责人，他也是上海市创意产业中心聘请的九位外籍咨询专家之一，在创意产业和都市文化研究领域享有声望。

创意产业强调的是个人的创意，是打破陈规、在边缘思考或是一种反向思维，关联到对所有现存价值的重新审视的艺术，是与现存的秩序的竞赛。儒家的社会层次价值观与波西米亚是难以兼容的。①

因此，他提出中国发展创意产业要与中国的历史传统相结合，与当前的政治经济体制相结合，摆脱旧有体制的束缚，将创意作为一种特殊的传统来考虑。另外，"创意产业"的话语运用也是面向对文化的重新协商，即从目前公共部门主导的、意识形态的和政治的文化到导向更加私人所有的、市场引导的休闲和娱乐消费。

美国华人研究者 Jing Wang 在《新话语的全球之旅——"创意产业"能走多远》②中认为中国目前文化产业的市场化水平，仍不足以支持创意产业的发展模式。"创意产业能否成功，其高度依赖于是否具备这样的社会经济条件，即能够为那些有机的、从下而上发展的小型企业提供各种机会。而这些企业是基于扁平化的层级结构和项目主导的工作模式，以自发的集聚，和富于冒险的、前卫的自由职业者为特征。"③她提出，从市场经济的自由度，知识产权和文化产业的商业化程度来看，中国还不具备充分的创意产业成长的社会经济生态。她以国内目前对经营性的互联网文化单位的文化产品实行审查制度，进口网络游戏需要报送审查为例，表明内容产业和创意的限度，从而对国内创意产业的社会土壤提出质疑。另外，她认为创意产业在中国的运用没有很大的实际价值，在她看来，创意产业作为一个中性的词语，将原来文化产业中所影射的产业、产权、实业等概念都弱化了，也避开了文化产业中所包含的国有文化单位的改制及潜台词，和当前以培育大的文化上市公司的潮流也不相符。

四 "有创意的文化" 现代化？

从 2007 年 10 月中国共产党十七大报告明确提出 "提高自主创新，建设

---

① Justin O' Connor. D. Brooks *BOBOs in Paradise: the New Upper Class and How They Got There.* NewYork: Simon and Schuster, 2000.

② Wang Jing. "The Global Reach of A New Discourse-How Far Can 'Creative Industries' Travel?". *Journal of Cultural Studies*, 2004, 7（1）: pp. 9 - 19.

③ John Hartley. Conningham Stuart. "Creative Industries: From Blue Poles to Fat Pipes", in Malcolm Gillies（ed.）*The National Humanities and Social Sciences Summit: Position Papers.* 2001, pp. 1 - 10.

创新型国家"后,创新已经成为中国发展的核心战略。在当前重视科技创新的前提下,创意产业所强调的文化与艺术创新能否成为下一个发展的关键词?不可置疑,创意产业之所以能得到这么多城市的拥护,在于它绕开了文化产业改革中的一些敏感而棘手的问题,呼应了以创新为原则的知识经济风潮从而获得了更大的动能。但是,中国是否已经具备了培育、孵化创意产业的社会经济文化生态,答案显然还不确定。更为重要的是,借鉴国外的术语而展开本国的实践,在极其特殊的历史和当代的中国语境下,其中的紧张、翻译的误读、才盾揭示了目前我们在参照西方的发展经验进行现代化进程中的问题,以及理性精神的缺乏,这也是中外对国内创意产业的研究呈现不同视点的一个关键原因。

不管从文化到创意的转变是策略性的,还是更加真实存在的,文化和创意是互为补充的,在某些场合下也是可以置换的。当我们把目光从对创意产业的研究而投向今天的城市,从东部城市到内陆腹地,"创意城市"的宣言和创意产业集聚区的规划蓝图被认为是理所当然的现代化,但是当对数字的追求和口号湮没了创意和文化,"有创意的文化"城市在哪里?当一些创意产业集聚区成为城市的孤岛,失去了与社区和城市的联系,而成为贵族化的消费和居住场所,其也就丧失了原本的空间意涵。

2007年12月,笔者有幸参加了在英国利兹举办的英国创意产业会议(National Creative Industries Conference),一个非常强烈的感受是:在英国讨论创意产业已是一件十分自然而顺理成章的事,这不仅仅因为英国大多数地区已经进入后工业时代,更因为十年的探索让英国建立了通畅、互利合作的创意产业社会网络体系。而对中国来说,创意产业仍处于起步发展阶段,在不同于西方的社会制度和环境下,实践的过程如同摸着石头过河,对新事物的探讨和尝试也必然会有争论和分歧。最重要的是,我们如何保持一种开放而理性的心态,当西方国家在中国看到他们曾经发展的影子时,我们是否能够日后为其他国家和地区的发展提供可借鉴的经验?

参考文献

上海创意产业中心:《2006上海创意产业发展报告》,上海:上海科学技术文献出版社,2004。

刘聪、曾光、黄岳钧：《创意产业理论研究综述》，《新资本》2007 年第 2 期。

王俊、汤茂、黄飞飞：《创意产业的兴趣及其理论研究探析》，《地理与地理信息科学》2007 年第 5 期。

张伟年、张平宇：《创意产业与城市再生》，《城市规划学刊》2006 年第 2 期。

黄鹤：《文化政策主导下的城市更新——西方城市运用文化资源促进城市发展的相关经验和启示》，《国外城市规划》2006 年第 1 期。

彭爌：《城市文化研究与城市社会学的想象力》，《社会学研究》2006 年第 3 期。

陈嘉欢：《上海走向创意城市——专访上海创意产业协会会长厉无畏》，《上海经济》2007 年第 6 期。

社会空间和社会变迁

——转型期城市研究的"社会—空间"转向[*]

钟晓华

随着城市化、现代化进程中城市空间的剧烈变化，"空间意识"在社会科学研究中的复苏贯穿于整个 20 世纪。转型期的城市研究也不乏空间视角，但多集中于规划学、建筑学及地理学领域，空间被简单地等同于土地、建筑、景观等概念。然而随着全球化进程的深入，城市空间的政治属性、社会属性，特别是其作为战略竞争资源的作用日益显现，空间一方面为社会变迁提供了发生场所；另一方面也遮蔽和固化了变迁过程中社会分层、权力冲突、利益争夺等社会问题。城市空间不仅是传统意义上人们居住的一种场所，更是"城市中各种力量的成长、组合和嬗变"[①]的载体。城市空间重构与社会结构变迁相伴而生，因此研究城市空间重构是理解城市转型的路径之一。从社会空间视角阐释作为社会变迁过程的转型期中国城市空间重构经验，有着双重意义，一方面"社会空间"理论为研究、理解和反思城市社会变迁提供了一种新的范式；另一方面转型期的中国城市也为"社会空间"理论发展提供了一个"现场"或"诊断所"。[②]

一　社会空间视角下西方转型城市研究的经典议题

19 世纪至 20 世纪中叶，社会理论的历史被认为是"空间观念奇怪缺失

---

* 本文原载于《国外社会科学》2013 年第 2 期。
① 张京祥、吴缚龙、马润潮：《体制转型与中国城市空间重构——建立一种空间演化的制度分析框架》，《城市规划》2006 年第 6 期。
② 潘泽泉：《社会、主体性与秩序：农民工研究的空间转向》，北京：社会科学文献出版社，2007。

的历史"，^① 空间被认为"只是社会的量度、指针与结果"。^② 直至 20 世纪中叶，这种自然主义的空间观才受到广泛质疑，社会学科经历了一场影响深远的"空间转向"。^③ 芝加哥学派将"空间区位布局简化社会世界复杂度"的城市生态学，区位、位置、流动性等概念来测量、描述和最终解释社会分层现象。20 世纪六七十年代，以列斐伏尔为代表的新马克思主义城市社会学重新引入社会再生产、资本循环等概念，将空间作为重要的社会资源及力量，城市再生产由空间中的生产（production in space）转向了空间本身的生产（production of space）。^④ 后现代地理学家索贾（Edward Soja）^⑤ 继而将社会空间的意涵进一步深化，提出了"空间性"（spatiality）概念，使之成为与"历史性""社会性"并置的社会分析维度。继一系列空间的价值维度和理论范式方面的学术努力之后，马克·戈特迪纳（Mark Gottdiener）^⑥ 提出了更具操作性的社会空间视角（Socio-spatial perspective），他从以上理论中汲取精华，又避免了传统空间生态学和新马克思主义空间理论两者的简化论特征，试图将阶级、教育、权力、性别、种族等更多因素以一种整合的观点纳入城市空间的分析中。空间不再是康德意义上的虚空概念，也不是先验的、固定不变的客观存在，而是一个如历史性一般具有批判的、唯物主义特性的分析维度，是社会行为与社会结构作用的产物，同时也是反作用于社会过程的积极因素。社会空间理论作为对马克思唯物史观的补充在后资本主义、全球化和转型社会的研究中逐渐成为一个重要视角。

城市空间一直是规划学、地理学和建筑学等传统空间学科研究的对象。随着分权化、市场化、全球化背景下城市转型的深入，城市空间重构成了社会变迁中最为显著和重要的变化之一。城市空间不仅是社会变迁的实践场所，被视为现代化文明的标志和象征，也是集体意识与消费行为的表达

① J. 厄里：《关于时间与空间的社会学》，载特纳主编《社会理论指南》，李康译，上海：上海人民出版社，2003，第 505 页。
② Smith Neil, "The Production of Nature", in George Robertson et al. (eds.), *Futural Natural*: *Nature*, *Science*, *Culture*, London: Routledge, 1996, pp. 35–54.
③ 何雪松：《社会理论的空间转向》，《社会》2006 年第 2 期。
④ Henri Lefebvre, *The Production of Space*, Oxford: Blackwell, 1991, pp. 46–53.
⑤ 爱德华·索贾：《后现代地理学》，王文斌译，上海：商务印书馆，2007，第 120~122 页。
⑥ 马克·戈特迪纳等：《新城市社会学》，黄怡译，上海：上海译文出版社，2011，第 75~76 页。

场所。从社会空间视角理解社会阶层分化、社会关系重构、公共权力转型及城市文化再造等社会过程，是一个不可忽视的重要视角。以社会空间为演绎逻辑的空间实践，促成了一种以"发现事实"为主要特征的经验研究。① 下文从资本、权力、文化等方面归纳了几个西方学术界在社会空间视角导向下的城市研究经典议题。

1. 城市增长中的"空间修复"与"空间分工"

戴维·哈维（David Harvey）延续了列氏的"资本循环"② 理论，认为资本主义的首要任务就是解决资本累积过程中的种种困难，面对过剩的资本与劳动力，解决的办法就是通过城市建设等空间生产项目将资本在一个较长的时间段内以某种物理形式固定在国土之中，资本累积的时间障碍故而转化为空间障碍。哈维提出"空间修复"（spatial fix）③ 的概念来概括这种空间逻辑，即资本通过空间生产来创造适合自己的地理场所，用空间的使用价值加快资本累积，如资本投资建设出适合于原材料和商品运输的城市或区域交通网络。

除了资本循环，社会空间视角也被用于产业变迁的研究中，多琳·马西（Doreen Massey）就对这种"劳动的空间分工"做了解释：工人利用空间聚集而形成团结的力量；资本利用空间流动性避开这种团结，作为削弱工人的抵制的策略。④ 这个问题将城市空间从资本再生产的工具深化为社会关系变化的投射。与此同时，社会关系与空间结构的相互关联也成为随着"结构化理论"而回归的问题，生产的国际化和空间分工重组、阶级和非阶级的社会运动的出现、交通通信和微电子技术的深刻革命以及国家对分散人群的监控能力的提高，这些变化使得城市空间结构逐渐被视为社会关系

---

① 潘泽泉：《当代社会学理论的社会空间转向》，《江苏社会科学》2009 年第 1 期。

② 列斐伏尔在《空间的生产》中指出"资本流通是资本主义生产过程得以发生的前提条件。为了解决过度生产和过度积累（第一循环）所带来的矛盾，追求最大的剩余价值，过剩的资本就需要转化为新的流通形式或寻求新的投资方式，即资本转向了对建成环境（特别是城市环境）的投资，从而为生产、流通、交换和消费创造出一个更为整体的物质环境（此为资本的第二循环）。由于过度积累和资本转化的循环性和暂时性，以及在建成环境（城市环境）中过度投资而引发的新的危机，使得在资本主义条件下创造出来的城市空间带有极大的不稳定性。这些矛盾进一步体现为对现存环境的破坏（对现存城市的重新规划和大拆大建），从而为进一步的资本循环和积累创造新的空间"（参见 H. Lefebvre, 1991）。

③ 戴维·哈维：《后现代的状况》，阎嘉译，上海：商务印书馆，2003。

④ 多琳·马西：《劳动的空间分工：社会结构与生产地理学》，梁光严译，北京：北京师范大学出版社，2010，第 55 页。

生产和再生产的媒介。[1]

2. 地方政府干预下的空间"集体消费"与新自由主义

空间重构不仅体现了资本再生产的逻辑，也与权力结构有着本质性关联。随着城市空间的交换价值日益突出，空间重构成了多元利益争夺及协商的结果，城市政府在空间建构中的角色定位与干预行为便成了一个重要的议题。如卡斯特尔（M. Castells）[2] 把消费品分为私人消费品和集体消费品，后者所指代的与城市空间密切相关的公共产品与服务（如交通、医疗、住房、休闲设施等）成为他最主要的关注领域。空间作为集体消费品成为基本经济过程的产物，由于其投资耗资大回报慢，私人资本无力或不愿投入，因此城市政府开始发挥干预作用。政府通过制定优惠政策、直接投资等方式携手资本进行此类城市空间的生产。政府何时、何地以何种方式、在多大程度上组织和介入集体消费过程，极大地影响了城市空间的变化。随着政府干预的深入，城市空间生产问题便与权力问题发生了勾连。同时，那些服务于资本利益的规划政策等干预行为也进一步强化了不平等问题。

另一个关于政府干预下的城市发展的议题是空间的"新自由主义化"，[3] 在信仰市场、增长至上、鼓励竞争的新自由主义理念下，城市空间作为稀缺资源以不同程度的热情和效应被诱惑到商业主义的风尚潮流之中，最终城市空间的重构结果加速了资本、就业和公共投资的流动性，并固化了落后的福利改革和劳动力市场两极化。

3. 全球城市的"流动空间"与"空间异化"

除了对空间生产的资本逻辑的关注，20 世纪后半期以来的全球化浪潮，把"全球化空间""世界城市"等概念推至前沿。全球化使时空不断被压缩，卡斯特尔将全球化中的城市社会形态解读为"网络社会"。网络社会产生了新的空间逻辑，即"流动空间"，如资本流动、信息流动、技术流动、组织性互动等，这也是时空辩证的最好例证；作为社会实践的物质支持的空间是支撑这种流动的，因此是"流动的空间"。[4] 具有完整界定的社会、

---

[1] 德雷克·格里高利等：《社会关系与空间结构》，谢礼圣等译，北京：北京师范大学出版社，2011，第 3 页。

[2] M. Castells, *The Question of City: A Marxist Approach*, The MIT Press, 1979, pp. 271 – 272.

[3] J. Peck and A. Tickell, "Neoliberalizing Space", *Antipode*, 2002, vol. 34, pp. 380 – 404.

[4] 曼纽·卡斯特尔：《网络社会的崛起》，夏铸九、王志弘译，北京：社会科学文献出版社，2001，第 504 页。

文化、实质环境和功能特征的实质性地方，成为流动空间的节点和中枢。概括来说，卡斯特尔所理解的全球化空间是以电子网络为基本形象、没有固定的形状或边界、自然流动着的空间。

虽然流动空间、虚拟空间等成为信息时代新的空间逻辑，但更多学者则聚焦了全球城市的空间异化现象，[①] 即空间极化，富人堡垒型社区、绅士化社区、排外聚居区、城市群、边缘城市、族裔聚居区及贫民窟都是城市空间资源分配不平等的典型表现。没有各类空间设施的地理存在，就不会有今日信息传播的"扁平化"；而经济社会活动的跨边界运作与全球化，则恰恰凸显出特定功能（如命令、生产性服务业）的地理集聚的重要性。正因如此，全球化促使新的"权力的空间几何学"[②] 出现，地理资源的空间分布不是更平等了，而恰恰是更为不平等了。

4. 日常生活的空间实践与空间秩序

无论是全球化的城市空间的外向扩张，还是中心城区发生的绅士化过程，城市空间重构都是日常生活场景中的真实过程，是具体行动者能动性的产物，同时又直接影响着人的行为、生活方式及文化价值。布迪厄[③]对卡比拉人家庭所具有的独特空间性的关注是将社会空间作为个人及其日常生活的构成性要素的典型论述，他提出空间组织将人们限定在不同的地方，从而有助于建构社会秩序并构成阶层、性别和分工。与空间生产的资本逻辑与政治逻辑不同，日常生活的空间实践更强调普通人以空间为指向的策略行为。继承了现象学传统的德·塞尔杜（de Certeau）在《日常生活的实践》（1984）[④] 中解释了基于强者与弱者权力关系的城市街头行动者空间实践，提出了策略（strategies）和战术（tactics）这一对概念工具，它们分别代表权力关系中的支配者和被支配者，虽然强者用策略体现分类、划分、区隔等方式规范空间，但是作为弱者的普通人可以用游逐不定的移动等战术即兴发挥和创造，对抗以强权为后盾的空间支配。

与日常空间实践所呼应的，是对不同场域位置的行动者基于空间生产

① S. Sassen: Rebuilding the Global City: Economy Ethnicity and Space, Anthony D. King ed. , *Re-Presenting the City: Ethnicity, Capital and Culture in the Twenty-First Century Metropolis*, London: Macmillan, 1996, pp. 23–42.

② Massey, D. "Globalisation: What Does it Mean for Geography", *Geography*, vol. 87, 2002.

③ 布迪厄：《社会空间与象征权力》，载包亚明主编《后现代性与地理学的政治》，上海：上海教育出版社，2001，第120~122页。

④ de Certeau, *The Practice of Everyday Life*, Berkeley: University of California Press, 1984.

所产生的社会秩序的关注。列斐伏尔在《城市的权利》（1968）和《日常生活的批判》（1971）两部著作中提出实现"城市的权利"和"差异的权利"，并以此来实现"日常生活"对资本主义的"批判"，赋予新型社会空间实践以合法性。列氏认为资本主义空间生产所造成的中心与外围的分化和矛盾首先是城市本身功能的分割和分散，由资本利益而形成的空间组织造成人口的分割和分散，城市中心区吸引和集中了越来越多的政治权力组织和商业功能，普通人的日常生活空间被迫向外围边缘地区置换。[1] 列氏的追随者哈维也随之提出了城市的权利及公平正义问题，提出社会各派力量对城市空间主导权争夺的焦点是空间交换价值和使用价值何者优先的争论。"一方面，商业主义不断俘获内城空间，把它变成一个炫耀性消费的空间，称颂商品而非市民价值。它成为一个奇观地点，人在其中不再是占用空间的积极参与者，而是被化约为一个被动的观赏者。另一方面，以推进平等参与和正义秩序为目标而建构的社会空间，来取代阶层与纯粹金钱权力之地景的斗争，从来没有停息。"[2]

二　社会空间视角的中国化反思

中国城市转型一方面接驳了资本主义扩张所带来的经济全球化趋势，另一方面则具有自身特殊的历史性和地方性特点。整个变迁交织了若干个重要社会过程，包括从计划经济向市场经济的转型、工业化中的劳动密集型经济到技术（知识）密集型经济和服务型经济的转型、大规模农村人口向城市转移的过程，以及由封闭到开放融合的过程。多重社会过程并行使中国城市正在"由过去高度统一和集中、社会连带性极强的社会，转变为更多带有局部性、碎片化特征的社会"。[3] 在这样的背景下，中国城市空间发生着剧烈的变化，如以征地规模浩大的"开发区""大学城""卫星城"为代表的新城建设运动，以"以地养城，以路带房，以房补路，综合开发"为宗旨的大拆大建和房地产开发，以"城市美化"为目标的大规模造绿运

---

① 吴宁：《列斐伏尔的城市空间社会学理论及其中国意义》，《社会》2008 年第 2 期。

② D. Harvey, "Between Space and Time: Reflections on the Geographical Imagination", *Annals of the Association of American Geographers*, vol. 80, 1990, pp. 418 – 434.

③ 孙立平：《转型与断裂——改革以来中国社会结构的变迁》，北京：清华大学出版社，2004，第 5 页。

动，以及以保护性开发旧街区和保护性再利用旧建筑为方式的旧城更新等。社会空间视角源于西方学者对资本主义城市危机的批判性反思，是否可以被用于解释以上中国城市转型及空间重构的经验，国内外中国研究学者已经做了一些尝试。

1. 体制转型与城市空间重构

列斐伏尔所提出的从"空间中的生产"到"空间本身的生产"的转变不仅适用于对资本主义发展的分析，也能充分证明为何改革开放三十多年来，空间的重构成为中国城市最后显著与剧烈的变迁过程。在计划经济时期，城市不是资本积累的实体，而是国有企业的集群，土地的无偿划拨使得城市空间只有使用价值，城市空间的改造并不是列氏意义上的空间生产；从生产导向的城市计划经济向服务消费导向的全球市场经济转变的生产方式，需要生产出不同于以往的新空间，故此产业空间、居住空间和消费空间都发生了空间位置与形态上的巨大变化。城市空间的变迁背后不仅是资本累积的逻辑，也体现了政治控制与意识形态的逻辑。魏立华等(2006)① 将中国城市空间演进的主要内部机制归纳为中国改革中特有的政治经济转变，权力离心化、市场运行机制的引入以及与全球化经济的整合。

关于具体的中国城市空间生产机制的讨论多集中于城市政府角色的转变。改革开放以后，尤其是 20 世纪 90 年代的土地批租制度改革以后，城市空间被纳入资本扩大再生产的体系中，城市政府作为国有土地的代管人掌握着土地管制权，土地成为城市政府主持城市开发、参与区域竞争以及官员获得晋升的最大资本，如此背景下的城市大开发承载着极其丰富的政治经济内涵。不同于西方地方政府积极地利用企业家精神来改革公共管理部门，实施更加外向的、培育和鼓励地方经济增长的行动和政策，中国地方政府更倾向于将行政资源直接移植到新的城市竞争体系中。城市空间资源是地方政府通过行政权力可以直接干预、有效组织的重要竞争元素。中国地方政府利用自己对行政、公共资源等的垄断权力，如企业一样追逐短期经济和政治利益。中国式的企业化趋势是政府指向"越位"——政府强烈主导、逐利色彩浓厚的特征。地方官员发展地方经济的强烈动机和基于土

---

① 魏立华、闫小培：《有关"社会主义转型国家"城市社会空间的研究述评》，《人文地理》2006 年第 4 期。

地的经济精英聚敛财富的动机主导着城市政治的发展方向，并因此建立了城市行政体系，这是一种典型的政府与城市增长力量双向"寻租"现象。[①] 面对"与民争利"所造成的社会公平质疑，地方政府将政策技巧和价值资源作为应对质疑的手段，以扩大其主张的城市开发模式的合理性。[②]

2. 经济结构变迁与城市空间重构

无论是内部经济转型还是与全球经济的融合，资本逻辑在中国式空间生产中都大行其道。从中国经济运行市场化程度及产业结构变迁的角度看，城市空间结构的演化呈现越来越强的经济利益驱动性和利益冲突特征。[③] 城市空间生产已成为当代中国建构社会生活世界的根本生产方式之一。以房地产为基础的空间生产由于关联度高、带动力强，成为促进消费、扩大内需、拉动投资、提高国民生产总值的重要产业之一，与空间生产相关的物流业、汽车制造、住房建设和城市基础设施建设等是近三十年来中国经济高速增长的强大助推力。用资本逻辑来解释，便不难理解中国城市无序扩张及重复建设的问题，为了解决资本过度积累所带来的矛盾，追求最大的剩余价值，过剩的资本就需要转向对城市空间的投资。与其他商品一样，这样的资本循环引发了空间的"同质化"，但由于空间不同于其他商品，是不可再生的稀缺资源，因此所谓新空间的生产不过是对旧空间的重复破坏以获取空间的交换价值，从而导致了空间的"不稳定性"。

从全球化、国际资本转移的角度看中国城市空间问题，流动空间和国际劳动分工体系正深刻重塑着中国城市空间结构，大量新类型的空间正在出现并带来了一系列社会问题，如巨型城市和大都市连绵区、外城（outer-cities）和后郊区化（post-suburbia）、再中心化（recentralization）和绅士化（gentrification）等。但是不同于西方后福特主义的城市转型，这种市场的、全球化的力量在中国只有透过地方结构才能发生效应，[④] 城市开发只有通过鼓励外商投资、土地租赁、产业调整和经济部门重组等一系列政府制度改革才能实现。张庭伟在分析上海的全球城市战略与空间重组的关系时讲到：

---

① 张京祥、吴缚龙、马润潮：《体制转型与中国城市空间重构——建立一种空间演化的制度分析框架》，《城市规划》2006 年第 6 期。

② 陈映芳：《城市开发的正当性危机与合理性空间》，《社会学研究》2008 年第 3 期。

③ 吴缚龙、马润潮、张京祥主编《转型与重构：中国城市发展多维透视》，南京：东南大学出版社，2007，第 4 页。

④ Wu Fulong, "The Global and Local Dimensions of Place-making: Remaking Shanghai as a World City", *Urban Studies*, vol. 37, 2000.

建设全球城市必须进行产业重组；产业重组必须在城市不同区位重新分配功能；功能重组必须要空间重组，如退二进三，将制造业从中心区迁走，将高端服务业引入中心区，并改变中心区的人口构成和住房等级等。这一观点也被用到了对具体旧城更新案例的分析中，任雪飞（2008）、[1] 何深静（2007）[2] 将上海新天地项目的开发看作是全球化城市开发战略的产物，是新自由主义之下政府主导的绅士化过程，是以公共权力与私人资本合作的方式来实现的。

3. 社会结构变迁与城市空间重构

在社会空间视角中，空间重构与社会结构之间的辩证关系尤为突出。一方面，制度与经济结构的变迁导致了一系列新空间的产生，并且空间分异加剧了社会不平等；另一方面，空间商品化（房地产开发）及全球化空间分工等新社会空间又重塑着普通人的主观经验、价值偏好与日常生活世界。在社会空间视角导向下，社会学者对因空间重构而产生的新社会群体，诸如动拆迁户、城市移民、失地农民等群体的关注尤显人文关怀。[3] 三十年来的城市开发几乎没有社会力量参与到对建构城市空间主导权的争夺中，政府与市场主导的匀质、抽象的空间生产将原先多元、差异的日常生活世界推至边缘，城市空间的商业价值（占有）和市民价值（使用）孰轻孰重的问题浮出水面，裹挟而入的西方新城市社会学理论成为学者质疑空间公正问题的思想武器。

与此同时，一些学者也就"弱者"空间实践策略的中国化应用进行了探索。虽然中国的社会组织发育并不成熟，但社会力量并不是单纯被动地接受空间重构后果，而是"策略性"地应对并获取自身利益，并在此过程中重构了"国家—社会"关系。童强（2011）[4] 将之称为边缘空间或缝隙空间的出现，快速城市化所导致的城乡格局变化和经济全球化所带来的产业空间的重构致使大批城市新移民和市民化的农民出现，与前者的空间生产相对的是这些人基于对制度和情境的反应而创造的各种生存的缝隙空间，

---

① XF Ren, "Forward to the Past: Historical Preservation in Globalizing Shanghai", *City & Community*, 2008 (3).

② Shenjing He, "State-sponsored Gentrification Under Market Transition The Case of Shanghai", *Urban Affairs Review*, vol. 43, 2007.

③ 陈映芳：《城市中国的逻辑》，北京：三联书店，2012。

④ 童强：《空间哲学》，北京：北京大学出版社，2011，第10页。

如城中村、居改非、街头摊贩等。潘泽泉（2007）① 研究了广东的农民工寄寓空间（如"城中村"、城市边缘区等），通过分析农民工群体在城市空间中的实践，探讨其利用自身种种社会文化资本来创造生存融入方式或多样生活经验的策略及行为。此外，陈映芳（2010）② 以制度变迁为语境，解释作为社会一方的行动者（市民/农民）如何通过对制度的利用挖掘支持其保卫家园的利益诉求的道德资源。这样的经验性研究突破了原先基于社会结构和社会网络的此类社会群体的研究，不失为一种"社会空间"转向的有力尝试。

三　社会空间理论的意义及局限

不同于技术性的空间研究，社会空间理论在城市研究中的应用不是局限于对城市空间形态和特征的客观描述，而是发现城市空间形态及其变化过程背后的政治、经济、社会动因，将空间生产过程和社会变迁过程结合起来。同时，该理论范式使空间研究超越了空间因素本身和空间生产技术，空间作为积极的、特殊的作用因素参与了社会的生产与再生产。但是社会空间理论至今仍处于未达成共识的开放探索阶段，要将其整合到既有的理论范式中仍有不少局限性。

1. 强调城市空间的社会性

虽然在转型期的城市研究中，不乏空间视角，但多集中于规划学、建筑学及地理学领域，空间被简单地等同于土地、建筑，对城市空间结构的研究还处于以城市形态研究与实证主义研究为主的阶段。社会空间理论致力于去除自然主义和历史决定论下的空间遮蔽及空间误判，以揭示自然、物质空间形态背后的动态政治、社会、文化意涵，从方法论上是建构主义和批判主义的。尤其是转型期、全球化时代的城市空间生产实践将"物理空间转化为社会空间"，③ 城市空间不仅是国家、市场与社会等各利益主体互动的场所与容器，也是目前权力利益斗争的主要对象之一。城市的发展与危机产生无不与城市空间变化联系在一起，资本在空间上的重新配置、

---

① 潘泽泉：《社会、主体性与秩序：农民工研究的空间转向》，北京：社会科学文献出版社，2007。
② 陈映芳：《行动者的道德资源动员与中国社会兴起的逻辑》，《社会学研究》2010 年第 4 期。
③ 黄晓星：《上下分合轨迹：社区空间的生产》，《社会学研究》2012 年第 1 期。

劳动力流动、城市扩张、内城衰落等，城市空间重构与资本主义生产方式、资本积累方式、权力结构的建构、社会阶级关系等社会结构变迁紧密相关。

2. "空间性"成为新的城市社会分析维度

社会空间理论对"空间性"概念的提出及其唯物性的论证，不仅将抽象的空间概念运用到对经验事实的发现和解释中，也使物化的空间现象成为理解城市转型和社会变迁的具体镜像。政治经济制度、社会生产关系、个人家庭生活等无不具有空间性，具体可将城市研究的空间性维度归纳为以下四方面：①资本生产与消费：空间的生产与再生产是资本主义得以维持下来的手段，资本主义把空间由自然的消费品变成谋取剩余价值的对象，新自由主义及全球化发展都有相对应的空间表征；②"国家—社会"关系：无论是强权政府、城市政体，还是公民社会，其"国家—社会"的关系都会被投射在空间生产与空间形态中，现代国家借助了空间手段支配社会，而社会力量则通过空间资源的争夺来抗争社会不平等，空间重构的过程极富意识形态意涵；③符号和意义的系统：空间是一个表达社会意义的象征符号的载体和承担者，具有分类判别和社会类别化的功能，遮蔽了其背后的意识形态；④生活体验与身份认同：人们在创造和改变空间的同时，又被生活、工作空间以各种方式约束和控制，空间是主体获得身份认同及本体性安全的场所。

3. 社会空间理论的局限性

社会空间理论作为新建构的理论范式仍处于开放探索阶段，因此该理论应用于城市研究领域仍具有一定的局限性：①社会空间与城市空间的界定之难：虽然社会空间视角将城市空间作为主要的研究对象，但是处于探索初期的理论建构并未清晰界定两者之间的关联与界限。经典社会学理论中的社会空间包含有认知空间、场域空间、象征权力等社会性隐喻，[①] 从这个角度而言，社会空间概念是高于城市空间的方法论概念；而政治经济学批判将社会空间定义为城市中对应于权力资本支配下的匀质化抽象空间的异质化具体空间，[②] 社会空间在此意义上又从属于作为阶级斗争、利益争夺场所和容器的城市空间；与此同时，后现代理论流派又将"社会地生产出

---

① 布迪厄、华康德：《实践与反思：反思社会学导引》，李康等译，北京：中央编译出版社，1998，第 171 页。

② D. Harvey, "Social Justice, Postmodernism and the Eity", *International Journal of Urban and Regional Research*, 1992, vol. 16, pp. 588 – 601.

来的空间"① 皆称为社会空间，据此而言社会空间又包含城市空间。由于对这组空间概念及其相互关系的界定至今仍无定论，因而社会空间至今无法成为一个比拟阶级、性别、职业等的城市转型研究的解释自变量。②与既有城市空间研究的融合之难。虽然摒弃空间自然主义的论辩被认为是具有突破意义的划时代转向，但是真正将其运用到既有的空间学科及理论中并非易事。地理学、规划学、建筑学等城市空间研究学科对社会空间已有较成熟的定义，如建成环境、居住空间、社区、邻里等，在此共识下引入新的社会空间概念容易与既有概念发生混淆、产生歧义；此外，社会空间理论批判性的视角如何与现有的测量、描述及解释物质空间现象的方法（如地理信息系统、遥感等）结合，也是亟待探索的问题。③西方理论对中国经验的适用性不足。西方城市学者的研究核心是"空间形式"及作为其形成动因的社会过程之间的关联。但是西方社会的组织化程度、空间的产权属性、城市政体特征都与中国城市有很大不同，理论移植的情境维度发生了很大的变化。虽然人文地理学、城市社会学、区域经济学等领域的学者也对其的中国化应用进行了一定的验证和修正，这使得既有的社会空间理论对中国城市转型问题有一定的解释力，但是在新旧体制交汇、本土化与全球化影响并存的背景下，社会空间视角的中国化如何既能延续并对话西方经典理论，又凸显还原中国经验的特殊性，需要更为广泛深入的理论研究与经验应用。

社会空间理论的崛起体现了全球化背景下，城市在全球网络中的节点性意义及其物质空间组织的重要性正在日益凸显，但这并不意味着空间本身具有决定性作用。社会空间理论作为一种建构性的视角，只有在批判性地汲取既有空间研究学科的基础上，提出具有交叉学科意义的社会空间概念，即处理好"空间"与"空间性"的关系，才能避免落入"泛空间化"的简化论，为城市研究注入新的内涵与理论活力。

---

① E. Soja, "The Socio-spatial Dialectic", *Annals of the Association of American Geographers*, vol. 70, 1980.

关于 "80 后" 大学生的价值取向的社会评价与自我认知

钟晓华

一 问题的提出与界定

虽然每个年代的人都会在被推向"前台"时备受重视，但像"80 后"如此引起广泛关注和争议，仍不多见。从 1993 年国内青少年问题专家孙云晓的一篇《夏令营中的较量》第一次引发了关于中国第一代独生子女的讨论，到 21 世纪初，春树、韩寒、满舟和李扬这四个中途辍学、性格叛逆的年轻人被美国《时代》周刊推为"中国 80 后的代表"，并将这些"linglei"（另类）的青年与 20 世纪 60 年代美国"垮掉的一代"并论；而后，从 2003 年 SARS 的溃败，到 2004 年雅典奥运会刘翔、姚明等"80 后"体育健儿被誉为"民族英雄"，再到 2008 年，从抗击雨雪灾害到反对"藏独"分裂，到四川地震救灾，对"80 后"的褒扬声一片，正如教育部周济部长在 2006 年所说的"我认为 80 后不但不是垮掉的一代，而是积极健康向上的一代，肩负历史重任的一代"。诚然，在不同的时局背景和社会环境中，媒体和社会各界对"80 后"群体做着一波三折的"塑形"，由贬到褒，难免印象刻板或以偏概全，然"80 后热"始终不衰，足见此议题本身的社会价值，从社会学的关切看，值得再做文章。

1. "80 后"是否能成为独立分析单位

随着"80 后"的提法不断增多，1980 年后出生的群体逐渐走向社会前台，社会和学界对此给予的关注也逐渐增多。首先应该回答："80 后"这一产生于文学领域的提法是否具有学理上的划分依据和社会分析意义，由此衍生出的"70 后""90 后"是否证明以十年为时间段进行划分是合理的。仔细体会不难发现,这里的"后"实际上正模糊地指称一个"代"的概念。

一般而言,"代"具有自然和社会的双重属性。自然属性是指年龄,被认为属于一代的人处于某一个相同的年龄层内。社会属性则是在特殊的时代和环境中形成的,不同的代由它们自身具有的不同的社会性差异而区分开来,这就更为接近社会学意义上的"代"。人口学上常用的"cohort analysis"是结合了上述自然和社会两个向度的人群分析。

根据卡尔·曼海姆的代理论,"代是一个时代位置,在同一时代位置上,人们拥有共同的历史经历。因为经历共同的事件,从而拥有共同的思想模式和行为模式",所以,大致与十年时间的自然属性共生的"文化大革命""改革开放"以及"现代化进程"则分别是使三代人相互区别开来的社会性变革、历史经历。接下来产生的疑问便是,隐藏在这三个具有浓厚中国特色和政治色彩、含义有些暧昧不清的词组背后,究竟是什么因变量和机制结出了三代差异的果。

同时,相比较前后两代,"80 后"更具有"社会世代分析范畴",[①] 他们与父辈之间有"文化大革命"相隔,两代人成长的政治制度和社会情境背景有割裂性差异;与"90 后"不同,他们 20 多年的成长经历,亲眼见证了中国在改革开放后的日渐崛起;他们亲身感受了家庭生活的逐渐富裕,体验了从没有电脑的童年到如今全虚拟式生活,亲历了教育改革的缘起与波折。因此,在社会转型期,"80 后"的行为方式、思维方式和价值观念具有承前启后的作用。对该群体的研究不仅具有群体研究的价值,更是研究转型期社会变迁结果的一个不可或缺的独立视角。

2. 如何界定"80 后"

关于"80 后"的界定,学界至今仍存在争议,主要提出了几种划分方式:一是出生于 20 世纪 70 年代末期及 80 年代前半期的人群;二是泛指 1980～1989 年间出生的人群;[②] 三是针对中国特殊背景的代际划分,1978 年至 1989 年出生的人被称作第四代,即改革开放的一代;[③] 四是对于"80 后"提法的本源,即"80 后"作家的界定,就是出生于 20 世纪 80 年代,

---

① 于海:《八零后:怎样的"我一代"》,于海新浪博客,2009。
② 王效仿:《"80 后"大学生思想教育方式方法创新》,《青年探索》2009 年第 1 期。
③ 赵丰:《青年研究:从"代"到"后"的演进》,《中国青年研究》2007 年第 12 期。

以网络为主要创作媒介，以商业利益为主要目的，作品意境与内涵以城市为背景、青春为主题的青年作者群（如韩寒、郭敬明等）。

无论关于"80后"的界定如何分歧，不争的现实是"80后"标签已经成为社会流行。就作为今天社会生活中最常用的一个人群概括语而言，社会各界大多数专家学者的看法比较一致，认为"80后"从年代上来讲是20世纪80年代后出生的一代人，是具有自己特殊的历史背景、特殊的思维方式、特殊的行为方式的群体，同时也是一个内涵不断扩张的群体。

3. 什么是"80后"现象

"80后"现象是由"80后"群体的思维方式、行为方式以及这一群体的社会效应所形成的一种复杂的社会现象。"80后"现象不仅指一代人造就的特定人群的社会现象，也可成为对当前社会全体的一个剖析角度，改革的特征与随之而来的社会问题在这一代人身上几乎都有体现，如教育、社会转型、核心价值体系构建、计划生育等产生的问题，既是"80后"的，也是全体公众的，透过"80后"现象进而作社会批判和社会分析，不失为一个特殊的研究进路。

4. 本文的研究对象的界定

"80后"大学生是本文的主要研究对象，主要指1980年至1989年出生的大学生群体，大体是指1999年至2008年入学的大学生群体。从数据可以看出，"80后"大学生面临着全国高校大幅度扩招，1999年至2007年上海市高校的招生人数和高考录取率逐年上升，在校大学生中的独生子女比例也有所上升，从2000年的59%到2005年的76.4%（数据来源：上海市大学生发展报告）。自2002年起历年高考录取率均超过80%（2007年上海高校录取率高达84%），下面篇幅对大学生群体的讨论，一定程度上可以成为对"80后"青年的观照和考量。

此外，从研究综述来看，大多数关于青年群体的研究和分析多集中于使用程序化的社会标准来衡量"享有共同价值和具有相应的角色期待"的特定年龄群体是否与既定的社会规则有良好的互动、其应当并实际发挥着什么作用（南山，2009）。而本文则突破既定的衡量标准，从被研究对象本身出发，寻求其行为形成的内外动因。

5. 关于研究方法的说明

本文主要采取定性研究的方法，抽取"80后"在校大学生，进行深访。本次个案访谈的深访员共8人，全部由复旦大学的本科生和研究生担任。课题组织者和方案设计者也参加了个案的深访资料收集工作。所有的深访员都接受过严格培训。选样方式没有特别指定被访者，由经过培训的访问员自行选定，并协调学校、专业、系别、年级、性别等变量的合理分布。最终回收有效样本13个，都为出生于1985~1988年的在校学生，学校也涵盖了部属大学、地方大学、海外求学等各种情况。

本研究的另一个特点是，研究者即被研究对象。除课题组组长外，所有参与课题设计和访问环节的人员均为"80后"学生，年龄横跨20世纪80年代近十年，因此研究者和研究对象角色之间的融合，与研究对象的互动和共鸣，都保证了小样本研究的样本类型饱和。整个深访过程的质量控制，主要由个案深访研究负责人完成。在个案研究报告中依据的所有资料都被认为是具备信度和效度的。

此外，课题组也结合了上海市统计年鉴、1998~2007年上海市大学生发展报告，以及复旦校内的中小样本调研数据，对于文中的论点加以验证。

二 关于"80后"价值取向的研究社会评价

如前文所述，社会对于"80后"的评价可谓一波三折，但多数是根据各界不同的成人视角或社会视角建构出来的，主要集中于以下几种。

1. 父辈评价

这种认知源于上辈人固有的思维模式，他们据此判断什么更适应社会。用既定的社会模式来界定当代青年与社会的契合程度，为青年成长预设场景和具体途径，遵循着一种"成人本位"的成长理论。按照这种评判标准，公众对于"80后"所谓"垮掉的一代"最不满的地方主要表现在如下几个方面：一是主体意识缺失；二是社会责任意识缺失；三是"80后"大学生精神萎靡。有学者提出这样的"打包批判"是片面的，往往没有想到"80后"要面对的是未来，是一个属于孩子们而不是属于老人的新时代，因而忽视了青年精神转换的价值。

2. 媒体评价

为了迎合眼球经济的需求，营销消费文化。媒体笔下的"80后"总是被夸张到了极致，他们思维活跃、思想解放、个性张扬、追求自由、善于利用高科技手段，不断向老一辈的精英们提出新的挑战。《时代》杂志于2004年和2007年先后用"另类"的"垮掉的一代"和"Me-generation"来定义中国"80后";而国内媒体则忽而给予"80后"体育明星"民族英雄"般的礼遇,忽而对于SARS中的青年表现用尽指责之辞,随后在2008年接踵而至的大事件后又为"80后"一雪恶名。对于此类评论,主要的质疑在于难道韩寒、姚明等极个别个体能代表目前全中国超过2亿的"80后"群体吗?难道在特殊历史背景和事件中的行为表现就能反映这一代人在日常世界中的稳定的人格特征吗?

3. 学界评价

相比社会评价的大起大落,学界对此群体的讨论则更为客观。学者普遍认为,公众可能只是从表面上看当代大学生所体现的问题,却没有从深层次看到"80后"大学生精神转换的内在原因与社会价值观念的变化。因此学界更多关注"80后"及"80后"现象的形成原因。市场经济改革、全球化、社会结构转型等外生因素致使网络文化、"无主题变奏"的断层青年文化、大众消费文化等成为"80后"青年成长的背景环境;[①] 而青年的价值观养成和特殊的成长需求又是难以避免的内生因素。在这样的探讨下,"80后"青年身上又多了多元、矛盾、自我、世俗等标签,虽然结合社会大背景的讨论有了客观性和合理性,但仍少一份主体感(研究者与被研究者的隔离),对动态变化的社会价值也少有论述。

从上述评价不难看出,某一时期不同视角对于某一代人的评价标准有很大不同,尤其是对一代青年人的评价和判断,多受成人世界以及沿袭的价值观念主导,这种重"经验"轻"新质",重静态轻动态的评价标准,无疑是主体缺位、有失偏颇的。

三　"80后" 对于价值取向的自我认知

按照访谈的框架,此部分主要通过"80后"大学生对各类社会评价的回应与自我评述、代际/代间关系、政治认同与参与行为、媒体与文化、理想与现实等方面对该群体的思维特征与政治态度进行讨论,通过定性与定量资料的结合,话题式地剖析"80后"大学生的部分特征。

1. 有显著差异的一代——"妖魔化"他评与"理性化"自述

无论是他评还是自述,毋庸置疑的一点就是"80后"大学生特殊的成

---

① 江冰:《论"80后"文学的文化背景》,《文艺评论》2005年第1期。

长环境使其在价值认知、行为准则、生活方式等方面具有与以往数代之间明显的区别性。同时，这种区别性又兼具社会结构和政策初始阶段的过渡性，而不同于"90后"等纯粹独生子女及改革稳定期的一代。

与被访者的讨论从社会各界对"80后"的评价谈起，"80后"初入社会，就受到一连串"打包批判"：独生子女政策造就了"不成熟、叛逆、另类、以自我为中心、缺乏同情心、不懂感恩和担当"的一代；与经济改革的大背景呼应，"80后"又被指为"功利、追求物质和感官享受、对政治漠不关心"的"市场下的蛋"。而2008年多事之秋，这群"不懂事的小屁孩"转眼又成了能"担负时代重任的栋梁"。

面对媒体的评价，"80后"大学生给出了自己的回应。"媒体把个人的性格特点夸大为群体特征，这些缺点只要是年轻人都会有，只是问题是否明显而已。""80后人群的确良莠不齐，但绝不可一概而论。媒体的过分宣扬以及社会对这一代独生子女的期待过高共同促成了这些评价。""其实每个时代都有问题，只是问题是否明显而已……正如美国虽有'垮掉的一代'，但最终主流群体还是成长为社会的中流砥柱。我们相信'80后'经过一定时期的过渡，同样会成为希望的一代。"同时也有这样的自评，2007年复旦大学团委开展的一项"我们眼中的'80后'"调研数据显示，认同度最高的三个评价分别是"追求个性"（88%）、"文化宽容度较高"（82%）、"追求物质享受"（77.4%）。

2. 断裂的代际关系——社会评价机制的断层与生活际遇的分化

"80后"大学生不是一夜之间成长起来的，而是时代变迁的必然结果。与父辈的代际关系不仅展现了"80后"成长的家庭环境，也反映了"80后"现象之所以产生的社会原因。

"80后"的父母有很大一部分是"老三届"，延用"80后"的提法，父母辈则可被称为"50后"，可以用近期热映的电影《高考1977》中的台词来白描"50后"：长身体的时候，饿坏了肚子；正上学的时候，碰上"文化大革命"，没学到知识；该工作的时候，碰上上山下乡，荒废了日子，更大的问题是，他们还有一个"80后"的孩子。与父辈的时运不济、环境封闭不同，"80后"有着自己的境遇，虽然充分享有优裕的社会资源，却无法像父辈那样享受公费制度带来的种种福利，一切全靠个人奋斗：自费上学、自主择业、自我设计。往日父辈们有条不紊、稳定有序的生活轨道已经不属于"80后"，他们面临的生活轨道和发展方向更加复杂、变化更加快速。对于他们而言，这种状态既会带来迷茫和不知所措，也会带来发展的机遇。同时，不同于父辈单纯的政治忠诚，"80后"也不再面临"又红又专"的人才选拔标准。有被访者认为自己与上一代最大的不同是"人生价值不同，上一辈是为了国家，这一辈是为了自己"。政治与日常生活和个人发展的关联越来越少，"去红色"的趋势也是造成两代人之间断层的重要原因。

64%的学生认为自己的压力比上一辈大，其中76.4%来自社会竞争压力（数据来源：2007年复旦大学调研），因此"80后"也会无理由地羡慕父辈"单纯的环境"、"一切分配"的福利。谈及与父辈的关系，大多数被访者都认为"有很大代沟"，"说实话我觉得'80后'不太能听进长辈的批评，并且始终认为长辈不了解自己"。

"80后"多认为父辈"踏实本分""缺乏对自我的观照"，而"80后"相较于父辈，人生目标从生存层面转至个人发展层面，其目的性和手段性则更趋理性和自我，效用观念和利益动机是其理性选择的驱动力；但同时重视健康、珍爱生命的人本主义关怀也日益凸显。

3. 矛盾的认知情境——弱化的正统教育以及多元的大众文化

"80后"主要以金字塔式的应试教育为基本经历，这种教育模式为"80后"打下了深刻的印记。因此，在进入大学之前，"80后"学生基本上是在封闭、保守、集体主义的氛围中度过的，直到有幸进入大学，似乎自觉地经历了一次自我"解放"，甚至有极端观点认为"以前在中学学习的知识都是无效的政治宣传"。

然而有趣的是，"80后"却自觉成为大众媒介，尤其"第四媒介"（网络）的最大受众，随着传播科技的日新月异，"媒介代际"随即产生。首先，一批媒体炒作的另类青年，成为这代青年追求自由的"彼岸"，应运而生的"80后文学""80后小资生活方式"着实是极具潜力的市场。以影视作品为代表的流行文化，去政治化趋势明显。首先是西方、日韩文化的进入，当被问及"你所阅读的书籍、观看的电影、享受的音乐中国内和国外的作品各占多少比重"时，有被访者回答"书籍的话中外9比1，电影5比5，音乐1比9"，欧美电视热、日韩潮可见一斑。此外，本土文化也在发生蜕变。从20世纪90年代《阳光灿烂的日子》到21世纪的《与青春有关的日子》，都不约而同地将政治作为怀旧文化因素而非作品背景；而近年热播的《奋斗》《士兵突击》等片也隐去了政治意涵，在一个多元而模糊的社会中倡导一种"不抛弃理想、不放弃战友",爱情圆满、友谊长存的普世价值。这类作品的盛行,说明当"官方/主流意识形态很难为个人提供这样一种有效的主体位置,而恰恰是消费主义之下的个人主义成为一种有效的安置个人位置的方式"(某博文:《"80 后"的"中国心"及其意识形态效应》)。

4. 理性的认知情感——目标功利化与政治疏离感

从历年的上海市大学生发展报告到 2003 年的全国两课调查和 2004 年的上海市大中小学生民族精神调查中,都有超过半数的学生表示"关注国内外时事"。多数大学生认同"需要公民和公民团体表达和争取自身利益的政治参与";但在自身政治参与上,七成学生选择了被动介入或不介入、无倾向(数据来源:上海市大学生发展报告),这体现了"80 后"大学生政治上的知行分离。

对于这种"知行不一",有受访者解释说"许多人的暧昧不明的(政治)态度不是经过思考的结果……只有当它涉及'我'的利益的时候才站起来跳跳,而即使站起来跳了也没有想过怎么样能够让我的呼吁影响最后的选择,他们对这个世界不抱这样一种期望的态度,他们会抱怨一下,仅此而已"。由此,对于网络"愤青",大多数受访者也将此归为非理性的政治参与,或根本算不上政治参与,"我觉得大家都应该冷静一点,如果你真的关注这个事情就应该想方设法去把这个事情的来龙去脉弄清楚"。

他们自诩并安然接受"没有政治意识的一代"。"这('80 后')是没有政治意识的一代,没有政治头脑的一代","在中国这样的国家,排除政治意识,也是完全可以生活的。不像在其他的国家,有公民的义务,比如投票选举。在中国从小就没有这样的概念,爸妈说要好好读书、找个好工作,这辈子就可以过得很正常了"。

5. 趋于自觉的政治参与行为——理性的民族精神及"应压效应"

从历年上海市大学生发展报告来看,大学生总体具有很高的国家意识和民族认同,一致认同国家主权和领土完整的重要性;在全球化时代更凸显了国家意识和民族自豪感;相较于前者的高认同,对于将社会主义、共产主义的政治理想与爱国主义等同的认同率较低。

在爱国意识原发性上,受访者认为是源自其生命经历和生长环境,"因为你从小到大在这里,你的生活习惯都扎根在这里,你就理所应当爱国了呀,怎么会不爱她呢"。

但同时，"80 后"大学生们又区分了"爱国"中"国"的概念，这里的"国家"已经去除了"冷战"时期的意识形态，也弱化了"政党意志"，从而变成了一个更为中性但也更具情感性的概念。"我爱这土地"，但并不必然意味着我爱这个统合着"主义学说"、意识形态和政治安排的"国家复合体"，这是"80 后"自觉或不自觉的选择，"爱国主义"的政治意味被"土地"这样一个文学和感情色彩浓重的词明显稀释了，这也许是对"80后""政治意识弱化"的一种解释。

但在 2008 年的一系列特殊公共事件中，大学生的情感冷漠和"知行不一"似乎被打破了，内忧外患使"万众一心，多难兴邦"的价值观化为全社会自觉的行为，产生了巨大的"应压效应"；尤其是"80 后"在面对灾难时表现出来的勇气、担当和爱国情怀超出了成人社会的预期。"80 后"的参与不需要高调大论，他们依然用流行音乐去抚慰受惊、悲伤的心；他们依然奇装异服、我行我素；面对国家利益受损时，他们的参与源于自觉，他们对国家的应对表示赞赏，而且正如"ANTI-CNN"网站的创建者说"如果没有国家就没有我们的幸福生活"。面对大灾，社会各界、体制内外的"80 后"成了救灾主体，并用专业技能、组织效能管理等市场化理念支撑着奉献行为。

6. 边际人格矛盾——未定型却趋于平滑的波动

边际人格研究是人格研究中的一支，主要指"在急剧变革的社会中，面临着难以迅速适应的环境，现代人往往处于一种正常但不够健康、失态但不至于失控的人格状态，这种人格表现在行为和态度间常常是矛盾着的，而多项矛盾的因素又不断为适应和抗拒外界的变动而相互求同、相互容纳，终于共同酝酿出了一种介于健康自由人格和病态失控人格之间的稳定性人格——多元矛盾共处交织并不断变动的新人格"。[①] 这种新的人格类型是在社会体制、文化环境急剧变化时，个体心理发生矛盾、冲突呈现多元交织的身心结构，具有跨时代、跨文化的文化特征，这种人格也具有过渡性、边缘性和易变性。

本文讨论的"80 后"大学生的思维特征、政治认同，属于社会学及文化人类学范畴的人格研究；同时，特殊的时代背景使研究聚焦于边际人格，对"80 后"人格类型的诠释，也是对中国转型期的社会变迁后果的新解释。

---

① 叶南客：《边际人——大过渡时代的转型人格》，上海：上海人民出版社，1996。

网络上盛传的《史记·80后通史》就生动展现了"80后"青年人身上普遍存在的边际人格矛盾。"初从文,廿六乃成,负债十万。觅生计,十年无休,披星戴月秉烛达旦,蓄十万。不足购房,遂投股市。翌年缩至万余,抑郁成疾。医保曰:不符大病之条例,拒赔。乃倾其所有入院一周,无药自愈。友怜之,佘三鹿一包,冲而饮,卒!"社会竞争和自我实现的愿望,使得"80后"大学生的职业流动性很大,对于"80后"的人力资源管理也成了组织管理学亟待攻关的课题。近期网络上进行的一项"'80后'上班族生存状态调查报告"显示:有47%的受访者准备跳槽,表示有好的机会就会选择离开现在的公司;13%的受访者表示"不需要想那么多,不开心立刻就走人";仅有14%的受访者认为现在不会主动考虑换工作。

用冷幽默的方式调侃社会问题,批判并自嘲,体现了一种不堪重负的无奈和消极的反抗。对比踏入社会后的大学生,在校大学生则乐观积极许多,"自我完善""物质与心灵的双重富有"是受访者对于"成功"的定义。这种理想与现实的张力也体现在另类群体与正统体系的关系中,以满舟为例,这个走过辍学叛逆曲折道路后、做过电脑黑客的年轻人在回到正统大学教育后说,"最初,我认为我的生活没有任何机会了,但后来我意识到另类需要成长并融入社会。在中国,我们的文化要求我们必须消除我们粗糙的棱角,变成另一种场合的人。和西方的叛逆青年不同,中国另类的主要方式是表达而非行动"。

总体说来,从外界评价和自身发展来看,都可将"80后"的成长轨迹与中国改革开放及社会变迁的进程相较而视,从"大开大合"到趋于"平滑","80后"的群体性变化恰恰反映了中国社会从不成熟逐渐向法制化、稳定化过渡的转型特征。对"80后"这一改革开放一代的研究,不仅具有青年研究的意义,也为转型期中国社会研究提供了新的研究视角。但正是由于转型进行中的未定型性、多元性以及有待展开性,对此问题的研究并不急于定论,而更需要进一步关注和纵贯式追踪。

参考文献

于海:《八零后:怎样的"我一代"》,于海新浪博客,2009。

王效仿:《"80后"大学生思想教育方式方法创新》,《青年探索》2009年第1期。

赵丰：《青年研究：从"代"到"后"的演进》，《中国青年研究》2007 年第 12 期。

江冰：《论"80 后"文学的文化背景》，《文艺评论》2005 年第 1 期。

叶南客：《边际人——大过渡时代的转型人格》，上海：上海人民出版社，1996。

关于社会工作行业协会的
角色定位的反思

——以都江堰市社会工作协会为例 *

钟晓华

行业协会作为新经济组织、新社会组织的新生力量，对于构建和谐社会起着一定的推动作用。温家宝总理在第十届全国人大第三次会议上所作的《政府工作报告》中指出，要"加快转变政府职能。坚决把政府不该管的交给企业、市场和社会组织，充分发挥社会团体、行业协会、商会和中介机构的作用"。

社会工作作为一项新的职业类别，行业发展尚在起步阶段，虽然在全国及省市的层面已有较有影响力的行业协会产生，如中国社工协会、上海浦东新区社会工作者协会等，但与境外行业起步早、运作较成熟的行会（如美国社会工作者协会、香港社会工作人员协会等）相比仍显不足；而以都江堰市社会工作协会等为代表的、在"5.12"大地震灾后重建的特殊背景下成立起来的地方性社会工作社会组织，更是新生的应急产物。

一 行业协会定义及发展概述

行业协会是经济市场化的必然产物。市场经济中，行业协会是继市场调节和国家干预之后的第三种市场控制机制，是重要的自律管理方式。按美国传统辞典解释"行业协会是一些为达到共同目标而自愿组织起来的同行或商人的团体"。

---

* 本文原载于《中国社会工作》2010 年第 1 期。

国外行业协会的工作主要包括：制定行业规范、进行行业协调和行业规划、提升行业竞争力、维护本行业及从业者利益、促进行业的对外交流活动、调研和行业研究、充当政府和企业组织之间的中介、向政府提出政策制定和施政建议等。

当今中国处于市场经济转型期，也发展到凡有行业，就有协会的阶段。这也是改革开放 30 年的成果之一，标志着社会主义市场经济的推进。除了代表性不断提升覆盖面不断扩大之外，一系列全国和地方性行会管理办法和评价考核办法的出台也为行业协会组织的规范化、专业化管理奠定了基础。此外，行业协会的服务能力和行业自律能力也不断增强，在规范行业和对外联系等方面都有积极作为。另外，作为政府和企业（组织）的中介，行业协会在贯彻政府意图和完善政府决策等方面的作用也不断显现。

然而，对照市场经济的特征，对照"国际惯例"，我们的众多协会似乎"中国特色"更为突出。众多"行业协会"都是官办组织，其行政依附性强、自主性弱，在机构设置、人员配置、经费来源方面仍套用行政办法，名为社团，实为"二政府"。① 目前，我国大部分行业协会职能仅限于信息交流、会展招商、职业培训等领域。国资委 2008 年行业协会调研报告中提出了目前影响行业协会自身建设与发展的三大问题。一是外部环境不理想，二是相关管理规定滞后，三是内部治理不完善。

二　社会工作行业协会的发展概况

社会工作是政府管理和市场运行的共生体系，是发达地区和文明社会的重要标志。② 改革开放以来，随着中国的双重转型，与物质生活改善相伴的是失业、贫富分化等诸多社会问题，社会工作的功能及地位也逐渐凸显。作为一项新的国家职业类别，社会工作者队伍将成为以改善民生为重点的社会建设中的一支重要力量。

社会工作行业性组织是指为社会工作者提供服务、促进社会工作教育，规范社会工作行业的行业性组织，如各级社会工作者协会、社会工作教育

---

① 李振凤等：《中国行业协会的法律定位与职能构建》，《天津大学学报》（社会科学版）2004
年第 10 期。
② 顾东辉主编《社会工作概论》，上海：复旦大学出版社，2009，第 1 页。

方面的协会,从法人类型上看,都属于社会团体。① 社会工作行业协会在职能上少了商业行会的规范市场、规范竞争的任务。但在行业服务任务上更为重要,主要是需求评估、行业培训、开拓资源等方面。另外,作为地区的行业代表,其对政府决策、学科发展、人才培养和宣传联络方面都有紧迫的新生行业内生发展的需求。据不完全估算,2005 年在民政部门登记的提供社会工作或对社会工作存在潜在需求的民办社会服务机构至少有 12 万家。但受到社会工作专业化与职业化进程的制约,目前我国社会工作行业协会的数量有限。比较有代表性的如 1991 年成立的中国社会工作者协会;还有一些地方性社会工作社团,主要都是省/直辖市一级的协会,如上海、香港、北京等;也有地级市协会,如深圳、广州、珠海、长沙、武汉、济南等。但各社会工作发展的外部环境、专业基础和理念认知差异很大,在行业协会的定位方面也有所侧重,综合各协会的章程和工作要点,社会工作行业性组织不同于一般的民办社会服务机构,主要提供统筹性、间接性服务,定位于推广理念、规范行业、服务人才、项目推广、学科发展等方面。

(一) 规范行业发展、加强专业督导

规范行业,推动社会工作的专业化、职业化建设是社会工作行业协会的基本任务。如美国社会工作者协会(NASW),作为拥有 15 万会员的全球最大的社会工作行业协会,其重要职责是制定社会工作者伦理守则和各领域的社会工作标准,起到行业自律和专业支持的作用,在提升社会工作者形象,提高社会认知度方面发挥着不可忽视的作用。② 近年民政部、人力资源和社会保障部出台了一系列相关文件和政策,以推动社会工作的发展,但是落到各地,就需要有专业性组织推动地方政府配套措施的制定和执行。对于社会工作而言,尽快出台有操作性的社会工作者和社会工作机构的准入制度,是规范行业的关键。如上海市社会工作者协会率先在全国试点了社会工作者的认证与注册制度;深圳市社会工作者协会也将社会工作者注册登记和年度复核作为主要的业务范围。

---

① 《民办社会工作服务机构发展与管理政策研究报告 (2008)》,http://www.chinanpo.gov.cn/web/showBulltetin.do? id = 31473&dictionid = 5301。
② 汪轩宇:《我国社会工作职业化路径研究》,《社会学与社会发展》2009 年第 2 期。

此外，成立专门的评估机构、制定评估标准、加强专业督导，也是社工协会在规范行业中所能起到的积极作用。如上海市浦东新区社会工作者协会就尝试成立专业的社会工作评估机构，运用专业手段，从第三方的角度对各类社会工作项目、机构及个人业绩进行评估；在社会工作实务中建立社会工作专业督导机制，促进一线社会工作者的专业提升。①

（二）建设人才队伍、维护社会工作者权益

对于一个新生行业而言，专业人才的招募和培养是重中之重。社会工作协会除了完善专业人员准入机制外，更要设计专业化和本土化并重的系统培训方案，委托具备培训资质的培训机构负责中心的运作，对各领域的社会工作人才进行统一培训。此外，要扩大培训的覆盖面，以推动社会工作理念和相关手法在公共领域的发展，如政府机关和事业单位的社会工作人员、公共服务与社会管理部门的新进公务员等，通过理论培训、机构实习等形式进行专业培训。如浦东社会工作者协会下属的四维社会工作者培训中心就是受委托的有资质的培训机构，向各类人员提供社会工作专业培训服务。

此外，维护社工权益也是行业协会的重要职责。如美国社会工作者协会和香港社会工作人员协会等成熟行业组织明确将机构服务对象定位为本国（地区）的社会工作服务组织、在职的社会工作者、相关专业的在读学生等，将为社工维权作为行业协会的工作重点。中国内地，虽已逐步颁布了相关政策条例，提高了社会工作者的实际福利和社会地位，但是落到地方则有较大差异。目前而言，提高在民办社会服务机构中就业的社会工作专业人才的待遇、解决其劳动保障和相关福利问题是社工维权的首要目标；在政策上，部分地区也做了有力的尝试，如上海市浦东新区在行会的推动下，出台条例规定"公共服务和社会管理部门在招录公务员和事业单位工作人员时，优先录用获得社会工作职业资格证书、并在社工专业领域有二年以上工作经验者；对于相关领域的新进公务员，要求两年内取得职业资格证书"，以此来推动社会各界，尤其是相关政府部门和事业单位对社会工作专业人才的重视，保障其切身利益。

---

① http://www.pdswa.org/.

（三） 整合社会资源、孵化社会组织

从社会工作的服务性质而言，无论是发达地区还是国内，社会工作行业协会和社会服务民间组织的主要资金来源还是政府。如在香港社会福利开支中，除了政府直接提供服务外，间接服务项目经费中的70％用于购买民间社会工作机构的社会服务，2006年度资金就达67亿港元。

但是从行业的社会化运作而言，社会工作协会要在建立政社合作平台、整合社会资源和孵化社会组织方面发挥作用，推动地方政策和业务主管部门放宽非政府组织的准入制度，鼓励社会工作人才队伍自主创业，建立社工机构间的分工、协作与竞争机制，建立起一种良性的监管和协调机制，激发民间组织参与的积极性，发挥社会工作在整合社会企业、志愿者和其他资源方面的专业优势，使社会工作人才成为联系政府、社会与民众之间的桥梁，浦东市民中心就是这一平台的典范。

（四） 推广专业项目、加强实践创新

除了专业培训和社会组织孵化外，拓宽社会工作专业服务的领域，设计并推广一些品牌项目，使其社会化运作，以推动行业的可持续发展也是社会工作专业化、职业化、本土化发展的切实需求。行业协会内部要成立专门的项目设计与推广部门，招募专业人才，在充分需求评估和试点实践、后期反馈的基础上，着力将社会工作的服务领域拓宽到各个领域，如社区党群工作、社区服务、社会救助、人口计生等，并依托成熟理论和实践经验，进行特色项目本土化探索，加强实践创新，并形成可推广的项目运作模式，如青少年"正面成长"沪港双城实践项目、灾后重建社会工作试点项目安县红十字服务中心等都是此类项目化运作的先行者。

（五） 重视理论研究、强化对外宣传

社会工作行业协会在学科发展中起到了非常重要的作用。作为专业院校和研究机构与一线社会工作组织之间的桥梁，社会工作行业协会掌握了大量的政策导向、一手资料和及时信息，在社会工作专业的理论探索、专业教学的创新等方面都责无旁贷。如美国社会工作教育委员会（CSWE）就将"规范社会工作教育体系，审核和评估社会工作专业运作状况，提升社会工作者的专业知识"作为自身首要职责。

此外，中国社会工作者协会和上海浦东社会工作者协会等较为成熟的行会组织，也将如下工作作为协会的职责：及时总结不同领域内推进社会工作的经验与成果；加大对社会工作人才及政策的宣传推广；加强课题研究，研究发展过程中的热点和难点问题，提出对策性建议，并通过工作坊、研讨会的形式，加强国际和国内交流。

三 对于都江堰市社会工作协会运作现状的反思

在上海社工服务团撤离之际，都江堰市成立了四川省县级市第一家社会工作协会。建立了由一名副市长牵头、民政局组织协调、社会工作协会具体承办、若干社会工作者为成员、若干志愿者为辅助的社会工作管理体系。协会成立后，采取全市招募和应急社会工作重新审核相结合的模式，招募了60余名本地社工，以35周岁以下、大专学历人员为主。随后在幸福家园、勤俭人家、滨河新村、城北馨居这四个上海分支社会工作服务的安置点建立了社会工作服务站，并在向峨乡成立社会工作站试点农村社会工作，目前有30余名社工服务在一线工作站。除个人会员外，协会还有以市民政局、市委组织部、灌口镇、红十字会、四川工商职业技术学院等市级部门、基层乡镇、社会组织以及高校构成的单位会员。

协会的成立本身是社会工作在中西部地区进行本土化、专业化的积极探索，也体现了都江堰当地以灾后重建为契机、大力发展社会工作的决心。但是在实际运作的过程中却也存在许多困难和悖论。

（一）与社会工作专业的关系——有会无业之困

行会，先有"行"，再有"会"，是应从业者和从业机构自律自管的要求而成立的社会组织。然而在都江堰，大灾给当地物质生活及社会秩序带来巨大创伤的同时，也带来了灾后重建的发展契机，城市规划和硬件重建都在各方支援中有了数十年的飞跃，社会工作在分管领导的力推和上海社工的介入下起步，有较高的起点，但是却没有扎实的基础。灾后半年，在上海社工结束直接服务之际成立本土社会工作协会，有其特定的政治含义和形式要求，但在实质上却有违行会成立的规律，先有行会、再有行业，对于协会而言就没有切实的服务对象，没有业内组织可规范，没有从业人员来培训管理，目前只能以提供直接服务为主要工作，未与其他的民非社会服务组织有所区分。尤其是上海专业督导和社会工作力量撤离后，社会工作协会在本地推动社会工作的发展无异于在贫瘠的土地上播种，而各方关注却急切期盼硕果累累的喜人局面。

（二） 与政府的关系——行政化之困

作为一个官办的非政府组织，都江堰社会工作协会在灾后重建的特殊背景下成立，从注册程序、理事会产生、日常管理、财务制度等方面较其他社会工作协会有更强的行政痕迹。作为注册社团，财务等日常管理却由业务主管部门兼任；目前都江堰社会工作下属社会工作站主要以临时安置点社区为工作阵地，以从事社区服务为主，工作职能与管委会和政府在社区的其他派出部门有很多的交叉。工作中，虽然和政府相关部门有很多合作，但也存在信息上下不达、责任不明等问题，尚未形成及时有效的信息共享系统和工作网络。此外，政府有关部门在向协会布置任务时也不免"随意性""随时性"，而协会向政府部门提供的研究意见、调查资料、数据分析等含有大量无形知识产权，却未得到充分重视和尊重。

问题关键在于地方政府观念的转变，地震后国务院通过的《汶川地震灾后恢复重建总体规划》对加强灾区社会管理、恢复重建精神家园、加强社会工作队伍建设做出了明确规定。但由于社会工作尚未被纳入灾害救助的专业服务体系，在政策方面没有可鉴经验。由于社会工作在都江堰市乃至整个中西部仍属新生事物，尚未形成可操作性的、在整个政府系统都得到普遍认可的支持政策。若不及时纠偏，协会易成为又一个民政派出机构。

（三） 与社会工作者的关系——输血与造血之困

对于社会工作者维权最多的工资问题，目前是通过政府购买方式解决，但无法在政策和条例中找到可循之据。政府有关部门将社会工作者作为临聘人员，无法纳入公益性岗位编制，更无社保，只能在相关捐赠资金中予以划拨部分费用。目前招募的本土社会工作者都是有大专以上学历的中青年，但与同等学历的其他行业人员相比，收入非常低。这样的情况无疑会导致社会工作岗位的人员流动大，无基本保障的岗位更无法吸引高素质专业人才，对本地社会工作的专业化发展非常不利。

此外，在造血功能上，协会更因缺乏充足的培训资源，无法很好地面向从业者实践"助人自助"的专业理念。当前都江堰地区社会工作从业人员多是非社会工作专业毕业的人员，缺乏理论知识以及完善的实践督导经历，加之培训不系统、针对性弱，因而这成为社会工作者自我增能、在社会中树立良好的社会工作者形象的最大难点。

（四）与社会组织的关系——管理与孵化之困

目前，都江堰已有三家社会工作类民非组织，分别是由高校、境内外非政府组织和本地相关部门合作成立的。运作至今，分别在社区服务、妇女援助和受灾群众就业等方面有卓有成效的工作，但是由于协会尚未形成相应的管理制度和合作体系，因而导致分工不明、责任主体缺位、资金监管失灵、社会工作者或志愿者言行不当等问题，在居民中造成了一些负面影响。此外，协会未很好起到政府与社会组织之间的桥梁作用，这导致部分社会组织的工作计划与政府意图有所偏差，而社会服务组织对于相关政策的建言也无法及时上达，因而不利于处于磨合期的中西部地区地方政府和社会服务民间组织的进一步互动和"政社合作"模式的推开。

（五）与其他行业性组织的关系——试点与实践之困

作为汶川地震中的极重灾区，都江堰受到了各方重视。尤其是上海社会工作者的及时介入，成为灾后重建社会工作的一大亮点，随之成立的都江堰社会工作协会，在此背景下受到了多方关注。中国社会工作者协会、民政部培训中心、兄弟县市民政系统以及高校等研究机构都时刻关注着都江堰市社会工作的发展。"政府支持＋对口援建＋本土运作"成了一种史无前例的探索，上级组织和专业机构更希望将其发展成为可复制、可推广的社会工作发展模式。社会工作人才队伍试点、灾后社会工作项目试点、农村社会工作试点，无一不紧扣大力发展社会服务事业、总结灾后重建优秀经验和城乡统筹的背景，但是这些学科发展价值大于资源支持力度的"试点"工程，对于社会工作刚刚起步的都江堰而言是福是祸呢？

社会工作在我国尚属新生行业，于都江堰等中西部地区中小城市更如初生婴儿。灾后重建固然是提高当地经济生产水平、物质生活水平的契机，但是对于公共服务水平和市民社会发展而言，还需要一个更长的过程。尤其在"后灾后重建"阶段，一些长期性、内隐性社会矛盾逐渐显现；对于社会工作的服务领域和服务深度的需求也不断增加，这对于刚起步的社会工作都是更大的挑战。

　　社会工作行业协会在此背景下，首先应明确自身定位，争取一定的自主性，如经济独立、活动自由等，并取得对从业人员和业内机构的注册权、监管权、考核权等；其次，要制定相关的管理制度以规范行业，如结合当前我国社会工作人才队伍建设的背景，制定适合本地经济发展水平的社会工作者薪酬、社会工作者职业发展薪级；对社会工作人员的选用、培养、考核、奖励等进行制度化管理；再次，要发挥组织功能，整合本地的社会工作资源，搭建本地区社会工作与政府、非政府组织、高校等方面合作的桥梁，引进适合本地社会工作发展的项目并进行统筹协调管理；最后，行业协会要加强舆论宣传，针对目前部分媒体报道偏颇，政府有关部门和社会公众对社会工作认识片面等问题，加强对行业及协会的正面宣传，扩大社会工作的社会认知和影响力。

图书在版编目（CIP）数据

同济社会学评论·分支研究卷/朱伟珏主编.—北京:社会科学文献出版社,2015.5
ISBN 978 - 7 - 5097 - 7108 - 2

Ⅰ.①同…　Ⅱ.①朱…　Ⅲ.①社会学 - 文集　Ⅳ.①C91 - 53

中国版本图书馆 CIP 数据核字（2015）第 027808 号

同济社会学评论·分支研究卷

主　　编／朱伟珏

出 版 人／谢寿光
项目统筹／谢蕊芬
责任编辑／胡庆英　谢蕊芬

出　　版／社会科学文献出版社·社会政法分社(010)59367156
　　　　　　地址:北京市北三环中路甲29号院华龙大厦　邮编:100029
　　　　　　网址:www. ssap. com. cn
发　　行／市场营销中心（010）59367081　59367090
　　　　　　读者服务中心(010)59367028
印　　装／三河市东方印刷有限公司

规　　格／开　本:787mm×1092mm　1/16
　　　　　　印　张:12.5　字　数:211千字
版　　次／2015 年 5 月第 1 版　2015 年 5 月第 1 次印刷
书　　号／ISBN 978 - 7 - 5097 - 7108 - 2
定　　价／49.00 元